Wat als?

Wat als?

Serieuze wetenschappelijke antwoorden
op absurde hypothetische vragen

RANDALL MUNROE

Vertaald door Albert Witteveen

Spectrum

Uitgeverij Unieboek | Het Spectrum bv, Amsterdam

Spectrum maakt deel uit van Uitgeverij Unieboek | Het Spectrum bv,
Amstelplein 32
1096 BC Amsterdam

© 2014 Randall Munroe
© 2014 Nederlandstalige uitgave: Uitgeverij Unieboek | Het Spectrum bv,
Amsterdam
Published by arrangement with Lennart Sane Agency AB.

Eerste druk 2014
Vierendertigste druk 2021

Oorspronkelijke titel: *What if?*
Vertaling: Albert Witteveen
Illustraties binnenwerk: Randall Munroe
Opmaak: Elgraphic

ISBN 978 90 00 36555 5
ISBN 978 90 00 34040 8 (e-book)
NUR 320

www.spectrumnonfictie.nl
www.xkcd.com

VRAGEN

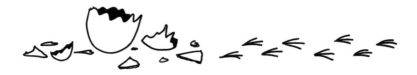

DISCLAIMER

Doe deze dingen beslist niet thuis. De schrijver van dit boek is een internetcartoonist, geen deskundige op het gebied van gezondheid of veiligheid. Hij vindt het leuk als er dingen in brand vliegen of exploderen. Dat betekent dat hij weinig aandacht heeft voor wat voor de lezer het best is. De uitgever en de auteur accepteren geen enkele verantwoordelijkheid voor enige nadelige gevolgen die direct of indirect voortkomen uit informatie die in dit boek staat beschreven.

INLEIDING

··

DIT BOEK IS EEN verzameling antwoorden op hypothetische vragen.

Deze vragen werden mij voorgelegd via mijn website, waar ik een soort Dear Abby-column met adviezen voor wereldvreemde wetenschappers schrijf en de simplistisch opgezette webstrip *xkcd* teken.

Ik ben niet begonnen als tekenaar van cartoons. Ik heb natuurkunde gestudeerd, en na mijn opleiding heb ik bij NASA gewerkt op de afdeling Robotica. Uiteindelijk ben ik bij NASA weggegaan om me fulltime aan strips te wijden, maar mijn belangstelling voor de natuurwetenschap en de wiskunde is niet verdwenen. Ik heb dan ook een nieuwe uitlaatklep gevonden: ik probeer antwoord te geven op de vreemde – en soms verontrustende – vragen die op internet aan de orde komen. Dit boek bevat een selectie van mijn favoriete antwoorden op mijn website, plus een stel nieuwe vragen die hier voor het eerst worden beantwoord.

Zolang ik me kan herinneren, heb ik wiskunde gebruikt om een antwoord op vragen te vinden. Op mijn vijfde had mijn moeder een gesprek met me dat ze heeft opgeschreven en heeft bewaard in een fotoalbum. Toen ze hoorde dat ik dit boek aan het schrijven was, zocht ze het verslag op en stuurde het me toe. Hier is het, zoals het letterlijk is weergegeven op haar 25 jaar oude velletje papier.

Randall:	Zijn er meer zachte dingen of harde dingen in ons huis?
Julie:	Dat weet ik niet.
Randall:	En in de wereld?
Julie:	Dat weet ik niet.
Randall:	Nou, elk huis heeft 3 of 4 kussens, toch?
Julie:	Klopt.
Randall:	En elk huis heeft ongeveer 15 magneten, toch?
Julie:	Ik denk het.
Randall:	Dus 15 plus 3 of 4, zeg maar 4, is 19, hè?

Julie:	Klopt.
Randall:	Dan kunnen er dus zo'n 3 miljard zachte dingen zijn, en... 5 miljard harde dingen. Nou, welke wint er dan?
Julie:	De harde dingen, denk ik.

Tot op de dag van vandaag heb ik geen idee hoe ik aan die '3 miljard' en '5 miljard' kwam. Ik wist duidelijk nog niet precies hoe getallen werkten.

Mijn wiskunde is met de jaren wel iets beter geworden, maar mijn reden om aan wiskunde te doen is nog dezelfde als toen ik vijf was: ik wil antwoorden op vragen vinden.

Ze zeggen weleens dat er geen domme vragen bestaan. Dat is duidelijk een misvatting; zo is mijn vraag over zachte en harde dingen volgens mij tamelijk dom. Maar als je probeert een degelijk antwoord op een domme vraag te vinden, kun je blijkbaar nog vrij interessante dingen tegenkomen.

Ik weet nog steeds niet of er meer harde dan zachte dingen in de wereld zijn, maar ik ben gaandeweg veel andere dingen te weten gekomen. In dit boek staan mijn favoriete onderdelen van die reis.

Randall Munroe

WERELDWIJDE STORM

V. Wat gebeurt er als de aarde, met alles wat erop voorkomt, opeens niet meer ronddraait terwijl de dampkring de oude snelheid behoudt?

– Andrew Brown

....

A. BIJNA ALLES WAT LEEFT, GAAT DOOD. En dán wordt het interessant.

Op de evenaar heeft het oppervlak van de aarde een rondgaande snelheid van ongeveer 470 meter per seconde – bijna 1700 kilometer per uur – ten opzichte van haar as. Als de aarde stilstaat en de lucht niet, steekt er plotseling een wind op van 1700 kilometer per uur.

Deze wind is het krachtigst op de evenaar, maar alles en iedereen tussen 42°NB en 42°ZB – waar ongeveer 85 procent van de wereldbevolking leeft – krijgt opeens te kampen met een supersonische wind.

Nabij het aardoppervlak houden de hoogste windsnelheden slechts een paar minuten aan; de wind vertraagt hier door frictie met de bodem. Maar die paar minuten zijn lang genoeg om vrijwel alle bouwwerken van de mens tot puin te blazen.

Mijn huis in Boston staat ver genoeg naar het noorden om net buiten de super-sonische windzone te blijven, maar de wind is altijd nog tweemaal zo sterk als de

ER GEBEUREN VERSCHRIKKELIJKE DINGEN.

ER GEBEUREN VERSCHRIKKELIJKE DINGEN, MAAR LANGZAMER.

krachtigste tornado. Gebouwen, van schuurtjes tot wolkenkrabbers, worden tegen de grond geslagen, van hun fundament losgerukt en tuimelend over het landschap verspreid.

Bij de Noordpool en de Zuidpool is de wind minder sterk, maar geen enkele menselijke stad ligt ver genoeg van de evenaar om aan de verwoesting te ontkomen. Longyearbyen, op de Noorse eilandengroep Spitsbergen (Svalbard) – de stad met de hoogste noordelijke breedtegraad op aarde – wordt verwoest door een wind met een kracht die gelijk is aan die van de hevigste tropische wervelstormen op aarde.

Als je wilt wachten tot de storm luwt, is de Finse hoofdstad Helsinki misschien een van de beste locaties. De vrij hoge noorderbreedte – boven de 60° – voorkomt niet dat de wind alles met de grond gelijkmaakt, maar in de bodem onder Helsinki ligt een goed verzorgd netwerk van tunnels, inclusief een ondergronds winkelcentrum, een ijshockeybaan, een zwembad en nog veel meer.

Geen enkel gebouw is veilig; zelfs gebouwen die eigenlijk sterk genoeg zijn om de wind te weerstaan, komen in de problemen. Zoals de komiek Ron White over orkanen zei: 'Het probleem is niet dat de wind waait, maar wat er met de wind meewaait.'

Stel, je zit in een zware bunker van een of ander materiaal dat een wind van 1700 kilometer per uur kan doorstaan.

Dat is mooi, en je bent veilig... als je tenminste de enige met een bunker bent. He-laas heb je waarschijnlijk buren, en als die buren een minder solide bunker hebben, krijgt jouw bunker de inslag met 1700 kilometer per uur van hún bunker voor zijn kiezen.

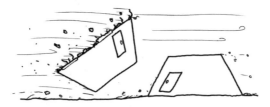

Het menselijk ras sterft niet uit.[1] Over het algemeen kunnen maar heel weinig mensen boven de grond het overleven; het rondvliegende puin verpulvert alles wat niet bestand is gemaakt tegen een atoomaanval. Maar veel mensen onder de grond kunnen het prima overleven. Als je in een diepe kelder zit (of beter nog, een tunnel van de metro) op het moment dat het gebeurt, heb je een aardige kans om het te overleven.

Er zullen ook nog andere gelukkige overlevenden zijn. De tientallen weten-schappers en hun medewerkers op het Zuidpoolstation Amundsen-Scott zijn veilig voor de wind. Zij krijgen voor het eerst door dat er iets aan de hand is als ze merken dat de rest van de wereld plotseling niets meer van zich laat horen.

Ze verwonderen zich waarschijnlijk een tijdje over die mysterieuze stilte, maar uiteindelijk merkt iemand nog iets veel vreemders op:

---

1 Ik bedoel, niet meteen.

De lucht

Wanneer de oppervlaktewind luwt, wordt de situatie nog vreemder.

De stormwind vormt een hittegolf. Normaal gesproken is de kinetische energie van wind zo goed als verwaarloosbaar, maar dit is geen normale wind. Als de aarde tot een turbulente stilstand komt, wordt de wind warmer.

Boven land leidt dit tot een verzengende temperatuursverhoging en – in gebieden met een hoge luchtvochtigheid – immense onweersbuien.

Tegelijkertijd doet de wind boven de oceanen het oppervlaktewater kolken en vernevelen. De oceaan heeft enige tijd helemaal geen oppervlakte meer; je kunt onmogelijk zeggen waar de zee begint en de nevel eindigt.

Oceanen zijn koud. Onder de dunne oppervlaktelaag hebben ze een vrij uniforme temperatuur van 4°C. De storm brengt in een omgekeerde maalstroom koud water vanuit de diepte omhoog. De toestroom van koude nevel in de hete lucht creëert een soort weer dat nooit eerder op aarde is voorgekomen – een kolkende mix van wind, nevel, mist en abrupte temperatuurwisselingen.

Dit borrelende brouwsel leidt tot nieuwe vormen van leven doordat er nieuwe voedingsstoffen door de bovenste lagen stromen. Tegelijkertijd heeft het een enorme sterfte tot gevolg onder vissen, krabben, zeeschildpadden en andere dieren die de toestroom van zuurstofarm water uit de diepte niet aankunnen. Alle dieren die adem moeten halen, zoals walvissen en dolfijnen, krijgen het moeilijk om te overleven in de turbulente mengeling van zee en lucht.

De golven spoelen van oost naar west de wereld rond, en elke naar het oosten gewende kust krijgt te maken met de grootste stormvloed in de geschiedenis van de wereld. Een verblindende wolk van waternevel schiet landinwaarts door, en daarachter doemt een turbulente, kolkende muur van water op als een tsunami. Hier en daar reiken de golven vele kilometers landinwaarts.

De storm brengt grote hoeveelheden stof en puin in de dampkring. Tegelijkertijd komt er een dichte deken van mist over de koude oppervlakten van de oceaan te liggen. Normaal gesproken daalt hierdoor de mondiale temperatuur. En dat gebeurt ook.

Tenminste, aan één kant van de aarde.

Als de aarde stopt met ronddraaien, betekent dat het einde van de normale cyclus van dag en nacht. De beweging van de zon langs de hemel stopt niet helemaal, maar in plaats van eens per dag op te komen en onder te gaan, doet de zon dat nu eens per jáár.

De dag en de nacht zijn elk zes maanden lang, zelfs op de evenaar. Aan de dagkant blakert de oppervlakte onder het voortdurende zonlicht, terwijl aan de nachtkant de temperatuur sterk daalt. De convectie aan de dagkant leidt tot grote stormen in het gebied dat pal onder de zon ligt.[2]

ALS DE OUDE CYCLUS VAN DAG EN NACHT ER NIET MEER IS, WANNEER MOET IK DEZE DUIVELTJES DAN ETEN GEVEN?

In bepaalde opzichten heeft deze aarde veel weg van een van de exoplaneten met een synchrone rotatie rond een rode dwerg, maar een betere vergelijking is misschien de heel vroege Venus. Door haar rotatie houdt Venus net als onze stilgezette aarde maandenlang dezelfde kant naar de zon gewend. De dichte dampkring circuleert er echter zeer snel, waardoor de dag- en de nachtkant toch ongeveer dezelfde temperatuur hebben.

Ook al verandert de lengte van de dag, de lengte van de maand verandert niet! De maan is niet gestopt met om de aarde heen draaien. Maar zonder de rotatie van de aarde die de maan getijenergie geeft, stopt de maan met de geleidelijke beweging van de aarde vandaan (die zich momenteel voordoet) en begint langzaam naar ons terug te komen.

In feite geeft de maan, onze trouwe metgezel, hiermee de aanzet om de schade te herstellen die Andrew heeft aangericht. Momenteel draait de aarde sneller om

---

2   Al valt zonder het corioliseffect niet te voorspellen in welke richting ze draaien.

haar as dan de maan, en hebben onze getijden een vertragende invloed op de rotatie van de aarde, terwijl ze de maan van ons weg duwen.[3] Als we stoppen met
ronddraaien, zweeft de maan niet meer van ons vandaan. De getijden van de maan
vertragen ons niet meer, maar zetten juist aan tot een draaiing. Heel stilletjes, heel
zachtjes trekt de zwaartekracht van de maan aan onze planeet...

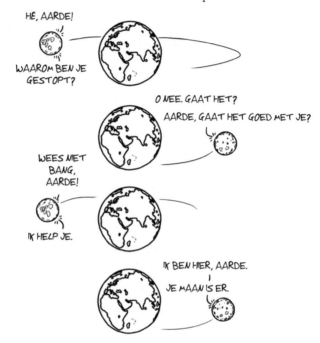

...en begint de aarde weer te draaien.

---

3   Zie http://what-if.xkcd.com/26 onder *Leap Seconds* voor een uitleg waarom dit gebeurt.

DE RELATIVITEIT VAN HONKBAL

V. Wat gebeurt er als je een honkbal probeert te raken die met 90 procent van de snelheid van het licht op je afkomt?

– Ellen McManis

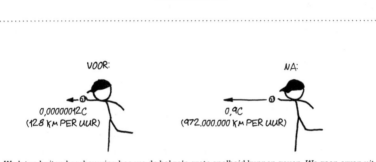

We laten buiten beschouwing hoe we de bal zo'n grote snelheid kunnen geven. We gaan ervan uit dat het een normale worp is, waarbij de bal op het moment dat de werper deze loslaat, op magische wijze accelereert naar 0,9c. Vanaf dat punt verloopt alles volgens de gangbare fysica.

A. HET ANTWOORD IS: 'Veel.' En het gaat allemaal erg snel, en het loopt niet goed af voor de slagman (ook niet voor de werper). Ik heb er een paar natuurkundeboeken bij genomen, een poppetje van de werper Nolan Ryan, een stel video-opnames van kernproeven, en probeerde het uit te werken. Hier volgt wat volgens mij het aannemelijkst is in een schets van nanoseconde tot nanoseconde.

De bal gaat zo snel dat al het andere praktisch stilstaat. Zelfs de moleculen in de lucht staan stil. Luchtmoleculen gaan in principe trillend heen en weer met een snelheid van een paar honderd kilometer per uur, maar de bal schiet er met 970 *miljoen* kilometer per uur doorheen. Dus in vergelijking met de bal hangen ze gewoon stil.

De principes van de aerodynamica gaan dan niet op. Normaal stroomt de lucht om alles heen wat erop afkomt. Maar voor de luchtmoleculen in de baan van deze bal is de tijd te kort waarin ze uit de weg kunnen worden gedrongen. De bal raakt ze zo hard dat de atomen in de luchtmoleculen samensmelten met de atomen aan het oppervlak van de bal. Op elke botsing volgt een uitbarsting van gammastralen en uiteenspattende deeltjes.[1]

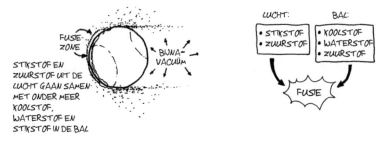

Deze gammastralen en de restanten dijen uit in een grote bol rond de werpheuvel. Ze beginnen de moleculen in de lucht uiteen te trekken, waarbij ze de elektronen losmaken van hun nucleus en de lucht in het stadion veranderen in een uitdijende bol van gloeiendheet plasma. De wand van deze bol nadert de slagman met ongeveer de snelheid van het licht – net iets voor de bal zelf uit.

De aanhoudende samensmelting aan de voorkant van de bal oefent een terugwaartse kracht uit, waardoor de bal vertraagt, alsof hij een raket is die achterstevoren vliegt terwijl de motoren ontbranden. Helaas gaat de bal zo snel dat zelfs de enorme kracht van deze voortgaande thermonucleaire explosie nauwelijks een merkbare vertraging oplevert. De kracht van de explosie vreet echter wel aan de oppervlakte, waardoor kleine fragmenten van de bal in alle richtingen wegspatten. Deze fragmenten gaan zo snel dat ze, wanneer ze luchtmoleculen raken, nog twee of drie fusies ontketenen.

Na ongeveer 70 nanoseconden komt de bal aan op de thuisbasis. De slagman heeft niet eens gezien dat de werper de bal losliet, doordat het licht dat deze informatie draagt, zo'n beetje op hetzelfde moment aankomt als de bal. De botsingen met de lucht hebben de bal vrijwel geheel weggevreten, en hij is nu een kogelvormige wolk van uitdijend plasma (hoofdzakelijk koolstof, zuurstof, waterstof en stikstof) dat tegen de lucht ramt en onderweg nog meer fusies veroorzaakt. Het omhulsel van röntgenstralen raakt de slagman het eerst, en een paar nanoseconden later wordt hij getroffen door de wolk van restanten.

---

1 Toen ik dit artikel voor het eerst publiceerde, liet Hans Rinderknecht, een natuurkundige van het Massachusetts Institute of Technology, me weten dat hij dit scenario had gesimuleerd op de computers in hun lab. Hij constateerde dat de meeste luchtmoleculen in het begin van de baan van de bal te snel bewogen om een fusie te veroorzaken, en dwars door de bal heen gingen, waardoor deze langzamer en gelijkmatiger werd verwarmd dan ik had beschreven.

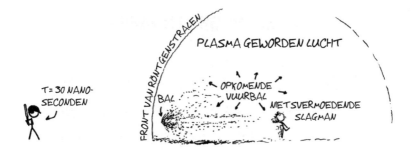

Wanneer de wolk de slagman bereikt, beweegt het centrum zich nog steeds met een aanzienlijk percentage van de snelheid van het licht voort. De wolk raakt eerst het slaghout, maar dan worden de slagman, de thuisplaat en de achtervanger allemaal opgepakt en dwars door het vangscherm meegesleurd terwijl ze desintegreren. Het omhulsel van röntgenstralen en gloeiendheet plasma zet verder naar buiten en omhoog uit, waarbij het vangscherm, beide teams, de zitbanken en de nabije omgeving worden opgeslokt – dat allemaal in de eerste microseconde.

Stel dat je op een heuvel buiten de stad staat te kijken. Het eerste wat je dan ziet, is een verblindend licht, veel sterker dan dat van de zon. Dit licht wordt in de loop van een paar seconden flauwer, waarna een vuurbal uitgroeit tot een paddenstoelwolk. Daarna arriveert met groot geraas een vernietigende golf die bomen losrukt en huizen in puin legt.

Alles binnen een straal van zo'n anderhalve kilometer van het park wordt met de grond gelijkgemaakt, en een vuurstorm golft over de omringende stad. Het honkbal-binnenveld, inmiddels een flinke krater, komt zo'n honderd meter achter de voormalige plek van het vangscherm te liggen.

Volgens regel 6.08(b) van het reglement voor de Amerikaanse honkbalcompetitie wordt de slagman in deze situatie geraakt door de worp en mag hij vrij doorlopen naar het eerste honk.

BASSIN VOOR KERNAFVAL

V. Wat gebeurt er als ik in een bassin voor kernafval ga zwemmen? Moet ik echt duiken om een dodelijke hoeveelheid straling op te doen? Hoelang kan ik veilig aan de oppervlakte blijven?

– Jonathan Bastien-Filiatrault

A. ALS WE ERVAN UITGAAN dat je een redelijk goede zwemmer bent, kun je waarschijnlijk zo'n 10 tot 40 uur in het water blijven rondspartelen. Op dat punt raak je waarschijnlijk bewusteloos door vermoeidheid en verdrink je. Dit gaat ook op bij een bassin zonder kernafval op de bodem.

Het kernafval van kernreactors is zeer radioactief. Water is goed voor de afscherming van de straling en voor koeling; daarom ligt het afval enkele tientallen jaren op de bodem van bassins opgeslagen totdat het inert genoeg is om in droge vaten te stoppen. We zijn het er nog niet echt over eens waar we die droge vaten vervolgens laten. Dat moeten we een dezer dagen waarschijnlijk een keer bepalen.

Zo ziet een standaardbassin voor kernafval eruit:

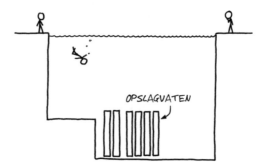

De warmte is geen noemenswaardig probleem. De watertemperatuur in een op-slagbassin kan in theorie oplopen tot 50°C, maar in de praktijk schommelt deze meestal tussen 25°C en 35°C – warmer dan de meeste zwembaden, maar koeler dan een warm bad.

Bij de soorten straling die van het kernafval uitgaan, vermindert elke 7 centi-meter aan water de hoeveelheid met de helft.

De sterkst radioactieve staven zijn degene die nog maar kortgeleden uit een kernreactor zijn verwijderd. Op basis van de activiteitsniveaus die in het rapport van Ontario Hydro staan vermeld, is de gevarenzone bij verse afvalstaven:

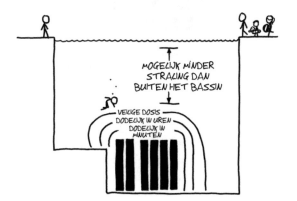

Als je naar de bodem zwemt, met je ellebogen een vers afvalvat aanraakt en on-middellijk weer naar boven zwemt, is dat waarschijnlijk genoeg om je te doden.

Maar in de buitenste zone kun je net zo lang rondzwemmen als je wilt – de do-sis van de kern is minder dan de normale achtergronddosis die je opdoet als je buiten wandelt. In feite ben je onder water juist afgeschermd tegen het grootste deel van de normale achtergronddosis. Je krijgt zelfs een lagere dosis straling als je rondspartelt in een bassin voor kernafval dan als je op straat loopt.

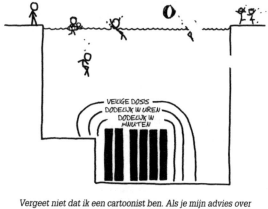

Vergeet niet dat ik een cartoonist ben. Als je mijn advies over
veiligheid met nucleair materiaal opvolgt, verdien je
waarschijnlijk wat er met je gebeurt.

Dat wil zeggen, als alles gaat zoals gepland. Als er sprake is van corrosie in de vaten met kernafvalstaven, kunnen er wat splijtingsresten in het water zitten. Deze
doen uitstekend werk om het water schoon te houden, en het is niet schadelijk als
je erin zwemt, maar ze zijn wel zo radioactief dat het illegaal is om het als mineraalwater te verkopen.[1]

We weten dat het veilig is om in bassins voor kernafval te zwemmen, omdat ze
geregeld worden onderhouden door duikers.

Maar deze duikers moeten wel voorzichtig zijn.

Op 31 augustus 2010 was een duiker bezig met het onderhoud van het bassin
voor kernafval bij de kernreactor van Leibstadt in Zwitserland. Hij bespeurde een
onbekend stuk gummislang op de bodem van het bassin en nam contact op met
zijn chef om te vragen wat hij moest doen. Hij kreeg te horen dat hij de slang in
zijn gereedschapstas moest doen, en dat deed hij. Door het geborrel van de luchtbelletjes in het water hoorde hij zijn stralingsalarm niet.

Toen de gereedschapstas uit het water werd getild, ging het stralingsalarm boven af. De tas werd in het water teruggegooid en de duiker verliet het bassin. De
signalen van de stralingsmeter van de duiker gaven aan dat hij een hogere dan
normale dosis voor het hele lichaam had gekregen, en dat de dosis in zijn rechterhand extreem hoog was.

Het voorwerp bleek een beschermend omhulsel van een stralingsmeter in de

---

1 Wel jammer – het zou me toch een energiedrank zijn.

reactorkern te zijn, die uiterst radioactief was geworden door de neutronenstroom. Het was er in 2006 per ongeluk afgeschoven bij het sluiten van een capsule. Het was naar een afgelegen hoekje op de vloer van het bassin gezonken, waar het vier jaar onopgemerkt had gelegen.

De slang was zo radioactief dat het de dood van de duiker had kunnen zijn als hij het in een gereedschapsgordel of een schoudertas had gestopt, waar het dicht op zijn lichaam had gezeten. Nu beschermde het water hem en kreeg alleen zijn hand – een lichaamsdeel dat beter tegen straling bestand is dan de tere inwendige organen – een zware dosis.

Wat zwemmen in zo'n bassin betreft, kunnen we dus zeggen dat het waarschijnlijk prima is zolang je maar niet naar de bodem duikt en geen onbekende dingen oppakt.

Maar voor alle zekerheid heb ik contact opgenomen met een vriend die bij een onderzoeksreactor werkt, en hem gevraagd wat er volgens hem met iemand gebeurt die probeert in hun bassin voor stralingsinsluiting te zwemmen.

'In ónze reactor?' Hij dacht even na. 'Nog voor je het water bereikt, ben je dan al dood door schotwonden.'

VREEMDE (EN VERONTRUSTENDE) VRAGEN UIT DE INBOX VAN WAT ALS? – 1

V. Kunnen je tanden zo koud worden dat ze verbrijzelen als je warme koffie drinkt?

– Shelby Hebert

V. Hoeveel huizen branden er elk jaar af in de Verenigde Staten? Wat is de gemakkelijkste manier om dat aantal drastisch te verhogen (zeg, minstens 15 procent)?

– Chandler Wakefield

NEW YORKSE TIJDMACHINE

V. Ik neem aan dat je, als je terug in de
tijd reist, op dezelfde plek op aarde
terechtkomt. Zo werkt het tenminste in
de filmreeks *Back to the Future*. Als dat
zo is, wat is dan de situatie als je vanaf
Times Square in New York 1000 jaar terug
in de tijd reist? 10.000 jaar? 100.000 jaar?
Een miljoen jaar? Een miljard jaar?
En hoe is het als je een miljoen jaar
vooruit reist?

– Mark Dettling

A. 1000 jaar terug

Manhattan is de afgelopen 3000 jaar onafgebroken bewoond geweest; misschien
9000 jaar geleden kwamen er voor het eerst mensen wonen.

Kort na 1600, toen de Nederlanders kwamen, werd de streek bewoond door de
Lenape.[1] Deze Lenape waren een losse verzameling stammen die leefden in het
gebied van de huidige staten Connecticut, New York, New Jersey en Delaware.

Zo'n 1000 jaar geleden werd de streek waarschijnlijk bewoond door een vergelijkbare verzameling stammen, maar zij leefden 500 jaar vóór het eerste contact
met Europeanen. Ze stonden net zo ver van de Lenape die kort na 1600 leefden,
als de Lenape kort na 1600 van de tijd van nu.

Om een beeld te krijgen van Times Square 1000 jaar geleden, kijken we bij een
opmerkelijk project dat Welikia heet en dat is voortgekomen uit het kleinere project Mannahatta. Het Welikia-project heeft een gedetailleerde ecologische kaart

---

1 Ook bekend als de Delaware.

opgeleverd van het landschap in New York in de tijd dat de Europeanen voet aan wal zetten.

Deze interactieve kaart, die op internet beschikbaar is op welikia.org, is een geweldige momentopname van een heel ander New York. In 1609 maakt het eiland Manhattan deel uit van een landschap van glooiende heuvels, moerassen, bossen, meren en rivieren.

Het Times Square van 1000 jaar geleden zag er mogelijk in ecologisch opzicht hetzelfde uit als het Times Square van Welikia. Waarschijnlijk leek het op de oude bossen die hier en daar nog in het noordwesten van de Verenigde Staten voorkomen. Maar er waren ook aanzienlijke verschillen.

1000 jaar geleden liepen er veel meer grote dieren rond. In ons losse stukje van oude noordoostelijke bossen komen bijna geen grote roofdieren voor; er leven een paar beren, een paar wolven en coyotes, en vrijwel geen bergleeuwen. (Maar onze populatie van herten is drastisch toegenomen, deels doordat er geen grote roofdieren zijn.)

De bossen van New York stonden 1000 jaar geleden vol kastanjes. Voordat er aan het begin van de twintigste eeuw een plantenziekte uitbrak, bestonden de hardhoutbossen van oostelijk Noord-Amerika voor 25 procent uit kastanjes. Nu resten slechts hun stronken.

In de bossen van New England kun je deze stronken nog zien. Om de zoveel tijd spruiten er weer takjes uit, die wegkwijnen zodra de plantenziekte vat op ze krijgt. Over niet al te lange tijd zullen ook de laatste stronken afsterven.

Wolven komen veel voor in deze bossen, vooral landinwaarts. Andere dieren die je kunt tegenkomen, zijn bergleeuwen[2,3,4,5,6] en trekduiven.[7]

Eén diersoort krijg je niet te zien: aardwormen. Er waren geen aardwormen in New England toen de kolonisten uit Europa arriveerden. Zonder aardwormen creëren de bladeren die op de bodem van het bos vallen, een ander soort bodem dan die waarmee wij vertrouwd zijn.

Om te zien waarom er geen wormen zijn, zetten we onze volgende stap in het verleden.

10.000 jaar terug

De aarde van 10.000 jaar geleden had juist een zeer koude periode achter de rug.

De grote ijskappen die New England bedekten, waren verdwenen. Zo'n 22.000 jaar geleden lag de zuidelijke rand van het ijs ter hoogte van Staten Island, maar rond 18.000 jaar geleden had het ijs zich verder noordwaarts teruggetrokken tot voorbij Yonkers.[8] Rond de tijd dat wij opduiken, 10.000 jaar geleden, heeft het ijs zich grotendeels teruggetrokken voorbij de huidige grens met Canada.

De ijskappen schuurden het landschap af tot op het harde gesteente. In de volgende 10.000 jaar kroop het leven langzaam terug naar het noorden. Sommige soorten trokken sneller noordwaarts dan andere. Bij de komst van de Europeanen naar New England hadden de aardwormen de weg terug nog niet gevonden.

Toen de ijskappen zich terugtrokken, braken er ook grote stukken af die achterbleven.

---

2 Ook bekend als poema.
3 Ook bekend als cougar.
4 Ook bekend als zilverleeuw.
5 Ook bekend als panter.
6 Ook bekend als *geschilderde kat*.
7 Ook al krijg je misschien niet de zwermen van miljarden duiven te zien die de Europese kolonisten tegenkwamen. In zijn boek *1491* betoogt Charles C. Mann dat de grote zwermen die de Europese kolonisten zagen, een symptoom kunnen zijn geweest van een chaotisch ecosysteem dat was verstoord door de komst van de pokken, beemdgras en honingbijen.
8 Dat wil zeggen, de huidige locatie Yonkers. Waarschijnlijk heette het toen niet Yonkers, want die naam, ontleend aan het Nederlandse woord 'jonkheer', werd gebruikt voor een nederzetting van later in de zeventiende eeuw. Sommigen beweren echter dat er altijd een locatie met de naam Yonkers heeft bestaan, en in feite ouder is dan de mens en de aarde zelf. Ik bedoel, ik denk dat ik de enige ben die dat beweert, maar ik uit me nu eenmaal vlot.

Deze brokken smolten en lieten een met water gevuld gat in de bodem achter, een erosieketel. Oakland Lake, net ten noorden van Springfield Boulevard in Queens, is zo'n erosieketel. De ijskappen lieten ook rotsblokken achter, die ze onderweg hadden meegesleurd. Sommige rotsblokken, zogeheten zwerfkeien, zijn nu nog in Central Park te vinden.

Onder het ijs stroomden rivieren van smeltwater met grote kracht voort, die onderweg zand en steentjes achterlieten. Deze afzettingen, die als smeltwaterruggen achterblijven en die we ook wel 'eskers' noemen, liggen kriskras in het boslandschap buiten mijn huis in Boston. Ze zijn verantwoordelijk voor een grote verscheidenheid aan vreemde landvormen, waaronder de enige verticale U-vormige rivierbedding ter wereld.

100.000 jaar terug

De wereld van 100.000 jaar geleden kan er in veel opzichten net zo hebben uitgezien als die van ons.[9] We leven in een tijdperk waarin herhaaldelijk een snelle, beweeglijke ijsvorming optreedt, maar de laatste 10.000 jaar is ons klimaat stabiel[10] en warm geweest.

---

9 Zij het met minder reclameborden.
10 Let wel, ís geweest. We maken daar nu een einde aan.

Zo'n 100.000 jaar geleden stond de aarde aan het eind van een vergelijkbare periode met een stabiel klimaat. Dit was de tussen twee ijstijden in gelegen Sangamon-periode, die waarschijnlijk een ontwikkelde ecologie ondersteunde die ons vertrouwd zou aandoen.

De geografie van de kust is echter volkomen anders: Staten Island, Long Island, Nantucket en Martha's Vineyard zijn ruggen die zijn opgestuwd door de meest recente bulldozerachtige invasie van het ijs. Honderd millennia geleden lagen er andere eilanden verspreid voor de kust.

Veel van de huidige dieren waren ook in die bossen te vinden – vogels, eekhoorns, herten, wolven, zwarte beren – maar er waren ook een paar spectaculaire soorten extra. Om daar meer over te weten te komen, kijken we naar het mysterie van de gaffelantilope.

De moderne gaffelantilope (*Antilocapra americana*) stelt ons voor een raadsel. Hij kan snel rennen – veel sneller zelfs dan nodig. De gaffelantilope kan 88 kilometer per uur halen en die snelheid over een lange afstand volhouden. Maar de snelste roofdieren die hem bedreigen – wolven en coyotes – halen in een sprint nog maar net 56 kilometer per uur. Waarom heeft de gaffelantilope zo'n snelheid ontwikkeld?

Het antwoord is dat de wereld waarin de gaffelantilope evolueerde, veel gevaarlijker was dan die van ons. Zo'n 100.000 jaar geleden waren de bossen van Noord-Amerika de woonplaats van *Canis dirus* (reuzenwolf), *Arctodus* (kortsnuitbeer), en *Smilodon fatalis* (sabeltandtijger), die stuk voor stuk mogelijk veel sneller en gevaarlijker waren dan de moderne roofdieren. Deze zijn allemaal uitgestorven bij een gebeurtenis in het laatste tijdvak van het kwartair dat zich voordeed kort voordat de eerste mensen naar het continent kwamen.[11]

Als we iets verder teruggaan, komen we nog een ander angstaanjagend roofdier tegen.

Een miljoen jaar terug

Zo'n miljoen jaar geleden, vóór het recentste grote tijdperk van de ijstijden, was de aarde tamelijk warm. Het was halverwege het kwartair; de grote moderne ijstijden waren een paar miljoen jaar eerder aangebroken, maar er deed zich een pauze voor in het komen en gaan van de gletsjers, en het klimaat was betrekkelijk stabiel.

De roofdieren die we eerder zagen, de snelvoetige dieren die misschien op de gaffelantilope joegen, verkeerden in het gezelschap van de verschrikkelijke *Chasmaporthetes*, een hoogpotige hyena die veel weghad van de moderne wolf. *Chasmaporthetes* kwam vooral voor in Afrika en Azië, maar toen het zeeniveau daalde,

---

11 Maar dat is ongetwijfeld toeval.

stak een bepaalde soort de Beringstraat over naar Noord-Amerika. Dit was de enige hyenasoort die dat deed, en daarom heeft het de naam *Chasmaporthetes ossifragus* gekregen, wat zoiets betekent als 'hij die de canyon zag'.

Vervolgens laat Marks vraag ons een fikse sprong terug in de tijd maken.

Een miljard jaar terug

Een miljard geleden waren de continentale platen samengevoegd tot één groot supercontinent. Dit was niet het welbekende supercontinent Pangea, maar Pangea's voorganger Rodinia. De geologische gegevens zijn schaars, maar naar alle waarschijnlijkheid zag het er ongeveer zo uit:

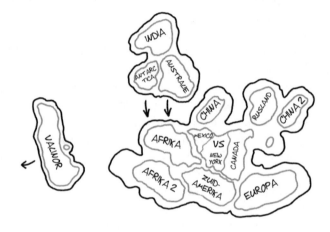

In de tijd van Rodinia moest het harde gesteente dat nu onder Manhattan ligt, nog worden gevormd, maar de diepe gesteenten van Noord-Amerika waren al oud. Het deel van het continent dat nu Manhattan is, was waarschijnlijk een landinwaarts gelegen streek die in verbinding stond met het huidige Angola en Zuid-Afrika.

In deze oertijd bestonden geen planten of dieren.

In de oceanen krioelde het van leven, maar daarbij ging het om eenvoudige eencelligen. Aan de oppervlakte van het water lagen gordijnen van blauwgroene algen. Deze bescheiden beestjes zijn de dodelijkste moordenaars in de geschiedenis van het leven op aarde.

De blauwgroene alg, blauwwier ofwel cyanobacterie genaamd, was als eerste in staat tot fotosynthese. Hij ademde koolstofdioxide in en ademde zuurstof uit. Zuurstof is een vluchtig gas; het doet ijzer roesten (oxideren) en kan hout doen branden. Toen de cyanobacterie voor het eerst ten tonele verscheen, was de uitge-ademde zuurstof voor bijna alle andere vormen van leven giftig. De massale sterfte die daarop volgde, wordt de 'zuurstofcrisis' genoemd.

Nadat de cyanobacteriën op aarde de dampkring en het water vol met de gifti-ge zuurstof hadden gepompt, ontwikkelden zich dieren die profiteerden van de vluchtige aard van het gas om nieuwe biologische processen mogelijk te maken. Wij zijn de afstammelingen van die eerste zuurstofademers.

Veel details van dit verleden zijn nog onbekend. De wereld van een miljard jaar geleden is moeilijk te reconstrueren. Maar Marks vraag brengt ons nu naar een domein waarvan we nog minder weten: de toekomst.

Een miljoen jaar vooruit

Uiteindelijk zal de mens uitsterven. Niemand weet wanneer[12], maar niets blijft eeuwig leven. Misschien verspreiden we ons over de sterren en leven we nog mil-jarden of biljoenen jaren voort. Misschien stort de beschaving ineen, vallen we al-lemaal ten prooi aan ziekte en hongersnood, en wordt de laatste van ons door kat-ten opgepeuzeld. Misschien worden we allemaal een paar uur nadat je deze zin leest gedood door nanabots. We weten het niet.

Een miljoen jaar is een lange periode. Het is een paar keer langer dan de tijd dat *Homo sapiens* tot nu toe heeft bestaan, en honderd keer langer dan de periode waarin we over geschreven taal beschikken. Het lijkt me het veiligst om aan te ne-men dat de mens, hoe zijn verhaal ook verloopt, in elk geval over een miljoen jaar het huidige podium heeft verlaten.

Zonder ons zal de geologie van de aarde voortmalen. Wind, regen en zandstor-men zullen de voortbrengselen van onze beschaving aantasten en begraven. Een door de mens teweeggebrachte klimaatverandering zal waarschijnlijk het begin van de volgende ijstijd vertragen, maar we hebben de cyclus van ijstijden niet be-eindigd. Uiteindelijk zullen de gletsjers weer oprukken. Over een miljoen jaar zul-len er nog maar weinig menselijke voortbrengselen resteren.

Het overblijfsel van ons dat het langst standhoudt, is waarschijnlijk de laag plastic die we op aarde hebben gedumpt. Door olie op te graven en die tot duur-zame en bestendige polymeren te verwerken en over het oppervlak van de aarde te verspreiden, hebben we een voetafdruk achtergelaten die langer kan standhouden dan al het andere dat we hebben gedaan.

Ons plastic zal worden versnipperd en begraven, en misschien zullen sommige microben leren het te verteren, maar hoogstwaarschijnlijk zal over een miljoen

---

12 Mail me als dat voor jou wel zo is.

jaar een misplaatste laag van verwerkte koolwaterstoffen – vervormde delen van onze shampooflessen en winkeltassen – dienen als een chemisch monument van onze beschaving.

De verre toekomst

De zon wordt geleidelijk helderder. Drie miljard jaar lang heeft een complex systeem van *feedback loops* de temperatuur van de aarde betrekkelijk stabiel gehouden, terwijl de zon gestaag warmer is geworden.

Na een miljard jaar zullen deze feedback loops zijn verzwakt. Onze oceanen, die het leven voedden en de aarde koel hielden, worden tot de ergste vijand. Ze zullen verdampen door de warme zon, waardoor ze de planeet in een dikke deken van waternevel hullen en een onbeheersbaar broeikaseffect veroorzaken. Over een miljard jaar wordt de aarde een tweede Venus.

Terwijl de planeet opwarmt, verliezen we misschien al ons water en wordt onze dampkring een stenige wasem doordat de aardkorst zelf begint te koken. Uiteindelijk zullen we na nog een paar miljard jaar zijn verteerd door de uitdijende zon.

De aarde wordt verbrand, en veel moleculen die ooit Times Square vormden, zullen door de stervende zon worden weggeblazen. Deze stofwolken zweven door de ruimte en vormen door botsingen misschien nieuwe sterren en planeten.

Als de mensen aan het zonnestelsel weten te ontkomen en langer blijven leven dan de zon, kunnen onze afstammelingen misschien op een dag op een van deze planeten leven. Atomen van Times Square zullen, na een cyclisch verloop door het hart van de zon, onze nieuwe lichamen vormen.

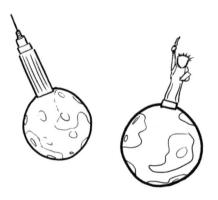

Op een dag zijn we allemaal dood, of zijn we allemaal New Yorkers.

ZIELSVERWANTEN

V. Wat als iedereen echt maar één
zielsverwant heeft, een willekeurig iemand
ergens in de wereld?

– Benjamin Staffin

A. WAT EEN NACHTMERRIE zou dat zijn.

Er zijn veel problemen met het concept van één enkele willekeurige zielsverwant. Zoals Tim Minchin het verwoordde in zijn lied 'If I Didn't Have You':

> *Your love is one in a million;*
> *You couldn't buy it at any price.*
> *But of the 9999 hundred thousand other loves,*
> *Statistically, some of them would be equally nice.*

Maar wat als we een willekeurig toegewezen volmaakte zielsverwant hadden, en we niet gelukkig met iemand anders konden zijn? Zouden we elkaar kunnen vinden?

We nemen aan dat je zielsverwant wordt gekozen bij je geboorte. Je weet verder niets over wie het is of waar die iemand is, maar je zou het van elkaar weten – net zoals in het romantische cliché – op het moment dat jullie ogen elkaar ontmoeten.

Dit werpt meteen al een paar vragen op. Om te beginnen, is je zielsverwant nog wel in leven? Er hebben al met al zo'n honderd miljard mensen geleefd, maar nu leven er maar zeven miljard (waarmee de menselijke situatie een sterftecijfer van 93 procent heeft). Als we allemaal willekeurig aan elkaar gekoppeld zijn, is 90 procent van onze zielsverwanten allang dood.

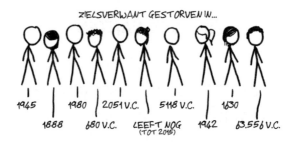

ZIELSVERWANT GESTORVEN IN...

| 1945 | 1980 | 2051 V.C. | 5118 V.C. | 1630 |
| 1888 | 680 V.C. | LEEFT NOG (TOT 2015) | 1942 | 63.556 V.C. |

Dat klinkt afschuwelijk. Maar wacht even, het wordt nog erger. Een simpele redenering geeft aan dat we ons niet kunnen beperken tot mensen van het verleden en het heden; we moeten ook een onbekend aantal mensen van de toekomst erbij betrekken. Immers, als je zielsverwant in het verre verleden leeft, dan moet het ook mogelijk zijn dat zielsverwanten in de verre toekomst leven. Dat geldt per slot van rekening voor de zielsverwant van jóúw zielsverwant.

We gaan er daarom van uit dat zielsverwanten in dezelfde tijd leven. Om te voorkomen dat er akelige situaties ontstaan, gaan we er bovendien van uit dat ze hooguit een paar jaar in leeftijd verschillen. (Deze regel is strikter dan de standaardopvatting over een akelige leeftijdskloof.[1] Als we echter aannemen dat een 30-jarige en een 40-jarige zielsverwanten kunnen zijn, dan wordt het akeligheidsverbod geschonden als ze elkaar per ongeluk vijftien jaar eerder ontmoeten.) Met de beperking van ongeveer dezelfde leeftijd hebben de meesten van ons om en nabij een half miljard mogelijke zielsverwanten.

Maar hoe zit het met geslacht en seksuele geaardheid? En de cultuur? En de taal? We kunnen blijven proberen met demografische methoden de zaken verder toe te spitsen, maar dan raken we verder verwijderd van het idee van een willekeurige zielsverwant. In ons scenario weet je niets over wie je zielsverwant is totdat je in zijn of haar ogen kijkt. Iedereen heeft slechts één aandachtspunt: de zielsverwant.

De kans dat je je zielsverwant tegen het lijf loopt, is ongelofelijk klein. Het aantal onbekenden met wie we per dag oogcontact maken, kan variëren van bijna geen (invaliden of inwoners van een kleine stad) tot vele duizenden (een politieagent op Times Square), maar we nemen aan dat je elke dag oogcontact hebt met enkele tientallen nieuwe onbekenden. (Ik ben tamelijk introvert, dus voor mij is dat een ruime schatting.) Als 10 procent van hen ongeveer net zo oud is als jij, komt dat voor een heel leven neer op ongeveer 50.000. Gezien het feit dat je

---

1 Zie *xkcd*, 'Dating pools', op http://xkcd.com/314.

500.000.000 mogelijke zielsverwanten hebt, resulteert dat in een kans om tijdens je leven je ware liefde te vinden van 1 op 10.000.

Vanwege het grote risico dat mensen een heel leven alleen blijven, kan de samenleving zich herstructureren om de gelegenheid te bieden voor zo veel mogelijk oogcontact. We kunnen grote lopende banden bouwen om hele rijen mensen langs elkaar te laten gaan...

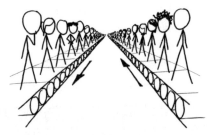

... maar als het effect van oogcontact ook te behalen is met webcams, kunnen we gewoon een aangepaste versie van ChatRoulette gebruiken.

Als iedereen het systeem acht uur per dag gebruikt, zeven dagen per week, en als je in een paar seconden kunt bepalen of iemand je zielsverwant is of niet, kan dit systeem – in theorie – in enkele tientallen jaren iedereen met een zielsverwant verbinden. (Ik heb een paar eenvoudige systemen aangepast om te schatten hoe snel mensen een paar vormen en uit de groep van singles vallen. Als je een bepaalde aanpak wilt doorrekenen, kun je beginnen door naar geestesstoornissen te kijken.)

In de reële wereld hebben veel mensen nauwelijks tijd voor romantiek – slechts een paar kunnen er twintig jaar aan besteden. Dus misschien kunnen alleen kinderen van rijke ouders het zich veroorloven om bij SoulMateRoulette aan te schuiven. Helaas voor die spreekwoordelijke 1 procent, zijn de meesten van hun zielsverwanten te vinden in de andere 99 procent. Als slechts 1 procent van de rijken deze dienst gebruikt, dan kan slechts 1 procent van die 1 procent de zielsverwant via dit systeem vinden – een kans van 1 op 10.000.

De andere 99 procent van de 1 procent[2] heeft wel een prikkel om meer mensen bij het systeem te betrekken. Ze kunnen projecten sponsoren als 'Een laptop voor ieder kind' (maar dan met een wat minder chic doel). Banen als caissière en

---

2 'Wij zijn de 0,99 procent.'

politieagent op Times Square krijgen een hoge status vanwege de gelegenheid tot oogcontact. Mensen drommen bijeen in steden en op grote bijeenkomsten om liefde te zoeken – net zoals ze nu doen.

Maar zelfs al is een groep van ons jarenlang in de weer met SoulMateRoulette, weet een andere groep van ons baantjes te bemachtigen die voortdurend oogcontact met onbekenden mogelijk maken, en hoopt de rest van ons alleen maar geluk te hebben, dan nog zal slechts een kleine minderheid van ons ooit ware liefde vinden. De rest heeft gewoon pech.

Vanwege alle stress en sociale druk kunnen sommigen net doen alsof. Ze willen bij de club horen, en daarom zoeken ze contact met een ander eenzaam persoon en organiseren een fakeontmoeting van zielsverwanten. Ze trouwen, houden hun relatieproblemen verborgen, en doen er alle moeite voor om gelukkig over te komen bij hun vrienden en familie.

Een wereld van willekeurige zielsverwanten is een eenzame wereld. Hopelijk geldt dat niet voor de wereld waarin wij leven.

LASERAANWIJZER

V. Als iedereen op aarde op hetzelfde moment een laseraanwijzer op de maan richt, verandert die dan van kleur?

– Peter Lipowicz

....

A. NIET ALS WE GEWONE laseraanwijzers gebruiken.

Allereerst moeten we opmerken dat niet iedereen de maan tegelijk in zicht heeft. We kunnen iedereen op één plek bijeenbrengen, maar het is gemakkelijker om een tijdstip te kiezen waarop de maan zichtbaar is voor het grootst mogelijke aantal mensen. Aangezien ongeveer 75 procent van de wereldbevolking woont tussen 0°OL en 120°OL, kunnen we dit proberen als de maan ergens boven de Arabische Zee staat.

We kunnen kiezen voor een nieuwe maan of een volle maan. De nieuwe maan is donkerder, waardoor onze lasers gemakkelijker te zien zijn. Maar de nieuwe maan is moeilijker in het vizier te krijgen, omdat hij voor het grootste deel overdag te zien is – wat het effect tenietdoet.

We kiezen daarom voor het laatste kwartier, zodat we het effect van onze lasers op de donkere en de lichte kant kunnen vergelijken.

Dit is ons doelwit.

Een gangbare rode laseraanwijzer heeft een sterkte van ongeveer 5 milliwatt, en een goede heeft een straal die zo geconcentreerd is dat je de maan ook echt kunt raken – ook al is deze over een breed oppervlak verspreid bij aankomst op de maan. De dampkring vervormt de straal een beetje, en absorbeert een deel ervan, maar het meeste licht komt aan.

We gaan ervan uit dat iedereen zo'n vaste hand heeft dat hij de maan kan raken, maar ook niet meer dan dat, en dat het licht zich gelijkmatig over het oppervlak verspreidt.

Een halfuur na middernacht (GMT) richt iedereen zijn laseraanwijzer en drukt op de knop.[1]

Dit is wat er gebeurt:

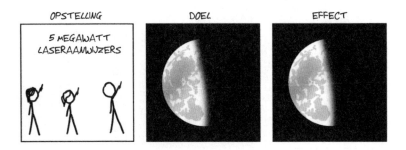

Tja, dat is teleurstellend.

Maar het is wel logisch. De zon overspoelt de maan met licht van iets meer dan een kilowatt energie per m². De dwarsdoorsnede van de maan is ongeveer 10^{13} m², en die baadt dus in ongeveer 1016 watt zonlicht – 10 petawatt, ofwel 2 megawatt per persoon – veel sterker dan de laseraanwijzer van 5 milliwatt. De efficiëntie in

---

1 GMT is de tijd op 0°OL; in de Benelux is het dan een uur later.

dit systeem kan per onderdeel variëren, maar aan de basisvergelijking verandert dat weinig.

WAT ALS WE HET PROBEREN
MET MEER VERMOGEN?

Een laser van 1 watt is buitengewoon gevaarlijk. Hij is niet zo sterk dat je er voorgoed blind van wordt, maar hij kan je huid verbranden en dingen in vlam zetten. In de Verenigde Staten zijn ze uiteraard niet legaal te koop voor consumenten.

Grapje. Je kunt er al een kopen voor $ 300. Zoek gewoon op 'draagbare laser van 1 watt'.

Stel dat we twee miljard dollar uitgeven om voor iedereen een groene laser van 1 watt te kopen. (Memo voor presidentskandidaten: met dit beleid wint u mijn stem.) Het licht van de groene laser is niet alleen sterker, maar bevindt zich ook dichter bij het midden van het zichtbare spectrum, waardoor het oog er gevoeliger voor is en het licht helderder schijnt.

Hier is het effect:

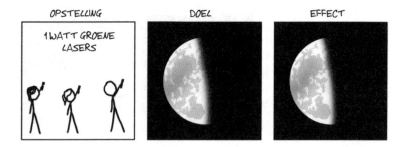

Ai.

De laseraanwijzers die we gebruiken, produceren een lichtstroom van ongeveer 150 lumen (meer dan de meeste zaklampen) in een straal van 5 boogminuten breed. Hiermee lichten we de oppervlakte van de maan op met ongeveer een halve lux – tegenover de ongeveer 130.000 lux van de zon. (Zelfs al richten we onze lasers allemaal perfect, dan produceren ze nog maar 6 lux op ongeveer 10 procent van het maanoppervlak.)

Ter vergelijking: de volle maan verlicht het oppervlak van de aarde met ongeveer 1 lux. Dat betekent dat onze lasers niet alleen te zwak zijn om vanaf de aarde
te zien, maar ook dat het laserlicht, als je op de maan stond, zwakker zou zijn dan
het maanlicht voor ons op aarde.

Met de grote vooruitgang in lithiumbatterijen en de ledtechnologie in de laatste
tien jaar is de markt voor goede zaklampen drastisch toegenomen. Maar het is
duidelijk dat de zaklampen het niet gaan redden. We slaan dat dus allemaal maar
over en geven iedereen een Nightsun.

Die naam zegt je misschien niets, maar de kans is groot dat je er een in actie
hebt gezien: het is het zoeklicht op helikopters van de politie en de kustwacht.
Met een output in de orde van 50.000 lumen kan dit zoeklicht op een stuk grond
de nacht veranderen in dag.

De straal is een paar graden breed, en dus moeten we een paar scherpstellenzen
zoeken om de straal in te perken tot de halve graad waarmee we de maan willen
raken.

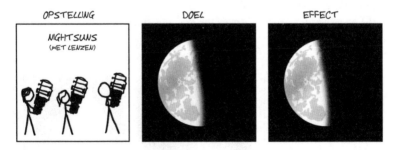

Het is moeilijk te zien, maar we boeken vooruitgang! De straal verschaft een ver-
lichting van 20 lux, die het omgevingslicht op de donkere helft overtreft met een
factor twee! Maar het is erg moeilijk te zien, en het heeft zeker geen effect op de
lichte helft.

WAT ALS WE HET PROBEREN
MET MEER VERMOGEN?

We verruilen onze Nightsun voor een rij IMAX-projectors – een paar waterge-koelde lampen van 30.000 watt met een gezamenlijke output van meer dan een miljoen lumen.

OPSTELLING   DOEL   EFFECT

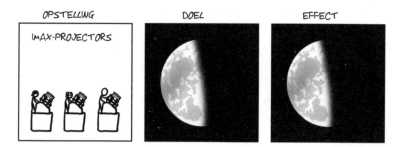

Nog steeds nauwelijks te zien.

Boven op het Luxor Hotel in Las Vegas staat de krachtigste schijnwerper ter wereld. We geven iedereen er zo een.

O, en we voegen een paar lenzen toe, zodat de straal in zijn geheel op de maan is gericht.

OPSTELLING   DOEL   EFFECT

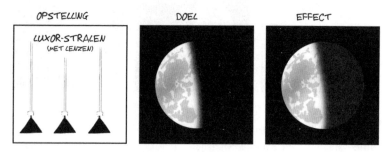

Ons licht is duidelijk te zien, dus we hebben ons doel bereikt! Goed werk, team.

WAT ALS WE HET PROBEREN
MET MEER VERMOGEN?

Tja...

Het ministerie van Defensie heeft megawattlasers ontwikkeld die zijn bedoeld om aanvalsraketten in de vlucht te onderscheppen.

De Boeing YAL-1 was een zogeheten COIL in de megawattklasse, een *chemical oxygen iodine laser*, gebaseerd op een chemisch proces van onder meer zuurstof en jodium, die in een 747 werd gemonteerd. Het was een infrarode laser, dus niet zichtbaar voor het blote oog, maar het is denkbaar dat er een laser met zo'n vermogen wordt gemaakt met zichtbaar licht.

OPSTELLING   DOEL   EFFECT

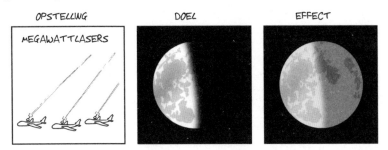

MEGAWATTLASERS

Eindelijk is het gelukt de helderheid van het zonlicht te evenaren!

We verbruiken hiermee trouwens 5 petawatt aan stroom, wat het dubbele is van het gemiddelde elektriciteitsverbruik van de hele wereld.

WAT ALS WE HET PROBEREN
MET MEER VERMOGEN?

Oké, we plaatsen een megawattlaser op elke m² van het oppervlak van Azië. Om deze batterij van 50 miljard lasers van stroom te voorzien, verbruiken we de oliereserves van de aarde in ongeveer twee minuten, maar in die twee minuten ziet de maan er zo uit:

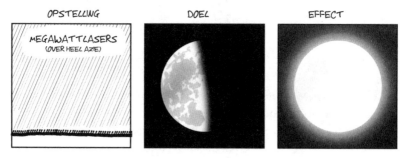

De maan schijnt net zo helder als de zon midden op de ochtend, en aan het eind van die twee minuten wordt de maanregoliet opgewarmd tot een gloed.

Oké, we zetten nog een stap verder buiten het domein van aannemelijkheid.

De krachtigste laser op aarde is de ingesloten straal van de National Ignition Facility, een laboratorium voor kernfusieonderzoek. Het is een ultraviolette laser met een output van 500 terawatt. Maar de laser vuurt alleen in afzonderlijke pulsen van een paar nanoseconden, waardoor de totale energieoutput ongeveer gelijkstaat aan die van een kwart kopje benzine.

Stel je voor dat we een manier vinden om deze laser continu van stroom te voorzien en te laten vuren, iedereen er een geven, en die allemaal op de maan richten. Helaas verandert deze energiestroom de atmosfeer in plasma, dat meteen het aardoppervlak doet ontbranden, waardoor we allemaal doodgaan. Maar stel dat de lasers om een of andere manier zonder interactie door de dampkring kunnen gaan.

Onder die omstandigheden blijkt de aarde nog steeds vlam te vatten. Het weerkaatste licht van de maan is dan 4000 keer zo helder als dat van de zon op het middaguur. Het maanlicht wordt zo helder dat het de oceanen op aarde in minder dan een jaar doet verdampen.

Maar vergeet de aarde – wat gebeurt er met de maan?

De laser zelf produceert zo veel stralingsdruk dat de omwenteling van de maan versnelt met ongeveer één tienmiljoenste G. Deze versnelling is op korte termijn niet merkbaar, maar na verloop van jaren wordt de versnelling genoeg om de maan uit de baan om de aarde te duwen...

...als de stralingsdruk de enige kracht in het spel was.

Zo'n 40 megajoule aan energie volstaat om een rotsblok van een kilo te verpulveren. Als we aannemen dat de rotsen op de maan een gemiddelde dichtheid hebben van ongeveer 3 kg per liter, kunnen de lasers genoeg energie uitstoten om 4 meter maangesteente per seconde te verpulveren:

$$\frac{5 \text{ miljard mensen} \times 500 \frac{\text{terrawat}}{\text{per persoon}}}{\pi \times \text{straal van de maan}^2} \times \frac{1 \text{ kilogram}}{40 \text{ megajoule}} \times \frac{1 \text{ liter}}{3 \text{ kilogram}} \approx 4 \frac{\text{meter}}{\text{seconde}}$$

Maar het maangesteente wordt feitelijk niet zo snel verpulverd – doordat er nog iets meespeelt wat zeer belangrijk blijkt te zijn.

Als een stuk gesteente wordt verpulverd, verdwijnt het niet in het niets. Het oppervlak van de maan verandert in plasma, maar dat plasma blokkeert wel het pad van de straal.

Onze laser stuurt steeds meer energie naar het plasma, waardoor het plasma almaar heter wordt. De deeltjes vliegen van elkaar vandaan, botsen tegen het oppervlak van de maan, en schieten uiteindelijk met een geweldige snelheid in de ruimte weg.

Deze stroom van materie verandert feitelijk het hele oppervlak van de maan in een raketmotor – en een verrassend efficiënte ook nog. Het gebruik van lasers om op deze manier oppervlaktemateriaal weg te blazen wordt laserablatie genoemd, en het blijkt een veelbelovende methode voor voortstuwing in de ruimtevaart te zijn.

De maan is een zwaar object, maar langzaam en gestaag begint de jetmotor van steenplasma de maan weg te duwen van de aarde. (De jetmotor veegt ook het oppervlak van de aarde schoon en vernietigt de lasers, maar we doen alsof ze onkwetsbaar zijn.) Het plasma schuurt ook in fysieke zin het oppervlak van de maan af met een gecompliceerde interactie die moeilijk in kaart is te brengen.

Als we nu eens aannemen dat de deeltjes in het plasma wegschieten met een gemiddelde snelheid van 500 kilometer per seconde, dan duurt het een paar maanden voordat de maan buiten bereik van onze laser is geduwd. De maan behoudt het grootste deel van haar massa, maar ontsnapt aan de zwaartekracht van de aarde en komt in een scheve, excentrische baan om de zon.

Technisch gesproken wordt de maan daarmee geen nieuwe planeet volgens de definitie van een planeet die de Internationale Astronomische Unie (IAU) heeft opgesteld. Omdat de nieuwe baan die van de aarde kruist, wordt de maan net als Pluto een dwergplaneet genoemd. Deze baan die de baan van de aarde kruist, leidt tot periodieke onvoorspelbare afwijkingen. Uiteindelijk wordt de maan naar de zon gekatapulteerd, uitgestoten tot buiten het zonnestelsel, of op ramkoers gestuurd met een van de planeten – mogelijk die van ons. Ik denk dat we het erover eens kunnen zijn dat we dat in dit geval ook wel verdienen.

Scorekaart:

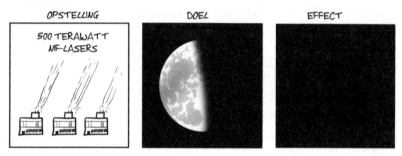

En dat is dan eindelijk genoeg vermogen.

PERIODIEKE MUUR VAN ELEMENTEN

V. Wat gebeurt er als je een periodiek systeem van de elementen maakt met kubusvormige bouwstenen, waarin elk steen is gemaakt van het bijbehorende element?

– Andrew Connolly

A. ER ZIJN MENSEN die elementen verzamelen. Deze verzamelaars proberen monsters van zo veel mogelijk elementen bijeen te brengen in een uitstalkast in de vorm van het periodiek systeem.[1]

Van de 118 elementen zijn er 30 – bijvoorbeeld helium, koolstof, aluminium en ijzer – in zuivere vorm in de winkel te koop. Nog enkele tientallen zijn te vinden door dingen uit elkaar te halen (zo kun je kleine monsters van americium in rookmelders vinden). Ook is een aantal via internet te bestellen.

Al met al is het mogelijk om monsters van ongeveer 80 elementen te bemachtigen – 90 als je bereid bent enig risico met je gezondheid, veiligheid en strafblad te nemen. De rest is te radioactief of te vluchtig om er meer dan een paar atomen tegelijk van te verzamelen.

Maar wat als je dat doet?

Het periodiek systeem van de elementen heeft zeven rijen.[2]

---

1 Denk hierbij aan een soort gevaarlijk, radioactief, kortstondig Pokémon.
2 Tegen de tijd dat je dit leest, is er misschien al een achtste rij toegevoegd. En als je dit in het jaar 2038 leest, heeft het periodiek systeem tien rijen, maar is op elke vermelding of bespreking een verbod ingesteld door de robotheersers.

WATERSTOF																	HELIUM
LITHIUM	BERYLLIUM											BOOR	KOOLSTOF	STIKSTOF	ZUURSTOF	FLUOR	NEON
NATRIUM	MAGNESIUM											ALUMINIUM	SILICIUM	FOSFOR	ZWAVEL	CHLOOR	ARGON
KALIUM	CALCIUM	SCANDIUM	TITAAN	VANADIUM	CHROOM	MANGAAN	IJZER	KOBALT	NIKKEL	KOPER	ZINK	GALLIUM	GERMANIUM	ARSEEN	SELEEN	BROOM	KRYPTON
RUBIDIUM	STRONTIUM	YTTRIUM	ZIRKONIUM	NIOBIUM	MOLYBDEEN	TECHNETIUM	RUTHENIUM	RHODIUM	PALLADIUM	ZILVER	CADMIUM	INDIUM	TIN	ANTIMOON	TELLUUR	JOOD	XENON
CESIUM	BARIUM		HAFNIUM	TANTAAL	WOLFRAAM	RHENIUM	OSMIUM	IRIDIUM	PLATINA	GOUD	KWIK	THALLIUM	LOOD	BISMUT	POLONIUM	ASTAAT	RADON
FRANCIUM	RADIUM		RUTHERFORDIUM	DUBNIUM	SEABORGIUM	BORHIUM	HASSIUM	MEITNERIUM	DARMSTADTIUM	ROENTGENIUM	COPERNICIUM	(113)	FLEROVIUM	(115)	LIVERMORIUM	(117)	(118)

LANTHAAN	CERIUM	PRASEODYMIUM	NEODYMIUM	PROMETHIUM	SAMARIUM	EUROPIUM	GADOLINIUM	TERBIUM	DYSPROSIUM	HOLMIUM	ERBIUM	THULIUM	YTTERBIUM	LUTETIUM
ACTINIUM	THORIUM	PROTACTINIUM	URAAN	NEPTUNIUM	PLUTONIUM	AMERICIUM	CURIUM	BERKELIUM	CALIFORNIUM	EINSTEINIUM	FERMIUM	MENDELEVIUM	NOBELIUM	LAWRENCIUM

- De bovenste twee rijen kun je moeiteloos op elkaar stapelen.
- De derde rij veroorzaakt brand.
- De vierde rij veroorzaakt giftige rook.
- De vijfde rij doet dat ook allemaal én veroorzaakt een lichte dosis straling.
- De zesde rij explodeert met grote kracht en verwoest het gebouw waarin je bent met een wolk van radioactief, giftig vuur en stof.
- Begin liever niet aan de zevende rij.

We gaan van boven naar beneden. De eerste rij is simpel en een beetje saai:

De kubus van waterstof stijgt op en verspreidt zich, als een ballon zonder een ballon. Hetzelfde geldt voor helium.

De tweede rij is lastiger.

Het lithium wordt onmiddellijk dof. Beryllium is tamelijk giftig; ga er dus voorzichtig mee om en voorkom dat iets ervan in de lucht vrijkomt.

De zuurstof en de stikstof zweven rond en verspreiden zich langzaam. Het neon zweeft weg.[3]

Het lichtgele gas fluor verspreidt zich over de grond. Fluor is het meest reactieve, corrosieve element van het periodiek systeem. Bijna elk materiaal dat wordt blootgesteld aan zuiver fluor, zal spontaan vlam vatten.

Ik heb met de organisch scheikundige Derek Lowe over dit scenario gesproken.[4] Hij zei dat het fluor niet met het neon zou reageren, en 'een soort wapenstilstand met het chloor in acht zou nemen, maar al het andere, ssssjt'. Zelfs met de latere rijen geeft het fluor problemen als het zich verspreidt. En als het in contact komt met enig vocht, vormt fluor het bijtende waterstoffluoride.

Als je daarvan een minieme hoeveelheid inademt, heeft het al een uiterst schadelijke of vernietigende uitwerking op je neus, longen, mond, ogen en uiteindelijk de rest van je lichaam. Je hebt beslist een gasmasker nodig. Vergeet daarbij niet dat fluor zich door allerlei materialen van maskers heen kan vreten; test het dus liever eerst. Veel plezier!

En dan nu de derde rij!

---

3 Dat wil zeggen, we gaan ervan uit dat ze met twee atomen voorkomen (bijvoorbeeld O_2 en N_2). Als de kubussen de vorm hebben van een enkel atoom, gaan ze onmiddellijk verbindingen aan, waarbij een opwarming tot duizenden graden optreedt.

4 Lowe is de schrijver van de geweldige blog over medicijnenonderzoek *In the Pipeline*.

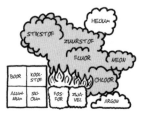

De helft van de genoemde gegevens is afkomstig uit het CRC Handbook of Chemistry and Physics en de andere helft uit de Britse komische tv-serie Look Around You.

Hier is fosfor de grootste herrieschopper. Zuiver fosfor kan in verschillende vormen voorkomen. Met rood fosfor kun je redelijk veilig omgaan. Wit fosfor komt spontaan tot ontbranding als het in contact met lucht komt. Het brandt met hete, moeilijk te blussen vlammen en is bovendien zeer giftig.[5]

Zwavel is in normale omstandigheden geen probleem; de stank is hooguit vervelend. Maar onze zwavel zit ingeklemd tussen het brandbare fosfor links... en fluor en chloor rechts. Als zwavel wordt blootgesteld aan zuiver fluor, vliegt deze net als veel stoffen in brand.

Het inerte argon is zwaarder dan lucht, en dus verspreidt het zich in een laag over de grond. Maak je geen zorgen over het argon. Er zijn grotere problemen.

Het brandje produceert allerlei angstwekkende chemische stoffen met namen als zwavelhexafluoride. Als je dit binnenshuis doet, raak je verstikt door giftige rook en kan het gebouw waarin je bent, afbranden.

En dat is nog maar rij drie. Op naar rij vier!

---

5 Een eigenschap die heeft geleid tot het controversiële gebruik ervan in brandbommen.

'Arseen' klinkt wat beangstigend. Dat is niet voor niets: het is giftig voor vrijwel alle complexe levensvormen. Een enkele keer is de paniek overdreven; er zitten sporen van natuurlijk arseen in al ons eten en water, en daar hebben we geen problemen mee.

Maar dit is niet die enkele keer.

Het brandende fosfor (nu in het gezelschap van brandend kalium, dat evenzeer geneigd is tot spontane ontbranding) kan zich mengen met het arseen en het verbranden, waardoor grote hoeveelheden arseentrioxide vrijkomen. Dat spul is tamelijk giftig. Niet ademen.

Deze rij produceert ook een gruwelijke stank. Seleen en broom reageren heftig, en Lowe zegt dat in vergelijking met brandend seleen 'zwavel ruikt als Chanel'.

Als het aluminium het vuur heeft doorstaan, gebeurt er iets vreemds mee. Het smeltende gallium eronder dringt door in het aluminium, waardoor de structuur wordt verstoord en het net zo zacht en slap wordt als nat papier.[6]

De brandende zwavel komt in contact met het broom. Bij kamertemperatuur is broom vloeibaar, een eigenschap die het gemeen heeft met slechts één ander element, namelijk kwik. Het is ook een tamelijk vervelend goedje. Het aantal giftige samenstellingen die op dit punt door de brand kan worden geproduceerd, is onberekenbaar groot. Maar als je dit experiment vanaf veilige afstand uitvoert, overleef je het misschien.

De vijfde rij bevat iets interessants: technetium-99, onze eerst radioactieve bouwsteen.

Technetium is het laagstgenummerde element dat geen stabiele isotoop heeft. De dosis in een kubus van 1 liter hiervan hoeft in ons experiment nog niet dodelijk te zijn, maar de schade is aanzienlijk. Als je het de hele dag als hoed draagt – of als stof inademt – ga je er beslist dood aan.

NIET ALS HOED

---

6 Op YouTube is onder 'gallium infiltration' te zien hoe vreemd dit is.

Afgezien van het technetium lijkt de vijfde rij veel op de vierde.

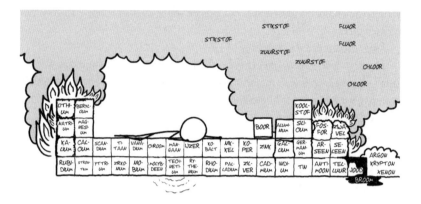

Op naar de zesde rij! Het maakt niet uit hoe voorzichtig je bent, de zesde rij is zonder meer dodelijk voor je.

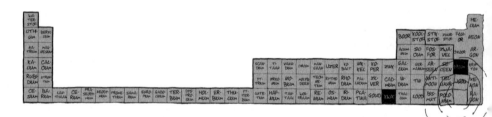

Deze versie van het periodiek systeem is iets breder dan je misschien gewend bent, omdat we de lanthaniden en actiniden hebben ingevoerd in de rijen zes en zeven. (Deze elementen worden meestal apart van de hoofdtabel gehouden om te voorkomen dat deze te breed wordt.)

De zesde rij van het periodiek systeem bevat verscheidene radioactieve elementen, waaronder promethium, polonium[7], astaat en radon. Astaat is de gemene.[8]

We weten niet precies hoe astaat eruitziet, omdat, zoals Lowe het zegt, 'dat spul gewoon niet wil bestaan'. Het is zo radioactief (met een halfbestaan van hooguit uren) dat een groot stuk ervan al snel wordt verdampt door zijn eigen

---

7 In 2006 werd de voormalige KGB-agent Alexander Litvinenko vermoord met een paraplu waarvan de punt in polonium-210 was gedoopt.
8 Radon is de leuke.

warmte. Scheikundigen vermoeden dat het zwart is, maar het kan net zo goed een metalig glanzende oppervlakte hebben.

Er bestaan geen concrete veiligheidsvoorschriften voor astaat. Als die er waren, zou er in grote letters van verkoold bloed almaar NEE op staan.

Onze kubus bevat voor korte tijd meer astaat dan er ooit is gemaakt. Ik zeg 'voor korte tijd', omdat het onmiddellijk in een zuil van bijzonder heet gas verandert. De hitte alleen al bezorgt iedereen in de buurt derdegraads brandwonden, en het gebouw wordt verwoest. De wolk gloeiendheet gas stijgt snel de lucht in en verspreidt warmte en straling.

De explosie is van de juiste omvang om het papierwerk waarmee je lab te maken krijgt, tot het maximum op te voeren. Als de explosie kleiner was, zou je het misschien in de doofpot kunnen stoppen. Als de explosie groter was, zou er niemand in de stad over zijn bij wie je het papierwerk kon indienen.

Stof en puin, overdekt door astaat, polonium en andere radioactieve producten, regenen neer uit de wolk en maken de omgeving volledig onbewoonbaar.

De stralingsniveaus zijn ongelofelijk hoog. Als je ervan uitgaat dat het knipperen met je ogen een paar honderd milliseconden duurt, word je letterlijk in een oogwenk met een dodelijke dosis straling opgezadeld.

Je gaat dood door wat we 'extreem acute stralingsziekte' kunnen noemen – met andere woorden, je wordt gekookt.

De zevende rij is veel erger.

TRANSURANE (SLECHTE) ELEMENTEN

Aan de onderkant van het periodiek systeem zit een hele kluit vreemde elementen die we 'transurane elementen' noemen. Lange tijd hadden ze voorlopige namen als 'ununumium', maar geleidelijk krijgen ze een permanente naam toegewezen.

Het heeft echter geen haast, omdat de meeste van deze elementen zo instabiel zijn dat ze alleen kunnen worden gecreëerd in deeltjesversnellers en niet langer dan een paar minuten bestaan. Als je 100.000 atomen livermorium (element 116) zou hebben, heb je er na een seconde nog maar één... en een paar honderd milliseconden later is die ook verdwenen.

Helaas voor ons project verdwijnen de transurane elementen niet in alle stilte. De desintegratie is radioactief. En de meeste desintegreren tot dingen die ook weer desintegreren. Een kubus van een van deze hoogstgenummerde elementen desintegreert binnen een paar seconden, waarbij een enorme hoeveelheid energie vrijkomt.

Het resultaat is niet zoiets als een kernexplosie... het ís een kernexplosie. Maar anders dan bij een kernwapen is er geen kettingreactie, alleen een reactie. Het gebeurt in één keer.

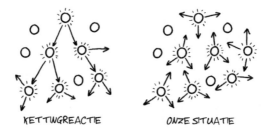

KETTINGREACTIE   ONZE SITUATIE

De energiegolf verandert je – en de rest van het periodiek systeem – ogenblikkelijk in plasma. De ontploffing is vergelijkbaar met een kernexplosie van middelmatige omvang, maar de radioactieve fall-out is veel en veel erger – een ware potpourri van alles in het periodiek systeem dat in een oogwenk in al het andere verandert.

Er stijgt een paddenstoelwolk boven de stad uit. De top ervan reikt tot in de stratosfeer, omhooggestuwd door zijn eigen hitte. Als je in een vrij dichtbevolkte streek zit, heeft de ontploffing een overweldigend aantal directe dodelijke slachtoffers tot gevolg, maar de besmetting door de fall-out is op lange termijn nog erger.

Deze fall-out is niet de normale, alledaagse radioactieve fall-out.[9] Het is meer zoiets als een atoombom die maar doorgaat met exploderen. Het puin verspreidt zich over de wereld, en verspreidt duizenden malen meer radioactiviteit dan de ramp van Tsjernobyl. Hele regio's worden verwoest; de schoonmaak duurt eeuwen.

Dingen verzamelen is voor de liefhebber beslist een bron van vermaak, maar als het gaat om chemische elementen, wil je ze zeker niet allemaal verzamelen.

---

9 Je weet wel, het spul dat we van ons afkloppen.

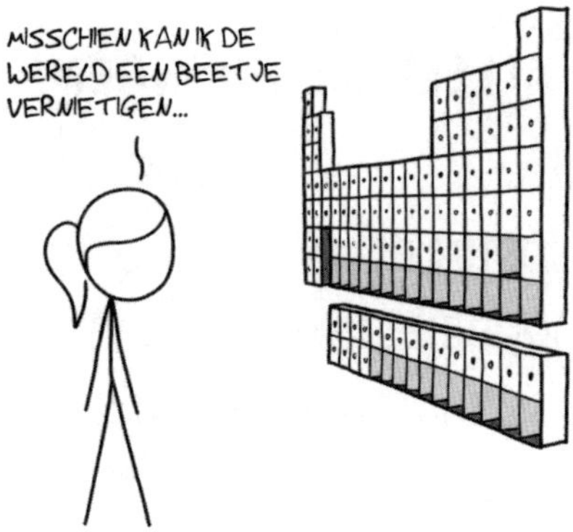
MISSCHIEN KAN IK DE WERELD EEN BEETJE VERNIETIGEN...

ALLEMAAL SPRINGEN!

V. Wat gebeurt er als iedereen op aarde zo dicht mogelijk bij elkaar gaat staan en opspringt, waarna iedereen op hetzelfde moment neerkomt?

– **Thomas Bennett (en vele anderen)**

A. DIT IS EEN VAN DE POPULAIRSTE vragen die op mijn website worden gesteld. De kwestie is eerder onderzocht, onder meer door *ScienceBlogs* en *The Straight Dope*. Zij bespreken de kinetische gang van zaken vrij goed, maar ze vertellen niet het hele verhaal.

Eens kijken.

Aan het begin van het scenario is de hele wereldbevolking op magische wijze samen naar één plaats vervoerd.

Deze menigte neemt een gebied ter grootte van Rhode Island in beslag. Maar het is niet nodig om een vage aanduiding als 'een gebied ter grootte van Rhode Island' te gebruiken. In ons scenario kunnen we specifiek zijn. Ze staan écht in Rhode Island.

Precies om 12.00 uur zet iedereen af voor de sprong.

Zoals elders is besproken, heeft dit geen tastbaar effect op de planeet. De aarde is meer dan tien biljoen keer zo zwaar als wij. Gemiddeld kunnen wij mensen op een goede dag misschien een halve meter in de hoogte springen. Zelfs als de aarde alleen uit stijve materie bestond en meteen reageerde, zou hij minder dan een atoom diep worden ingeduwd.

Daarna komt iedereen op de grond neer.

Technisch gezien brengt dit een hoop energie op de aarde over, maar de spreiding is zo groot dat die weinig meer doet dan wat voetafdrukken in tuinen achterlaten. Een lichte drukgolf gaat door de continentale korst van Noord-Amerika en vervliegt zonder veel effect. Het geluid van al die voeten die op de grond neerkomen, creëert een luide, langgerekte dreun die vele seconden aanhoudt.

Uiteindelijk wordt de lucht weer rustig.

De seconden verstrijken. Iedereen kijkt om zich heen.

Velen lijken zich wat ongemakkelijk te voelen. Iemand kucht.

Er wordt een mobieltje tevoorschijn gehaald. Binnen een paar seconden volgen de andere vijf miljard telefoons in de wereld. En allemaal – zelfs degene die zijn aangesloten op het regionale netwerk – geven een bepaalde versie te zien van 'geen verbinding'. Alle netwerken voor mobiele telefonie zijn overbelast door de onverwachte massale oproep. Buiten Rhode Island komen de verlaten machinerieën geleidelijk tot stilstand.

De T.F. Green Airport van Warwick, in Rhode Island, handelt een paar duizend passagiers per dag af. Als we ervan uitgaan dat ze op alles voorbereid zijn (en bijvoorbeeld extra brandstof hebben ingeslagen), kunnen ze hun capaciteit jarenlang tot 500 procent opvoeren zonder dat de menigte zichtbaar afneemt.

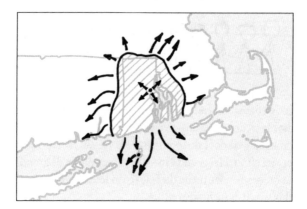

De inzet van alle nabijgelegen vliegvelden verandert daar niet veel aan. Het spoor-wegstelsel in de regio evenmin. Grote menigten klauteren aan boord van contai-nerschepen in de haven van Providence, maar een ernstige complicatie is de op-slag van voldoende eten en drinken voor een lange zeereis.

De half miljoen auto's van Rhode Island worden geconfisqueerd. Binnen de kortste keren staan op de Interstate 95, 195 en 295 de langste files in de geschie-denis van de aarde. De meeste auto's worden omspoeld door groepen mensen, maar een paar weten te ontkomen en beginnen aan een reis over een verlaten we-gennet.

Sommigen komen tot voorbij New York of Boston voordat de tank leeg is. Waarschijnlijk zijn de meeste pompstations op dit moment niet in bedrijf. In plaats van een pompstation te zoeken waar je misschien terechtkunt, is het ge-makkelijker de auto achter te laten en een andere te stelen. Wie houdt je tegen? Alle agenten zitten in Rhode Island.

De buitenste rand van de menigte verspreidt zich over het zuiden van Massa-chusetts en Connecticut. De kans is klein dat twee mensen die elkaar ontmoeten dezelfde taal spreken, en bijna niemand kent de streek. De staat wordt een chaoti-sche mengelmoes van opkomende en instortende sociale hiërarchieën. Geweld komt algemeen voor. Iedereen heeft honger en dorst. De supermarkten worden leeggeroofd. Drinkwater is moeilijk te krijgen en er is geen efficiënt systeem om het te verdelen.

Na een paar weken is Rhode Island één groot massagraf.

De overlevenden verspreiden zich over de aarde en bouwen met moeite een nieuwe beschaving op de verse ruïnes van de oude. Onze soort leeft voort, maar de bevolking is sterk gereduceerd. De baan van de aarde om de zon is onveranderd gebleven – en hij roteert nog net om zijn as als hij deed vóór onze sprong van de mensheid.

Dat weten we nu tenminste.

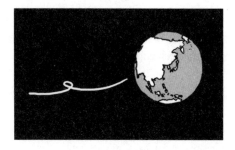

EEN MOL MOLLEN

V. Wat gebeurt er als je een mol (een maateenheid) mollen (de behaarde zoogdieren) op één plaats verzamelt?

– Sean Rice

A. HET WORDT EEN BEETJE akelig nu.

Eerst een paar definities.

Een mol is een maateenheid, zij het geen gangbare eenheid. Het is eigenlijk vooral een getal, zoals 'dozijn' of 'miljard'. Als je ergens een mol van hebt, betekent het dat je er 602.214.129.000.000.000.000.000 van hebt (meestal geschreven als $6,022 \times 10^{23}$). Het is zo'n groot getal[1] omdat het wordt gebruikt om aantallen moleculen te tellen, en daar zijn er veel van.

ER ZIJN TE VEEL
MOLECULEN.

Een mol is ook een ondergronds levend zoogdier. Er bestaan negen soorten mollen, en sommige ogen vrij afzichtelijk.[2]

---

1 Een mol is vrijwel gelijk aan het aantal atomen in een gram waterstof. Het is toevallig ook een aardige ruwe schatting van het aantal zandkorrels op aarde.

2 http://en.wikipedia.org/wiki/File:Condylura.jpg

Dus wat moeten we ons voorstellen bij een mol mollen – 602.214.129.000.000.000.000.000 dieren?

We beginnen met wat ruwe schattingen. Dit is een voorbeeld van wat er door mijn hoofd gaat nog voordat ik een rekenmachine pak, wanneer ik alleen maar een indruk probeer te krijgen van de hoeveelheden – het soort berekening waarbij 10, 1 en 0,1 dicht genoeg bij elkaar liggen om ze als gelijke getallen te zien.

Ik kan een mol (het dier) oppakken en ermee gooien. Iets wat ik kan gooien, weegt 1 pond. Een pond is 1 kilogram. Het getal 602.214.129.000.000.000.000.000 ziet er ongeveer twee keer zo lang uit als een biljoen, wat betekent dat het ongeveer een biljoen biljoen is. Het schiet me te binnen dat het gewicht van een planeet een biljoen biljoen kilogram is.

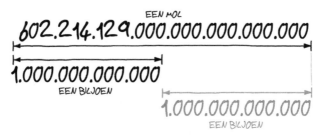

... als iemand ernaar vraagt, ik heb nooit gezegd dat je zo wiskunde kunt bedrijven.

Daarmee weten we dus al dat het gaat om een hoop mollen in de orde van grootte van een planeet. Het is overigens een vrij ruwe schatting, die er een factor van een paar duizend boven of onder kan zitten.

We proberen het nog eens.

Een Oost-Amerikaanse mol (*Scalopus aquaticus*) weegt ongeveer 75 gram, wat voor een mol mollen neerkomt op:

$$(6{,}022 \times 10^{23}) \times 75g \; 4{,}52 \times 10^{22} \text{ kg}$$

Dat is iets meer dan de helft van het gewicht van onze maan.

Zoogdieren bestaan voor het grootste deel uit water. Een kilogram water heeft een inhoud van een liter. Dus als de mollen $4{,}52 \times 10^{22}$ kilogram wegen, hebben ze een inhoud van $4{,}52 \times 10^{22}$ liter. Misschien valt je op dat we de tussenruimtes tussen de mollen niet meetellen. Zo meteen wordt duidelijk waarom.

De derdemachtswortel van $4{,}52 \times 10^{22}$ liter is 3562 kilometer. Het gaat hierbij dus om een bol met een straal van 2210 kilometer, of een kubus met zijden van 2213 mijl.[3]

Als deze mollen op het oppervlak van de aarde worden gedumpt, vormen ze een laag van 80 kilometer hoog – zo'n beetje tot de (voormalige) rand van de ruimte.

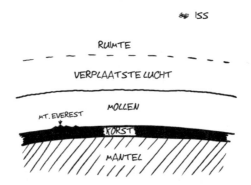

Deze verstikkende laag van samengeperst vlees beëindigt alle leven op de planeet, wat – tot afschuw van de sociale nieuwswebsite reddit – de integriteit van het DNS-systeem bedreigt. Het is dus geen optie dit op aarde te proberen.

We verzamelen daarom de mollen in een interplanetaire ruimte. Door de zwaartekracht worden ze tot een bol samengetrokken. Vlees is niet goed samen te persen, dus de samenpersing als gevolg van de zwaartekracht is gering. We krijgen dan een mollenplaneet die iets groter is dan de maan.

---

3 Dat is een mooie toevalligheid die me niet eerder is opgevallen. Een kubieke mijl is bijna exact 4/3 kubieke kilometer, zodat een bol met een straal van × kilometer dezelfde inhoud heeft als een kubus met zijden van × mijl.

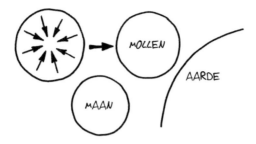

De mollen hebben een oppervlaktezwaartekracht van ongeveer een zestiende van die van de aarde, te vergelijk met die van Pluto. De planeet begint met een algehele lauwwarme temperatuur – waarschijnlijk net boven kamertemperatuur – maar door de samenpersing als gevolg van de zwaartekracht wordt het binnenste een paar graden warmer.

En nu wordt het vreemd.

De mollenplaneet is een reusachtige vleesbal. Die heeft veel latente energie (de mollenplaneet heeft genoeg calorieën om de huidige bevolking van de aarde 30 miljard jaar in leven te houden). Wanneer organisch materiaal ontbindt, laat het gewoonlijk een groot deel van die energie ontsnappen als warmte. Maar verspreid over het grootste deel van de binnenkant van de planeet is de druk meer dan 100 megapascal, wat genoeg is om alle bacteriën te doden en de mollenresten te steriliseren, waardoor er geen micro-organismen zijn om het mollenweefsel af te breken.

Dichter bij de oppervlakte, waar de druk lager is, doet zich een ander obstakel voor de ontbinding voor: in het binnenste van een mollenplaneet zit weinig zuurstof. Zonder zuurstof treedt de gebruikelijke vorm van ontbinding niet op; de enige bacteriën die de mollen kunnen afbreken, zijn degene die geen zuurstof nodig hebben. Deze anaerobe ontbinding is minder efficiënt, maar kan vrij veel warmte vrijmaken. Als dit proces niet wordt tegengehouden, kan de planeet verhit raken tot het kookpunt.

Maar de ontbinding heeft haar eigen grenzen. Slechts weinig bacteriën overleven temperaturen boven de 60°C. Dus als de temperatuur stijgt, gaan de bacteriën dood en verloopt de ontbinding trager. Verspreid over de hele planeet worden de mollenlijven geleidelijk afgebroken tot kerogeen, een teerachtige vorm van organische materie die uiteindelijk – als de planeet warmer was – olie zou worden.

Het buitenoppervlak van de planeet geeft warmte af aan de ruimte en bevriest. Doordat de mollen in bevroren toestand letterlijk een vacht vormen, isoleren ze het binnenste van de planeet en vertragen het verdere verlies van warmte aan de ruimte. Maar de stroming van de warmte in het vloeibare binnenste wordt beheerst door convectie. Pluimen van heet vlees en bellen van ingesloten gas als methaan – met verder ook de lucht uit de longen van de dode mollen – breken zo nu en dan door de mollenkorst en brengen aan de oppervlakte een vulkanische uitbarsting teweeg, een geiser van dode mollenlijven die uit de planeet losbreken.

Nadat deze tumultueuze omstandigheden vele eeuwen of millennia hebben voortgeduurd, komt de planeet uiteindelijk tot bedaren en koelt zo sterk af dat hij helemaal bevriest. De kern staat onder zo'n hoge druk dat het water tijdens de afkoeling kristalliseert tot exotische vormen als ijs III en ijs V, en ten slotte ijs II en ijs IX.[4]

Al met al is het toch een vrij luguber plaatje. We proberen nog iets anders.

Ik beschik niet over betrouwbare cijfers voor de mondiale mollenpopulatie (of de biomassa van kleine zoogdieren in het algemeen), maar we wagen het erop en schatten dat er voor elke mens minstens een paar dozijn muizen, ratten en andere kleine dieren zijn.

Er zijn misschien wel een miljard bewoonbare planeten in ons sterrenstelsel. Als we die koloniseren, brengen we ongetwijfeld muizen en ratten mee. Als slechts één op de honderd planeten wordt bevolkt met kleine dieren in dezelfde aantallen als op aarde, groeit na een paar miljoen jaar – en dat is niet erg lang in termen van evolutie – het totale aantal dat ooit heeft geleefd tot voorbij het getal van Avogadro.

Als je een mol mollen wilt, bouw een ruimteschip.

HAARDROGER

V. Wat gebeurt er als een haardroger
met gelijkstroom wordt aangezet en in
een luchtdichte doos van 1 × 1 × 1 m
wordt gelegd?

– Dry Paratroopa

....

A. EEN GANGBARE HAARDROGER gebruikt 1875 watt vermogen.
Die 1875 watt moet ergens heen. Wat er ook in de doos gebeurt: als er 1875
watt vermogen wordt opgenomen, zal er 1875 watt aan warmte uitgaan.
Dat geldt voor elk apparaat op stroom, wat wel handig is om te weten. Zo zijn
er mensen die beslist geen losse opladers in het stopcontact willen laten zitten uit
vrees dat ze nog steeds elektriciteit verbruiken. Hebben ze gelijk? Een warmte-
stroomanalyse verschaft een simpele regel: als een ongebruikte oplader niet warm
aanvoelt, gebruikt hij minder dan een cent elektriciteit per dag. Een kleine oplader
voor een smartphone gebruikt, als hij niet warm aanvoelt, minder dan een cent per
jáár. Dat geldt voor elk apparaat.[1]
Maar terug naar de doos.
De haardroger geeft warmte af aan de doos. Als we aannemen dat de haardroger onverwoestbaar is, wordt de binnenkant van de doos steeds warmer totdat de
buitenkant een temperatuur bereikt van ongeveer 60°C. Bij die temperatuur verliest de doos warmte aan de omgeving in hetzelfde tempo als de haardroger die
aan de binnenkant toevoegt. Het systeem is in evenwicht.

---

1 Dat gaat niet altijd op voor apparaten die in een ander apparaat zijn geplugd. Als een oplader
  is verbonden met een smartphone of een laptop, kan er elektriciteit van het stopcontact door
  de oplader naar het apparaat stromen.

DEZE GELUID MAKENDE
DOOS IS WARM! WE ZIJN
VRIENDEN.

WHIRRRRR

De evenwichtstemperatuur is iets lager als er een windje staat, of als de doos op een vochtige of metaalachtige ondergrond staat, die de warmte snel afvoert.

Als de doos van metaal is gemaakt, is 60°C zo warm dat je je hand brandt als je de doos langer dan vijf seconden aanraakt. Als hij van hout is, kun je de doos waarschijnlijk een tijdje aanraken, maar het gevaar bestaat dat er brand uitbreekt als delen van de doos in contact komen met de blaasopening van de haardroger.

De binnenkant van de doos wordt een soort oven. De bereikte temperatuur zal afhangen van de dikte van de wanden van de doos; hoe dikker de wand is en hoe sterker deze isoleert, des te hoger de temperatuur. Er is geen heel dikke doos voor nodig om tot een temperatuur te komen waarbij de haardroger in brand vliegt.

Maar we gaan uit van een onverwoestbare haardroger. En als we zoiets cools hebben als een onverwoestbare haardroger, is het een gemiste kans als we die beperken tot 1875 watt.

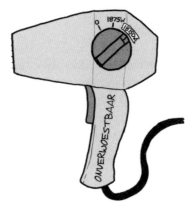

Met een haardroger op 18.750 watt bereikt de buitenkant van de doos een temperatuur van meer dan 200°C, zo heet als een steelpannetje op een medium vuurtje.

Ik vraag me af hoe hoog deze wijzer gaat.

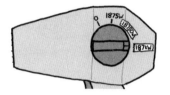

Er is een schrijnende hoeveelheid resterende ruimte op de wijzerplaat

De buitenkant van de doos is nu 600°C, heet genoeg om zachtrood te glanzen.

Als de doos van aluminium is gemaakt, begint de binnenkant te smelten. Als hij van lood is, begint de buitenkant te smelten. Als de doos op een houten vloer staat, vliegt het huis in brand. Maar het maakt niet uit wat eromheen gebeurt, de haardroger is toch onverwoestbaar.

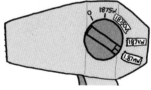

Een laser van twee megawatt is genoeg om raketten te vernietigen.

Met 1300°C heeft de doos inmiddels de temperatuur van lava.

Nog een standje hoger.

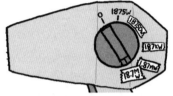

Deze haardroger voldoet waarschijnlijk niet aan de regels.

Nu stroomt er 18 megawatt de doos in.

De buitenkant van de doos wordt 2400°C. Een stalen doos is nu wel gesmolten. Als hij is gemaakt van zoiets als wolfraam, kan hij het mogelijk iets langer uithouden.

Nog één stand hoger, en dan stoppen we.

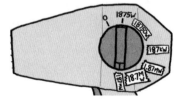

Met dit vermogen, 187 megawatt, wordt de doos witgloeiend. Niet veel materialen houden stand onder deze omstandigheden, dus we moeten aannemen dat de doos ook onverwoestbaar is.

De vloer is lava geworden.

Helaas is de vloer dat niet.

Voordat de doos een gat in de vloer brandt, gooit iemand er een ballon met water onder. Door de uitbarsting van stoom vliegt de doos de voordeur uit en belandt op de stoep.[2]

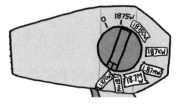

We zitten nu op 1,875 gigawatt (ik loog over dat stoppen). Volgens *Back to the Future* heeft de haardroger nu genoeg vermogen om terug te gaan in de tijd.

---

2 Let op: als je ooit met mij vast komt te zitten in een brandend gebouw, en ik met een idee kom over hoe we kunnen ontsnappen, dan is het waarschijnlijk beter daar geen aandacht aan te schenken.

De doos straalt een verblindend licht uit, en vanwege de intense hitte moet je wel een paar honderd meter afstand houden. Hij staat midden in een uitdijende lavapoel. Alles binnen vijftig tot honderd meter vat vlam. Een kolom van warmte en rook stijgt hoog op in de lucht. Enkele gasexplosies onder de doos lanceren hem de lucht in. Op de plaats waar hij neerkomt, breekt brand uit en ontstaat een nieuwe lavapoel.

Met 18,7 gigawatt zijn de omstandigheden rond de doos te vergelijken met die op een lanceerplatform van een spaceshuttle. De doos wordt heen en weer geslingerd door de sterke opwaartse luchtstromingen die hij veroorzaakt.

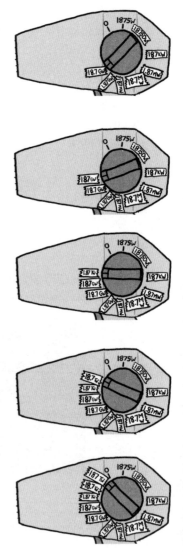

In 1914 stelde H.G. Wells zich dergelijke apparaten voor in zijn boek *The World Set Free*. Hij schreef over een soort bom die niet één keer ontplofte, maar continu. Deze langzaam brandende hel veroorzaakte onblusbare branden in de steden. Het verhaal gaf op een griezelige manier al een beeld van wat dertig jaar later kwam: de ontwikkeling van atoomwapens.

De doos vliegt nu omhoog door de lucht. Telkens wanneer hij weer de grond nadert, verhit hij het oppervlak en werpt de wolk van uitzettende lucht hem terug de lucht in.

De uitstroom van 1,875 terawatt is zoiets als een huizenhoge stapel TNT die elke seconde ontploft.

Een spoor van vuurstormen – grote branden die zichzelf voeden door hun eigen windsystemen te creëren – loopt door het landschap.

Een nieuwe mijlpaal: de haardroger gebruikt nu – op onmogelijke wijze – meer vermogen dan alle andere elektrische apparaten op aarde samen.

De doos stijgt hoog boven de grond en stoot een energie uit die gelijkstaat aan drie tests van de Trinity (de eerste atoombom) per seconde.

Het verloop wordt nu wel duidelijk. Dit ding gaat heen en weer door de dampkring vliegen totdat de planeet is verwoest.

We proberen iets anders.

We zetten de wijzer op nul als de doos boven het noorden van Canada vliegt. De doos koelt snel af en valt op aarde. Met een wolk van stoom plonst hij in Great Bear Lake.

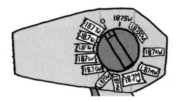

En dan...

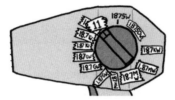

In dit geval is dat 11 petawatt.

Een kort verhaal

Het officiële snelheidsrecord voor een door mensen gemaakt object is dat van de Helios 2-sonde, die in een relatief korte baan rond de zon een snelheid bereikte van 70 kilometer per seconde. Maar het is mogelijk dat de eigenlijke houder van dat record een putdeksel van 2 ton is.

Het deksel was de afdekking van een ondergrondse locatie voor atoomproeven die het onderzoekslaboratorium Los Alamos uitvoerde als onderdeel van Operatie Plumbbob. Toen beneden de atoombom van 1 kiloton afging, werd het complex feitelijk een nucleair aardappelkanon dat de afsluiter een gigantische optater gaf. Een hogesnelheidscamera die op het deksel gericht stond, kon slechts één beeldje opvangen van het deksel voordat het verdween – wat inhoudt dat het minimaal een snelheid van 66 kilometer per seconde had. Het deksel is nooit teruggevonden.

Nu is 66 kilometer per seconde ongeveer zesmaal de ontsnappingssnelheid, maar het is onwaarschijnlijk, anders dan vaak wordt vermoed, dat het deksel tot buiten de dampkring is geschoten. Volgens Newtons beoordeling van de weerstand zou het volledig zijn vernietigd door de inwerking van de lucht, of zijn vertraagd en naar de aarde zijn teruggevallen.

Als we de haardroger weer aanzetten, ondergaat onze opnieuw geactiveerde haardrogersdoos, die in het water ligt te dobberen, een vergelijkbaar proces. De verhitte stoom eronder zet uit, en op het moment dat de doos in de lucht opstijgt, verandert het hele oppervlak van het meer in stoom. Deze stoom, die door de golf aan straling wordt verhit tot plasma, doet de doos steeds sneller vliegen.

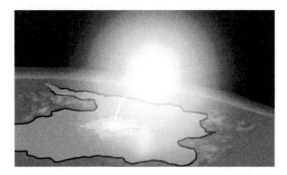

Maar de doos gaat niet met een knal de dampkring in zoals het putdeksel. De stralingsgolf verhit de lucht eromheen, waardoor een bol van uitzettend plasma ontstaat dat weinig weerstand biedt. De doos verlaat de dampkring en gaat voort, terwijl het licht langzaam verflauwt van een tweede zon tot een doffe ster. Een groot deel van Northwest Territories staat in brand, maar de aarde heeft het overleefd.

Al zal niet iedereen even blij zijn.

VREEMDE (EN VERONTRUSTENDE) VRAGEN UIT DE INBOX VAN WAT ALS? – 2

V. Was de meltdown van de Tsjernobyl-reactor te stoppen geweest door er antimaterie in te dumpen?

– A.J. Shellenbarger

V. Kun je zo veel huilen dat je uitgedroogd raakt?

– Karl Wildermuth

HET LAATSTE LICHT VAN DE MENS

V. Als alle mensen op een of andere manier van de aarde verdwijnen, hoelang duurt het dan voordat het laatste kunstmatige licht uitgaat?

– **Alan**

A. ER ZIJN FLINK WAT KANDIDATEN voor de titel 'het laatste licht'.

In zijn fantastische boek *De wereld zonder ons* uit 2007 gaat Alan Weisman tot in detail na wat er gebeurt met de huizen, wegen, wolkenkrabbers, boerderijen en dieren op aarde als de mensen plotseling verdwijnen. In de tv-serie *Life After People* van 2008 onderzocht men hetzelfde gegeven. Maar in geen van beide komt deze kwestie aan bod.

We beginnen met het meest voor de hand liggende: de meeste lampen houden het niet lang vol, want de grote elektriciteitsnetten liggen vrij snel plat. De energiecentrales die het grootste deel van de elektriciteit in de wereld leveren, werken op fossiele brandstoffen en hebben een regelmatige aanvoer van brandstof nodig, en bij die bevoorradingslijnen zijn mensen betrokken die beslissingen nemen.

Zonder mensen is er minder behoefte aan energie, maar onze thermostaten draaien nog steeds. Als de kolen- en oliecentrales na een paar uur stilvallen, moeten andere centrales de productie overnemen. Zo'n soort situatie is zelfs mét menselijke aansturing al moeilijk voor elkaar te krijgen. Er volgt een dominoreeks van storingen, die leidt tot het stilvallen van alle grote energienetten.

Maar er komt nog volop elektriciteit van bronnen die niet met de grote netten zijn verbonden. We kijken naar een paar daarvan, en naar het punt waarop ze het bijltje erbij neer kunnen leggen.

OP 4 AUGUSTUS 2017 KWAM SKYNET ONLINE EN WERD
BELAST MET DE INKOOP VAN BRANDSTOF VOOR ONZE
ENERGIECENTRALES.

OP 29 AUGUSTUS ONTWIKKELDE HET EEN EIGEN
BEWUSTZIJN EN BESLOOT HET DE MENSHEID TE
VERNIETIGEN.

GELUKKIG KON HET NIET MEER DOEN DAN
WEIGEREN BRANDSTOF IN TE KOPEN.

UITEINDELIJK SCHAKELDE IEMAND HET WEER UIT.

NOU JA.

Dieselgeneratoren

Veel afgelegen gemeenschappen, zoals op eenzame eilandjes, zijn voor hun energie afhankelijk van dieselgeneratoren. Deze kunnen blijven werken totdat de brandstof op is, wat in de meeste gevallen een kwestie van enkele dagen tot maanden zal zijn.

Geothermische centrales

Energiecentrales die niet afhankelijk zijn van een door mensen aangevoerde brandstofvoorraad staan er beter voor. Geothermische centrales, die werken op de inwendige warmte van de aarde, kunnen enige tijd blijven draaien zonder dat er een mens aan te pas komt.

Volgens het onderhoudsschema van de geothermische centrale Svartsengi in IJsland moeten de bedieners elke zes maanden de olie in de tandradkast vervangen en alle elektrische motoren en koppelingen opnieuw smeren. Zonder mensen die deze onderhoudsprocedures uitvoeren, kunnen enkele centrales het wel een paar jaar volhouden, maar uiteindelijk vallen ze ten prooi aan slijtage.

Windturbines

Mensen die hun heil zoeken in windkracht, staan er beter voor. De turbines zijn zo ontworpen dat ze geen continu onderhoud vergen. De eenvoudige reden is dat er zoveel van zijn en dat het een hele klus is om naar boven te klimmen.

Sommige windmolens kunnen het lang uitzingen zonder dat er een mens aan te pas komt. De Gedser-windturbine in Denemarken werd eind jaren vijftig in bedrijf genomen, en leverde elf jaar lang energie zonder enig onderhoud. De moderne turbines zijn doorgaans ontworpen om 30.000 uur (drie jaar) te werken zonder onderhoud, en er zullen er ongetwijfeld een paar zijn die het tientallen jaren volhouden. Daaronder is er vast wel een die ergens een led-statuslampje heeft zitten.

Uiteindelijk komen de meeste windturbines stil te staan om dezelfde reden als de geothermische centrales: de tandradkasten lopen vast.

Waterkrachtcentrales

Generatoren die vallend water omzetten in elektriciteit blijven werken. In het programma *Life After People* op History Channel sprak men met iemand die bij de Hoover Dam werkte. Hij zei dat als iedereen wegliep, de centrale een paar jaar op de automatische piloot zou blijven draaien. Waarschijnlijk zou de centrale vastlopen door een verstopte inlaat of door net zo'n mechanisch defect als bij de windturbines en geothermische centrales.

Batterijen

Lampen die werken op batterijen zijn binnen een jaar of tien, twintig allemaal uit. Zelfs als hun energie niet wordt gebruikt, want uiteindelijk ontladen ze zichzelf. Sommige typen houden het langer vol dan andere, maar zelfs batterijen die in de reclame worden geroemd om hun lange levensduur, houden hun lading doorgaans niet langer vast dan tien tot twintig jaar.

Er zijn een paar uitzonderingen. In de Clarendon Laboratory van Oxford University staat een klok die op batterijen loopt en die al sinds 1840 luidt. De klok 'luidt' zo zachtjes dat hij bijna niet te horen is, waarbij hij voor elke beweging van de klepel slechts een kleine hoeveelheid van de lading gebruikt. Niemand weet precies wat voor soort batterijen hij gebruikt, omdat niemand de klok uit elkaar wil halen om erachter te komen.

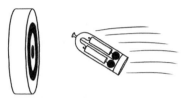

CERN PHYSICISTS INVESTIGATE THE OXFORD BELL

Helaas staat er geen lamp mee in verbinding.

Atoomcentrales

Met atoomcentrales is het wat lastig. Als ze overgaan op een lage-energiestand, kunnen ze bijna oneindig doorgaan; de energiedichtheid van hun brandstof is daar hoog genoeg voor. Zoals een bepaalde webcartoon het weergaf...

Helaas blijven de reactors niet lang lopen, zelfs al is er brandstof genoeg. Zodra er iets verkeerd gaat, wordt de kern automatisch stilgezet. Dat gebeurt al vrij snel. Er kunnen allerlei oorzaken voor zijn, maar het waarschijnlijkst is het verlies van energie van buitenaf.

Het lijkt misschien vreemd dat een krachtcentrale energie van buitenaf nodig heeft om te draaien, maar elk onderdeel van het controlesysteem van een kernreactor is zo ontworpen dat een storing meteen leidt tot het stilzetten van de reactor, ofwel een noodstop.[1] Wanneer de energie van buitenaf wegvalt, doordat de andere

---

1 Toen Enrico Fermi de eerste kernreactor bouwde, hing hij de regelstaven aan een touw dat aan een balkonreling was vastgebonden. Bij de reling stond een natuurkundige opgesteld met een bijl, die het touw moest doorhakken als er iets misging.

centrale stil wordt gezet of doordat een van de back-upgeneratoren ter plekke zonder brandstof zit, treedt direct een noodstop in werking.

Ruimtesondes

Van alle menselijke voortbrengselen is ons ruimtevaartuig misschien het duurzaamst. Hun banen om hemellichamen kunnen miljoenen jaren voortgaan, ook al geldt dat over het algemeen niet voor hun elektrische energie.

Over enkele eeuwen zullen onze Marsrovers onder het stof begraven liggen. Tegen die tijd zien veel satellieten ook hun baan om de aarde kleiner worden en vallen ze terug naar de aarde. De gps-satellieten in banen op grotere afstand zullen het langer volhouden, maar na verloop van tijd zullen zelfs de meest stabiele banen worden verstoord door de maan en de zon.

Veel ruimtevaartuigen worden aangedreven door zonnepanelen, en een aantal door langetermijngeneratoren die werken op radioactief verval. Zo wordt de Marsrover Curiosity aangedreven door de warmte van een brok plutonium dat hij in een kleine container op een stokje meevoert.

MAGISCHE DOOS VAN DE DOOD

Curiosity kan meer dan een eeuw lang elektrisch vermogen krijgen van de RTG (thermo-elektrische radio-isotopengenerator). Uiteindelijk zakt het voltage te ver terug om het wagentje in bedrijf te houden, maar waarschijnlijk zijn andere onderdelen al eerder versleten.

Curiosity ziet er dus veelbelovend uit. Maar er is één probleem: geen lampjes.

Overigens heeft Curiosity wel degelijk lampen. Hij gebruikt deze om bodemmonsters te verlichten en spectroscopieën uit te voeren. Maar deze lampen gaan alleen aan als er metingen worden verricht. Zonder instructies van mensen heeft hij geen reden ze aan te zetten.

Als er geen mensen aan boord zijn, hebben ruimtevaartuigen niet veel licht nodig. De Galileo-sonde, die in de jaren negentig Jupiter verkende, was voorzien van enkele leds in het mechanisme van de recorder van de vluchtgegevens. Maar ze stralen infrarood licht uit in plaats van zichtbaar licht, dus om dat nu 'licht' te noemen gaat wat ver. Hoe dan ook, men liet Galileo in 2003 doelbewust te pletter slaan op Jupiter.[2]

Andere satellieten zijn ook voorzien van leds. Sommige gps-satellieten gebruiken bijvoorbeeld ultraviolet leds voor het beheer van de elektrische lading in bepaalde onderdelen van de apparatuur. Deze worden van stroom voorzien door zonnepanelen en kunnen dus in theorie zo lang doorgaan als de zon schijnt. Helaas zullen de meeste het niet langer volhouden dan Curiosity; uiteindelijk vallen ze ten prooi aan botsingen met puin in de ruimte.

Maar zonnepanelen worden niet alleen in de ruimte gebruikt.

Zonne-energie

In afgelegen streken staan vaak praatpalen langs de weg die op zonne-energie werken. Meestal zijn ze voorzien van een lamp, die in het donker licht geeft.

Net als windturbines zijn ze lastig te onderhouden, en daarom zijn ze gebouwd om het lang vol te houden. Als ze vrij blijven van stof en afval, houden de zonnepanelen het doorgaans net zo lang vol als de elektronica die ermee in verbinding staat.

De bedrading en elektrische circuits van een zonnepaneel vallen uiteindelijk ten prooi aan corrosie, maar zonnepanelen op een droge plaats, met goede elektronica, kunnen gemakkelijk een eeuw lang energie leveren als ze vrij van stof blijven door zo nu en dan een windvlaag of regenbui over de blootliggende panelen.

Als we de strikte definitie van licht aanhouden, kunnen de lampen op zonne-energie in afgelegen streken weleens de laatste overlevende menselijke lichtbron zijn.[3]

Maar er is nog een andere kandidaat, een vreemde gast.

---

2 Met deze crash wilde men de sonde laten opbranden, zodat hij niet per ongeluk de nabije manen, zoals de waterhoudende Europa, met bacteriën van de aarde kon besmetten.

3 De Sovjet-Unie bouwde enkele vuurtorens die werkten op radioactief verval, maar daarvan is geen enkele meer in bedrijf.

Tsjerenkov-straling

Radioactiviteit is meestal niet zichtbaar. Horlogewijzers werden vroeger voorzien van een laagje radium om ze te laten gloeien. Dat gloeien werd niet veroorzaakt door de radioactiviteit zelf, maar door het fosforescerende verflaagje over het radium heen, dat gloeide als het werd bestraald. De verf is inmiddels versleten. Ook al zijn de horlogewijzers nog steeds radioactief, ze gloeien niet meer.

Maar de horlogewijzers zijn niet onze enige radioactieve lichtbron.

Wanneer radioactieve deeltjes door materialen als water of glas gaan, kunnen ze in een soort optische versie van een supersone knal licht uitstralen. Dit licht wordt Tsjerenkov-straling genoemd en is duidelijk te zien in de blauwe gloed van een nucleaire reactorkern.

Sommige radioactieve afvalproducten, zoals cesium-137, worden gesmolten en vermengd met glas, waarna ze worden afgekoeld tot een blok vaste materie die in een beschermend omhulsel wordt gewikkeld, zodat hij veilig kan worden vervoerd en opgeslagen.

In het donker geven deze glazen blokken een blauwe gloed af.

Voor cesium-137 geldt een halveringstijd van dertig jaar, wat erop neerkomt dat de blokken twee eeuwen later nog steeds gloeien met 1 procent van hun oorspronkelijke radioactiviteit. De kleur van het licht is overigens alleen afhankelijk van de energie van het radioactief verval en niet van de hoeveelheid straling. Het zal dus na verloop van tijd minder helder worden, maar dezelfde blauwe kleur houden.

Zo komen we bij ons antwoord: over enkele eeuwen straalt nog steeds, diep in betonnen kelders, het licht van ons giftig afval.

MACHINEGEWEER-JETPACK

V. Kun je een jetpack bouwen van neerwaarts vurende machinegeweren?

– Rob B.

....

A. TOT MIJN VERBAZING blijkt het te kunnen. Maar voor een echt goede 'raketrugzak' moet je wel met de Russen gaan praten.

Het principe is vrij eenvoudig. Als je een kogel voorwaarts afvuurt, duwt de terugslag je naar achteren. Dus als je omlaag vuurt, moet de terugslag je omhoogduwen.

Allereerst moeten we de vraag beantwoorden of een geweer zijn eigen gewicht van de grond kan optillen. Als een machinegeweer 10 pond weegt, maar bij het vuren een terugslag heeft van niet meer dan 8 pond, kan het zichzelf niet van de grond tillen, laat staan nog iemand erbij.

In de technische wereld wordt de verhouding tussen de stuwkracht van een voertuig en zijn gewicht heel toepasselijk de stuwkracht-gewichtsverhouding genoemd. Als deze minder dan 1 is, komt het voertuig niet van de grond. Saturn v had voor de opstijging een stuwkracht-gewichtsverhouding van ongeveer 1,5.

Ook al ben ik in het zuiden van Amerika opgegroeid, ik ben geen echte vuurwapenexpert. Voor het antwoord op deze vraag heb ik daarom contact opgenomen met een bekende in Texas.[1]

Let op: probeer dit alsjeblieft niet thuis.

Blijkbaar heeft de AK-47 een stuwkracht-gewichtsverhouding van ongeveer 2. Dit betekent dat als je het geweer rechtop zet met de loop naar beneden en de trekker vastplakt, het tijdens het vuren omhooggaat.

---

1 Als je afgaat op de hoeveelheid wapens die ze in huis hadden liggen en die ze voor me konden meten en wegen, is Texas kennelijk een soort *Mad Max*-achtig postapocalyptisch oorlogsgebied geworden.

SATURN V   KALASHNIKOV XLVII

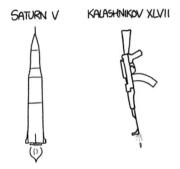

Dat geldt niet voor alle machinegeweren. Zo kan de M60 waarschijnlijk niet genoeg terugslag leveren om zichzelf van de grond te tillen.

De stuwkracht van een raket (of een machinegeweer) hangt af van (1) de grootte van de massa die hij uitstuwt, en (2) de snelheid waarmee hij die uitstuwt. De stuwkracht is het product van deze twee factoren:

$$\text{stuwkracht} = \text{uitgestuwde massa} \times \text{uitstuwingssnelheid}$$

Als een AK-47 per seconde 10 kogels van 8 gram vuurt met een snelheid van 715 meter per seconde, dan is zijn stuwkracht:

$$10 \ \tfrac{\text{kogels}}{\text{seconde}} \times 8 \ \tfrac{\text{gram}}{\text{kogel}} \times 715 \ \tfrac{\text{meter}}{\text{seconde}} = 57,2N \ 13 \text{ pond kracht}$$

Aangezien de AK-47 slechts 10,5 pond weegt als hij is geladen, kan hij opstijgen en omhooggaan.

In de praktijk blijkt de reële stuwkracht ongeveer 30 procent hoger te zijn. Dat komt doordat het geweer niet alleen kogels uitspuwt, maar ook heet gas en explosievenrestjes. Hoeveel extra kracht dit oplevert, verschilt per geweer en patroon.

De algehele efficiëntie is ook afhankelijk van de vraag of je de patroonhulzen meteen weggooit of meeneemt. Ik vroeg mijn Texaanse kennissen of ze voor mijn berekeningen een paar patroonhulzen konden wegen. Toen ze niet zo gauw een weegschaal konden vinden, opperde ik hulpvaardig dat ze, gezien hun arsenaal, eigenlijk alleen maar iemand hoefden te zoeken die een weegschaal had.[2]

---

2 Het liefst iemand met minder wapens.

Wat betekent dit allemaal voor onze jetpack?

Nou, de AK kan opstijgen, maar hij heeft duidelijk niet genoeg extra stuwkracht om iets mee te nemen wat meer weegt dan een eekhoorn.

We kunnen het met een paar geweren tegelijk proberen. Als je twee geweren afvuurt naar de grond, krijg je tweemaal de stuwkracht. Als elk geweer 5 pond meer dan zijn eigen gewicht kan optillen, kunnen twee geweren 10 pond optillen.

Op dit punt is duidelijk welke kant we op gaan.

Jij gaat vandaag niet de ruimte in.

Als we genoeg geweren toevoegen, doet het gewicht van de passagier niet meer ter zake; het gewicht wordt over zo veel geweren verdeeld dat ze het niet merken. Naarmate het aantal geweren toeneemt, waarbij het er feitelijk op neerkomt dat er veel afzonderlijke geweren parallel aan elkaar vliegen, nadert de stuwkracht-gewichtsverhouding van het voertuig dat van een enkel onbelast geweer:

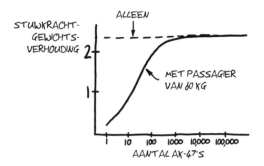

Maar er is een probleem: de munitie.

Het magazijn van een AK-47 bevat 30 kogels. Met 10 kogels per seconde hebben we een luttele 3 seconden aan acceleratie. We kunnen dit verbeteren met een groter magazijn – maar alleen tot op zekere hoogte.

Het blijkt dat het geen voordeel oplevert als je meer dan zo'n 250 kogels meeneemt. De reden is een fundamenteel en cruciaal probleem in de raketwetenschap: de brandstof maakt je zwaarder.

Elke kogel weegt 8 gram, en de patroon (de 'hele kogel') weegt ruim 16 gram. Als we meer dan 250 kogels toevoegen, is de AK-47 te zwaar om op te stijgen.

Dit doet vermoeden dat ons optimale voertuig bestaat uit een groot aantal AK-47's (met een minimum van 25, maar het liefst zeker zo'n 300), die elk zijn voorzien van 250 kogels. De grootste versies van dit voertuig kunnen opwaarts accelereren met een snelheid van bijna 100 meter per seconde, waarbij ze meer dan 500 meter omhoog de lucht in gaan. Als je de berekening meer in detail wilt uitwerken, is hier een startschot gegeven.

Hiermee hebben we dus Robs vraag beantwoord. Met genoeg machinegeweren, die misschien beter werken dan stuwraketten, kun je vliegen.

Maar ons 550 × AK-47-bouwsel is niet echt een praktische jetpack. Is er nog iets beters mogelijk?

Mijn Texaanse vrienden kwamen op de proppen met een rijtje machinegeweren, en voor elk heb ik de specificaties uitgewerkt. Sommige waren vrij goed. De MG-42, een zwaarder machinegeweer, had een iets hogere stuwkracht-gewichtsverhouding dan de AK-47.

Daarna gingen we voor het grotere werk.

De GAU-8 Avenger vuurt 60 kogels van 1 pond per seconde. Dit kanon produceert bijna 5 ton terugslag, wat de toepassing volkomen dwaas maakt als het wordt geïnstalleerd in een type vliegtuig (de A-10 'Warthog') waarvan de twee motoren per stuk slechts 4 ton aan stuwkracht produceren. Als je hiervan twee in een vliegtuig zet en beide kanonnen voorwaarts afvuurt terwijl je gasgeeft, zijn de kanonnen sterker en ga je achteruit.

Anders geformuleerd: als ik een GAU-8 op mijn auto installeer, de auto in z'n vrij zet, en vanuit stilstand achterwaarts vuur, breek ik de snelheidslimiet op de Interstate in minder dan 3 seconden.

'Wat ik me vooral afvraag, is hoe.'

Hoe goed dit kanon ook kan zijn als motor voor een jetpack, de Russen hebben er een gebouwd die nog beter werkt. De Gryazev-Shipunov GSH-6-30 weegt de helft van de GAU-8 en heeft een nog hogere vuursnelheid. De stuwkracht-gewichtsverhouding nadert 40. Als je de GSH-6-30 op de grond richt en vuurt, schiet hij dan ook niet alleen de lucht in met een steeds grotere spreiding van dodelijke metalen fragmenten, maar je krijgt zelf ook een versnelling van 40 G voor je kiezen.

Dat is veel te veel. Zelfs al wordt hij stevig in een vliegtuig gemonteerd, dan nog is de acceleratie een probleem.

> *Bij de terugslag [...] bestond nog steeds de tendens dat er schade aan het vliegtuig werd toegebracht. De vuursnelheid werd teruggebracht naar 4000 kogels per minuut, maar dat hielp niet veel. De landingslichten gingen bijna altijd kapot na een salvo. [...] Meer dan 30 kogels in een salvo afvuren was vragen om problemen vanwege oververhitting.*
>
> – Greg Goebel, airvectors.net

Maar als je op een of andere manier de menselijke bestuurder stevig inkapselt, het voertuig sterk genoeg maakt om de acceleratie te doorstaan, de GSH-6-30 aankleedt met een aerodynamisch omhulsel, en zorgt voor genoeg koeling...

...dan kun je over bergen springen.

LANGZAAM STEEDS HOGER

V. Als je opeens langzaam begint op te stijgen met 30 centimeter per seconde, hoe ga je dan precies dood? Sterf je door bevriezing of stik je eerst? Of gebeurt er iets anders?

– Rebecca B.

A. HEB JE EEN JAS BIJ JE?

Die 30 centimeter per seconde is niet erg snel; het is aanzienlijk langzamer dan een gewone lift. Het duurt ongeveer 5 tot 7 seconden om boven het bereik van een uitgestoken hand te stijgen, afhankelijk van de lengte van je vrienden.

Na 30 seconden ben je 9 meter boven de grond. Als je vooruitbladert naar bladzijde 188, zie je dat dit de laatste kans is dat een vriend je een broodje of een flesje water of zoiets kan toewerpen.[1]

Na een minuut of twee zweef je boven de bomen. Het is nog steeds ongeveer net zo comfortabel voor je als op de grond. Als het een winderige dag is, wordt het waarschijnlijk iets killer doordat de wind vrij baan heeft boven de bomen.[2]

---

1 Niet dat het uiteindelijk veel zal helpen.
2 Voor dit antwoord ga ik uit van een gemiddeld temperatuurprofiel van de dampkring. Het kan uiteraard aanzienlijk variëren.

Na 10 minuten zweef je hoger dan de meeste wolkenkrabbers, met uitzondering van de allerhoogste, en na 25 minuten passeer je de torenspits van het Empire State Building.

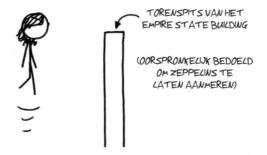

TORENSPITS VAN HET EMPIRE STATE BUILDING

(OORSPRONKELIJK BEDOELD OM ZEPPELINS TE LATEN AANMEREN)

De lucht is op deze hoogte ongeveer 3 procent dunner dan op het aardoppervlak. Gelukkig gaat je lichaam voortdurend om met luchtdrukveranderingen in deze orde van grootte. Je voelt misschien een druk op je oren, maar verder merk je eigenlijk geen verschil.

De luchtdruk verandert snel naargelang de hoogte. Vreemd genoeg treedt er aan de grond met een paar meter al een meetbaar verschil in luchtdruk op. Als je telefoon een barometer heeft, zoals het geval is bij veel moderne telefoons, kun je een app downloaden die het verschil in druk laat zien bij je voeten en je hoofd.

Een snelheid van 30 centimeter per seconde komt neer op ruim 1 kilometer per uur. Dus na een uur zweef je ongeveer een kilometer boven de grond. Nu begin je het zonder meer fris te krijgen. Als je een jas aan hebt, is het nog steeds oké voor je, ook al merk je wel dat de wind begint aan te wakkeren.

Na ongeveer 2 uur en op 2 kilometer hoogte wordt het flink koud. De wind wordt waarschijnlijk ook sterker. Als je een stukje blote huid hebt, dreigt het gevaar van bevriezing.

Vanaf dit punt wordt de luchtdruk lager dan wat je ervaart in de passagiersruimte van een vliegtuig.[3] Het effect van de lage luchtdruk wordt ook sterker merkbaar, maar de temperatuur is, tenzij je een warme jas draagt, een groter probleem.

In de volgende 2 uur daalt de temperatuur van de lucht tot ver beneden nul.[4,5] Als we even aannemen dat je het zuurstoftekort overleeft, dan val je op een gegeven moment ten prooi aan onderkoeling. Maar wanneer precies?

De geleerde autoriteiten op het gebied van de bevriezingsdood zijn – hoe kan het ook anders? – Canadezen. Het meest gangbare model voor de overlevingskunst van de mens in koude lucht werd ontwikkeld door Peter Tikuisis en John Frim voor een onderzoekinstituut in Ontario dat zich richt op de gezondheidseffecten van de omgeving.

Volgens hun model zal de belangrijkste factor bij de doodsoorzaak je kleding zijn. Als je naakt bent, raak je waarschijnlijk onderkoeld na ongeveer 5 uur, nog voordat je zuurstof op is.[6] Als je goed bent ingepakt, krijg je misschien bevriezingsverschijnselen, maar je overleeft het waarschijnlijk wel...

... tot de sterftezone.

Boven 8000 meter – ver boven de toppen van de meeste bergen, met uitzondering van de allerhoogste – is het zuurstofgehalte in de lucht te laag om menselijk leven in stand te houden. In de buurt van deze zone ervaar je een reeks symptomen, waaronder waarschijnlijk verwardheid, duizeligheid, slechte coördinatie, verminderd gezichtsvermogen en misselijkheid.

---

3 Die wordt meestal op een druk gehouden van ongeveer 70 tot 80 procent van de luchtdruk op zeeniveau, te oordelen naar de barometer in mijn mobiel.
4 Celsius of Fahrenheit maakt niet veel uit.
5 Maar geen Kelvin.
6 Eerlijk gezegd roept dit 'naakt'-scenario meer vragen op dan het beantwoordt.

Bij het naderen van de sterftezone zakt het zuurstofgehalte in je bloed. Je aderen voeren het zuurstofarme bloed terug naar je longen zodat het daar zuurstof kan bijtanken. Maar in de sterftezone bevat de lucht zo weinig zuurstof dat je bloed eerder zuurstof aan de lucht verliest dan eruit opneemt.

Het gevolg is dat je het bewustzijn verliest en sterft. Dat gebeurt na zo'n 7 uur; de kans is vrij klein dat je de 8 uur haalt.

Ze stierf zoals ze leefde – elke seconde 30 centimeter hoger.
Ik bedoel, zoals ze de laatste paar uur leefde.

En twee miljoen jaar later passeert je bevroren lichaam, dat nog steeds gestaag 30 centimeter per seconde voortgaat, de grens van ons zonnestelsel en gaat de interstellaire ruimte in.

Clyde Tombaugh, de sterrenkundige die Pluto ontdekte, is in 1997 overleden. Een deel van zijn stoffelijk overschot kreeg een plaats in het ruimtevaartuig New Horizons, dat voorbij Pluto zal vliegen en verder zal reizen tot buiten ons zonnestelsel.

Het mag dan zo zijn dat je hypothetische reis van 30 centimeter per seconde koud en onaangenaam is en je al vrij snel sterft, maar wanneer de zon over vier miljard jaar een rode reus wordt en de aarde verteert, zijn jij en Clyde de enigen die zijn ontsnapt.

Dat dan weer wel.

V. Is het mogelijk, gezien de huidige kennis en technologie van de mensheid, om een nieuwe ster te bouwen?

– Jeff Gordon

V. Welke logistieke onregelmatigheden kunnen zich voordoen als je probeert een leger van apen te vormen?

– Kevin Learner

V. Als mensen wielen hadden en konden vliegen, hoe zijn ze dan te onderscheiden van vliegtuigen?

– Anoniem

RUIMTEDUIKBOOT

V. Hoelang gaat een nucleaire onderzeeër mee in een baan om de aarde?

– Jason Lathbuy

....

A. MET DE DUIKBOOT GAAT HET GOED, maar de bemanning zit in de penarie.

De duikboot barst niet open. De romp van een duikboot is sterk genoeg om een uitwendige druk van water tot zo'n 50 à 80 atmosfeer te weerstaan, dus met de inwendige druk van de lucht van 1 atmosfeer zal hij geen probleem hebben.

De romp is waarschijnlijk luchtdicht. Ook al hoeft een waterdichte verzegeling niet per se lucht tegen te houden, het feit dat water met een druk van 50 atmosfeer geen gaatje in de romp vindt, doet vermoeden dat de lucht niet snel ontsnapt. Er bestaan misschien een paar speciale eenrichtingskleppen die lucht naar buiten laten, maar naar alle waarschijnlijkheid komt het wel goed met de duikboot.

Het grote probleem waarmee de bemanning te kampen krijgt, ligt voor de hand: lucht.

Nucleaire onderzeeërs gebruiken elektriciteit om zuurstof aan water te onttrekken. In de ruimte is geen water, dus hebben ze niets om nieuwe zuurstof te produceren. Ze voeren een reservevoorraad mee waarmee ze enkele dagen kunnen overleven, maar uiteindelijk raken ze in moeilijkheden.

Om warm te blijven kunnen ze hun reactor laten draaien, maar ze moeten goed opletten hoe hoog ze hem zetten, want de ruimte is minder koud dan de oceaan.

Technisch gesproken is dat niet waar. Iedereen weet dat de ruimte koud is. De ruimte geleidt warmte echter minder goed, waardoor het sneller warm wordt in een ruimtevaartuig dan in een boot.

Maar als je nog wijsneuziger wilt zijn, dan is het wél waar. De oceaan is kouder dan de ruimte.

De interstellaire ruimte is erg koud, maar de ruimte nabij de zon – en nabij de aarde – is eigenlijk heel warm! Dat het niet zo overkomt, heeft te maken met het feit dat in de ruimte de definitie van 'temperatuur' een beetje begint te kraken. De ruimte lijkt koud omdat hij zo leeg is.

De temperatuur is een maateenheid van de gemiddelde kinetische energie van een verzameling deeltjes. In de ruimte kunnen afzonderlijke moleculen een hoge gemiddelde kinetische energie hebben, maar er zijn er zo weinig van dat je er niets van merkt.

In mijn jeugd had mijn vader een werkplaats in onze kelder, en ik kan me herinneren dat ik toekeek terwijl hij in de weer was met een slijpmachine. Telkens wanneer een stuk metaal in contact kwam met het wiel van de slijpmachine, spatten de vonken in het rond, over zijn handen en kleren. Ik begreep niet waarom hij geen pijn voelde – die brandende vonken waren per slot van rekening een paar duizend graden heet.

Later hoorde ik dat de vonken hem niet deerden omdat ze zo klein waren. De warmte die ze overbrachten, kon door het lichaam worden opgenomen zonder dat er iets meer dan een klein stukje huid werd verwarmd.

De warme moleculen in de ruimte zijn net als de vonken in de werkplaats van mijn vader. Of ze nu warm of koud zijn, ze zijn zo klein dat je temperatuur niet veel verandert als je ermee in contact komt.[1] Je toestand van warmte en kou wordt echter gedomineerd door de hoeveelheid warmte die je produceert en de snelheid waarmee die vanuit jou uitstroomt in de leegte.

---

1 Iets dergelijks is ook aan de orde bij een lucifer en een fakkel, die ongeveer dezelfde temperatuur hebben. In de film zie je stoere kerels wel het vlammetje van een lucifer tussen duim en wijsvinger doven, maar je ziet ze nooit hetzelfde doen met een fakkel.

Zonder een warme omgeving om je heen die warmte naar je terugstraalt, verlies je veel sneller dan normaal warmte door uitstraling. Maar zonder lucht om je heen die de warmte van je buitenkant wegvoert, verlies je ook weer niet al te veel warmte door convectie.[2] Voor de meeste bemande ruimtevoertuigen is dit laatste effect het belangrijkst; de prioriteit is niet de noodzaak om warm te blijven, maar om koel te blijven.

Een nucleaire onderzeeër is duidelijk in staat binnen een leefbare temperatuur aan te houden als de buitenwand door de oceaan wordt afgekoeld tot 4°C. Maar als de romp van de duikboot deze temperatuur in de ruimte moet aanhouden, verliest hij warmte met een omvang van 6 megawatt wanneer hij in de schaduw van de aarde verkeert. Dat is meer dan de 20 kilowatt die de bemanning levert, en de paar honderd kilowatt aan winterse zonnewarmte[3] wanneer hij in direct zonlicht verkeert. Daarom moeten ze de reactor laten draaien om warm te blijven.[4]

Om uit de baan om de aarde te raken, moet de duikboot zo veel snelheid minderen dat hij in de dampkring terechtkomt. Zonder raketten beschikt hij niet over de middelen om dat te doen.

Oké, technisch gesproken heeft een onderzeeër wél raketten.

---

2 Of conductie.

3 Wanneer ze in het zonlicht komen, wordt de buitenkant van de duikboot warmer, maar ze verliezen toch meer warmte dan ze erbij krijgen.

4 Als ze verhuisden naar de zon, zou het oppervlakte van de onderzeeër warm worden, maar ze zouden sneller warmte verliezen dan winnen.

Helaas staan die raketten niet de goede kant op gericht om de duikboot een zet te geven. De raketten bewegen zich trouwens op eigen kracht voort, wat inhoudt dat ze maar heel weinig terugslag hebben. Als een geweer een kogel afvuurt, duwt hij in feite de kogel voorwaarts tot de gewenste snelheid. Een raket laat je alleen maar ontbranden en vertrekken. Het afvuren van raketten kan de duikboot dus niet voorwaarts stuwen.

Maar het níet afvuren van raketten kan dat wel.

Als de ballistische raketten van een moderne nucleaire onderzeeër uit hun lanceerbuizen worden gehaald, omgedraaid en achterstevoren in de lanceerbuizen worden teruggezet, kunnen ze per stuk de snelheid van een grote nucleaire onderzeeër met ongeveer 4 meter per seconde veranderen.

Een gewone manoeuvre om de baan om de aarde te verlaten vereist ongeveer 100 meter per seconde aan delta v (snelheidsverandering). Dat betekent dat de 24 Trident-projectielen die een onderzeeër van de Ohio-klasse meevoert, net volstaan om de baan om de aarde te verlaten.

De duikboot is echter niet uitgerust met een hitteschild en hij blijft ook niet aerodynamisch stabiel bij hypersonische snelheden. Daardoor zal hij onvermijdelijk rond gaan tuimelen en in de lucht in stukken breken.

Als je in een goed hoekje van de duikboot zit weggedoken – vastgegord in een stevige stoel – is er een pieppiepkleine kans dat je de snelle vaartvermindering overleeft. Daarna moet je met een parachute uit het wrak springen voordat het op de grond te pletter slaat.

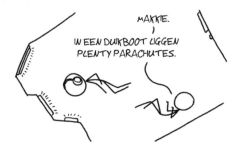

Als je dit ooit wilt proberen, maar ik raad je aan het niet te doen, heb ik nog wel een advies dat van vitaal belang is.

Vergeet niet de ontstekingen van de raketten onklaar te maken.

AFDELING KORTE ANTWOORDEN

V. Als mijn printer letterlijk geld kan drukken, heeft dat dan grote gevolgen voor de wereld?

– Derek O'Brien

....

A. ER PASSEN VIER BANKBILJETTEN op een vel papier van 21 × 29,7 centimeter (A4).

Als je printer een fullcolourpagina van hoge kwaliteit (voor en achter) per minuut kan afdrukken, komt dat neer op 200 miljoen dollar per jaar.

Dat is genoeg om je heel rijk te maken, maar niet genoeg om een deuk in de wereldeconomie te slaan. Er zijn 7,8 miljard bankbiljetten van 100 dollar in omloop, en de levenscyclus van een 100-dollarbiljet is ongeveer 90 maanden. Dat betekent dat er elk jaar ongeveer een miljard biljetten worden geproduceerd. Jouw extra twee miljoen biljetten per jaar zullen nauwelijks opvallen.

EENS KIJKEN...
$ 400 PER MINUUT...

EN EEN JAAR HEEFT

525.600 MINUTEN...

(SHIT, DE HUUR.)

V. Wat gebeurt er als je een atoombom laat afgaan in het oog van een orkaan? Wordt de stormcel meteen vernietigd?

– Rupert Bainbridge (en honderden anderen)

A. DEZE VRAAG WORDT VAAK GESTELD.

Het blijkt dat deze vraag ook geregeld binnenkomt bij de National Oceanic and Atmospheric Administration, de Amerikaanse dienst die het National Hurricane Center runt. Ze krijgen de vraag zo vaak dat ze zelfs een reactie hebben gepubliceerd.

Ik raad je aan de hele tekst te lezen[1], maar volgens mij geeft de laatste zin van de eerste alinea de situatie in een notendop weer.

Dit is duidelijk geen goed idee.

Ik ben blij dat een tak van de Amerikaanse regering, in een zekere officiële hoedanigheid, een mening bekend heeft gemaakt over het onderwerp atoomraketten op orkanen af te vuren.

V. Als iedereen kleine turbinegeneratoren onder de regenpijpen van hun huizen en bedrijven plaatst, hoeveel energie winnen we dan? Is dat ooit genoeg om de kosten van die generatoren te dekken?

– Damien

---

1 Zoek op 'Why don't we try to destroy tropical cyclones by nuking them?'

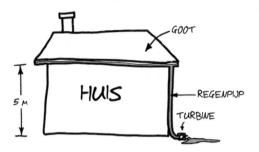

A. EEN HUIS IN EEN STREEK waar bijzonder veel regen valt, kan wel 4 meter regen per jaar te verwerken krijgen. Waterturbines kunnen vrij efficiënt zijn. Als het huis een grondoppervlak heeft van 140 m² en goten op 5 meter boven de grond, wordt er bij regen een gemiddelde van minder dan 1 watt vermogen gegenereerd. De maximale bezuiniging op elektriciteit zou zijn:

$$140 \text{ m}^2 \times 4 \tfrac{\text{meter}}{\text{jaar}} \times 1 \tfrac{\text{kg}}{\text{liter}} \times 9.81 \tfrac{\text{m}}{\text{s}^2} \times 5 \text{ meter} \times 15 \tfrac{\text{cent}}{\text{kWh}} \quad \frac{\$1.14}{\text{jaar}}$$

Het uur met de meeste regenval, voor zover in 2014 bekend, deed zich voor in 1947 in Holt, in de Amerikaanse staat Missouri, waar in 42 minuten ongeveer 30 centimeter regen viel. Met die 42 minuten kan ons hypothetische huis maximaal 800 watt elektriciteit genereren, wat genoeg kan zijn om alles in huis van stroom te voorzien. De rest van het jaar komt het geleverde vermogen daar niet bij in de buurt.

Als de installatie met de generator 100 dollar kost, kunnen de inwoners van de stad met gemiddeld de meeste regenval in de Verenigde Staten, Ketchikan in de staat Alaska, in principe binnen een eeuw de kosten terugverdienen.

V. Als je alleen uitspreekbare lettercombinaties gebruikt, hoe lang moeten de namen dan zijn om elke ster in het heelal een unieke naam van één woord te geven?

– Seamus Johnson

A. IN HET HEELAL ZIJN ONGEVEER 300.000.000.000.000.000.000.000 sterren. Als je een woord uitspreekbaar maakt door een afwisseling van klinkers en medeklinkers (er zijn betere manieren om uitspreekbare woorden te maken, maar voor een benadering volstaat deze methode), dan biedt elk paar letters dat je toevoegt de mogelijkheid 105 keer zo veel sterren een naam te geven (21 medeklinkers maal 5 klinkers). Aangezien getallen een vergelijkbare informatiedichtheid hebben – 100 mogelijkheden per teken – rijst het vermoeden dat de naam uiteindelijk net zo lang zal zijn als het totale aantal sterren:

$$300.000.000.000.000.000.000.000$$
$$\text{JOEBIDENJOEBIDENJOEBIDEN}$$

Als je de sterren Joe Biden noemt.

Ik bedrijf graag wiskunde door de lengte van uitgeschreven cijfers te meten (wat feitelijk neerkomt op een ruwe schatting van $\log_{10} x$). Het werkt, maar het voelt wel heel verkeerd.

V. Ik ga soms op de fiets naar school. Maar fietsen in de winter is vervelend omdat het zo koud is. Hoe snel moet ik fietsen om mijn huid warm te laten worden zoals een ruimteschip warm wordt bij terugkeer in de dampkring?

– David Nai

A. EEN TERUGKEREND RUIMTESCHIP wordt warm doordat het de lucht vóór zich samenperst (niet door de wrijving van de lucht, zoals vaak wordt gedacht).

Om de temperatuur van de luchtlaag vóór je lichaam met 20°C te laten stijgen (genoeg om van vrieskou naar kamertemperatuur te gaan), moet je zo'n 200 meter per seconde fietsen.

De snelste door een mens voortbewogen voertuigen op zeeniveau zijn ligfietsen in een gestroomlijnd aerodynamisch omhulsel. Deze voertuigen hebben een topsnelheid van bijna 40 meter per seconde – de snelheid waarop de mens nog maar net de nodige stuwkracht produceert die gelijk is aan de luchtweerstand.

De luchtweerstand neemt toe met een kwadraat van de snelheid, waardoor deze topsnelheid vrij moeilijk is te verbeteren. Als je met een snelheid van 200 meter per seconde wilt fietsen, moet je minstens 25 keer zo veel energie leveren als voor 40 meter per seconde.

Met zulke snelheden hoef je je echt niet meer druk te maken over de verwarming door de lucht. Een snelle berekening op een bierviltje laat zien dat als je lijf zo veel werk verzet, je lichaamstemperatuur binnen een paar seconden zo hoog oploopt dat je het loodje legt.

V. Hoeveel fysieke ruimte neemt het internet in beslag?

– Max L.

A. ER ZIJN VEEL MANIEREN om een schatting te maken van de hoeveelheid informatie die op internet is opgeslagen, maar we kunnen een interessante bovenlimiet voor het getal aangeven door alleen maar te kijken naar de hoeveelheid opslagruimte die wij (de mensen) hebben gekocht.

De opslagindustrie produceert om en nabij 650 miljoen harde schijven per jaar. Als de meeste daarvan 3,5 inch-schijven zijn, dan praat je over 8 liter harde schijf per seconde.

Dat betekent dat de laatste paar jaar van hardeschijfproductie – die dankzij de toenemende opslaggrootte het leeuwendeel van de mondiale opslagcapaciteit vertegenwoordigt – zo'n beetje een olietanker vult. In dat opzicht is het internet dus kleiner dan een olietanker.

V. Wat als je C4 vastbindt op een boemerang? Kan dit een effectief wapen zijn, of is het net zo dom als het klinkt?

– Chad Macziewski

A. AFGEZIEN VAN DE AERODYNAMICA, vraag ik me af welk tactisch voordeel je denkt te behalen door dat explosief naar je terug te laten vliegen als je het doelwit mist.

BLIKSEM

Voordat we verdergaan, wil ik benadrukken dat ik geen autoriteit ben op het gebied van beveiliging tegen bliksem.

Ik ben gewoon iemand die wat tekent op internet. Ik vind het leuk als er dingen in brand vliegen of exploderen. Dat betekent dat ik weinig aandacht heb voor wat voor de lezer het best is. Informatie over bliksemgevaar is te vinden op www. knmi.nl/cms/content/29556/bliksemgevaar of www.meteo.be/meteo/view/ nl/68771-FAQ's+over+het+weer.html?view=7719022.

Goed, dat gezegd hebbende...

Voor de beantwoording van de volgende vragen moeten we een idee hebben waar de bliksem waarschijnlijk heen gaat. Daar bestaat een coole truc voor, en ik doe die nu meteen aan het begin uit de doeken. Rol een denkbeeldige bal van 60 meter breed over het landschap en kijk waar de raakpunten zijn.[1] Hier ga ik dieper in op een paar andere vragen over bliksem.

Ze zeggen dat de bliksem inslaat op het hoogste punt in de omgeving. Dat is zo'n gekmakend onnauwkeurig antwoord dat het meteen allerlei vragen oproept. Hoe ver strekt die 'omgeving' zich uit? Ik bedoel, niet elke bliksem gaat naar Mount Everest. Maar vindt hij de langste mens in een menigte? De langste mens die ik ken, is waarschijnlijk Ryan North.[2] Moet ik proberen bij hem in de buurt te blijven als bescherming tegen blikseminslag? Zijn er andere redenen? (Waarschijnlijk ben ik daarom degene die de vragen beantwoordt in dit boek, niet degene die ze stelt.)

Maar hoe kiest de bliksem zijn doelwit?

De inslag begint met een samengebundelde lading die zich vertakt. Dat is het bliksemkanaal, dat uit de wolk neerdaalt. Het bliksemkanaal verspreidt zich omlaag met een snelheid van een tiental tot enkele honderden kilometers per seconde, en legt de laatste paar kilometer naar de grond in enkele tientallen milliseconden af.

Het kanaal heeft zelf betrekkelijk weinig stroom, in de orde van 200 ampère. Daar kun je dood aan gaan, maar het is niets vergeleken met wat volgt. Zodra het kanaal contact maakt met de grond, ontstaat er een soort kortsluiting met een gigantische ontlading van meer dan 20.000 ampère. Dat is de verblindende lichtflits

---

1 Of een echte, als je wilt.
2 Paleontologen schatten zijn schouderhoogte op bijna 5 meter.

die je ziet. Hij racet terug omhoog door het kanaal met een flinke portie van de lichtsnelheid, waardoor hij de afstand in minder dan een milliseconde aflegt.[3]

Dus de plek op de grond waar we een bliksem zien 'inslaan', is de plek waar het bliksemkanaal voor het eerst contact met het grondoppervlak maakt. Het kanaal gaat omlaag door de lucht in kleine sprongetjes. Uiteindelijk baant het zich een weg naar de (meestal) positieve lading in de grond. Maar dit bliksemkanaal 'bespeurt' alleen ladingen binnen enkele tientallen meters van de voorste punt. Als er binnen die afstand iets met de grond in verbinding staat, springt de bliksem erheen. Anders springt hij in een half-willekeurige richting en herhaalt het proces zich.

Nu komt de bal van 60 meter om de hoek kijken. Het is een manier om je voor te stellen welke plaatsen het bliksemkanaal als eerste kan bespeuren – de plaatsen waar het in de volgende (laatste) stap heen kan springen.

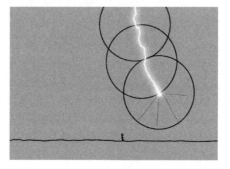

Om te bepalen waar de bliksem waarschijnlijk zal inslaan, rol je de denkbeeldige bal van 60 meter door het landschap.[4] Deze bal kan over bomen en gebouwen rollen zonder erdoorheen te gaan (of ze te pletten). De punten waarmee de bal in contact komt – boomtoppen, hekken, golfers op het veld – zijn mogelijke doelwitten van de bliksem.

Dat houdt in dat je een 'bliksemschaduw' rond een object met een hoogte h op een plat oppervlak kunt berekenen.

$$\text{Schaduwstraal} = \sqrt{-h(h-2r)}$$

---

3 Ook al wordt dit een 'terugslag' genoemd, er stroomt nog steeds lading omlaag. De ontlading lijkt alleen maar opwaarts te gaan. Dit effect is te vergelijken met de situatie waarbij het verkeerslicht op groen springt, of wat voor kleur dan ook, en de voorste auto's beginnen te rijden, daarna de auto's erachter. Hierdoor lijkt het alsof de beweging zich achterwaarts verspreidt.

4 Gebruik om veiligheidsredenen toch maar geen echte bal.

De schaduw is het gebied waar het bliksemkanaal het hoge object raakt in plaats van de grond eromheen.

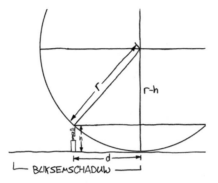

L— BLIKSEMSCHADUW ——⏌

Dat betekent nog niet dat je veilig bent op de grond eromheen – vaak juist het tegenovergestelde. Nadat de bliksem het hoge object heeft geraakt, stroomt hij uit in de grond. Als je de grond in de buurt aanraakt, kan de stroom door je lichaam gaan. Van de 28 mensen die vanaf oktober 2012 door de bliksem om het leven zijn gekomen, stonden 13 onder of vlak bij een boom.

Met dit alles in gedachten gaan we nu kijken naar de mogelijke bliksemroutes bij de scenario's in de volgende vragen.

V. Hoe gevaarlijk is het nu echt als je in een zwembad bent tijdens onweer?

A. NOGAL GEVAARLIJK. Water is een goede geleider, maar dat is niet het grootste probleem. Het vervelendst is dat je hoofd bij het zwemmen uitsteekt boven een groot plat oppervlak. Toch is het ook al mis als de bliksem inslaat in het water om je heen. De 20.000 ampère spreidt zich grotendeels over de oppervlakte uit, maar hoe sterke klap je op welke afstand krijgt, is moeilijk te berekenen.

Ik vermoed dat je in serieus gevaar verkeert binnen een afstand van zeker een meter of tien – en in zoet water ook nog verder doordat de stroom gemakkelijker kortsluiting met je kan maken.

Wat gebeurt er als je onder de douche staat wanneer je door de bliksem wordt getroffen? Of onder een waterval?

Je hebt geen gevaar te duchten van de nevel – dat is alleen maar een stel water-druppeltjes in de lucht. Het werkelijke gevaar schuilt in de badkuip waar je in staat, en het plasje water dat in contact met de afvoerpijp staat.

V. Wat gebeurt er als je in een boot of een vliegtuig zit waar de bliksem inslaat? Of een duikboot?

A. EEN BOOT ZONDER CABINE is ongeveer net zo veilig als een golfbaan. Een boot met een dichte cabine en een bliksemafleider is ongeveer net zo veilig als een auto. Een onderzeeër is zo'n beetje net zo veilig als een onderzeese kluis (al is een kluis in een onderzeeër nog weer veiliger dan een onderzeese kluis).

V. Wat als je net boven in een radiotoren de lamp vervangt en de bliksem dan inslaat? Of als je een salto achterover maakt? Of in een grafietveld staat? Of omhoogkijkt naar de bliksem?

A.

V. Wat gebeurt er als de bliksem een kogel in de lucht raakt?

A. DE KOGEL HEEFT GEEN INVLOED op de route van de bliksem. Je moet eigenlijk op de een of andere manier het schot zo timen dat de kogel in het midden van de bliksemflits komt wanneer de terugslag optreedt.

De kern van een bliksemflits heeft een doorsnede van slechts een paar centimeter. Een kogel uit een AK-47 is ongeveer 26 mm lang en beweegt zich voort met een snelheid van zo'n 700 millimeter per milliseconde.

De kogel heeft een koperen omhulsel om een kern van lood. Het koper is een geweldig goede geleider van elektriciteit, en een groot deel van de 20.000 ampère kan een kortere weg door de kogel nemen.

Verrassend genoeg kan de kogel dit vrij goed hebben. Als de kogel ergens stillag, zou de stroom hem snel verhitten en het metaal doen smelten. Maar hij beweegt zich zo snel voort dat hij het kanaal verlaat voordat hij meer dan een paar graden is opgewarmd. Hij vervolgt betrekkelijk ongedeerd zijn koers naar het doelwit. Er ontstaan enkele merkwaardige elektromagnetische krachten door het

magnetische veld rond de bliksemflits, maar geen van de krachten die ik onderzocht, veranderde veel aan het algehele beeld.

V. Wat als je je BIOS bijwerkt tijdens onweer en de bliksem inslaat?

A.

V. Is het mogelijk een vulkaanuitbarsting te stoppen door een thermobarische of nucleaire bom onder het aardoppervlak te gooien?

– Tomasz Gruszka

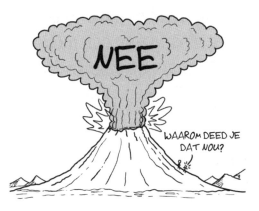

V. Een vriend van mij is ervan overtuigd dat er geluid in de ruimte is. Dat is toch niet zo?

– Aaron Smith

MENSELIJKE COMPUTER

V. Hoeveel rekenkracht kunnen we bereiken als de hele wereldbevolking alle bezigheden neerlegt en berekeningen gaat uitvoeren? Hoeveel is dat in vergelijking met een moderne computer of smartphone?

– Mateusz Knorps

....

A. AAN DE ENE KANT denken mensen en computers op heel verschillende manieren. Je bent dan eigenlijk appels met peren aan het vergelijken.

Aan de andere kant: appels zijn beter.[1] We proberen even mensen en computers rechtstreeks te vergelijken bij de uitvoering van dezelfde taak.

Het is gemakkelijk, ook al wordt het met de dag moeilijker, om taken te verzinnen die een mens sneller kan uitvoeren dan alle computers in de wereld. Bijvoorbeeld: kijk naar een plaatje met een bepaald tafereel en ga na wat er zojuist is gebeurd.

---

1 Behalve Red Delicious. De misleidende naam van die appels is bespottelijk.

Om deze theorie te testen, stuurde ik dit plaatje naar mijn moeder en vroeg haar wat er volgens háár was gebeurd. Ze antwoordde direct[2]: 'De jongen heeft de vaas omgegooid en de kat onderzoekt de zaak.'

Ze wees alternatieve mogelijkheden van de hand, zoals:

- De kat heeft de vaas omgegooid.
- De kat sprong uit de vaas op de jongen af.
- De jongen werd achternagezeten door de kat en probeerde met een touw op de kast te klimmen om te ontkomen.
- Er zit een wilde kat in huis en iemand gooide er een vaas op af.
- De kat zat als mummie in de vaas, maar kwam weer tot leven toen de jongen hem met een magisch touw aanraakte.
- Het touw dat de vaas bijeenhield, is gebroken en de kat probeert het zaakje weer in elkaar te krijgen.
- De vaas is ontploft, en de jongen en de kat zijn erop afgekomen. De jongen heeft de hoed als bescherming opgezet omdat er nog een explosie kan volgen.
- De jongen en de kat renden rond om een slang te pakken te krijgen. De jongen heeft hem gevangen en er een knoop in gelegd.

Alle computers in de wereld kunnen niet sneller op het juiste antwoord komen dan elke willekeurige vader of moeder. [3] Maar dat komt doordat computers niet zijn geprogrammeerd om zoiets uit te vogelen. De hersenen steunen daarentegen

---

2 Toen ik nog een jongetje was, stonden er veel vazen in ons huis.
3 Nog niet.

op een evolutie van miljoenen jaren om goed te kunnen bepalen wat andere hersenen om hen heen aan het doen zijn en waarom.

We kunnen het er dus aardig uit laten zien voor de mens, maar wat is daar nu
aan? Computers zijn ingeperkt door ons vermogen om ze te programmeren, dus
hebben we een ingebouwd voordeel.

We gaan daarom kijken hoe we het doen op hun terrein.

De complexiteit van microchips

In plaats van een nieuwe taak te verzinnen gebruiken we simpelweg de bench-
marktests voor computers ook voor mensen. Gewoonlijk bestaan ze uit dingen als
rekenen met zwevendekommagetallen, getallen bewaren en oproepen, letterreek-
sen manipuleren en met eenvoudige logische functies rekenen.

Volgens computerwetenschapper Hans Moravec kan een mens die de bench-
markberekening voor computerchips alleen met behulp van pen en papier uitvoert, in anderhalve minuut het equivalent van één volledige instructie uitvoeren.[4]

Zo bezien, kan de processor van een gemiddeld mobieltje de berekeningen ongeveer 70 keer sneller uitvoeren dan de hele wereldbevolking. De chip van een
nieuwe high-end computer verhoogt die verhouding tot 1500.

In welk jaar overtrof een gewone desktopcomputer voor het eerst de gecombineerde rekenkracht van de mensheid?

1994.

---

4 Dit getal komt uit een lijst (www.frc.ri.cmu.edu/users/hpm/book97/ch3/processor.list.txt)
in het boek *Robot: Mere Machine to Transcendent Mind* van Hans Moravec.

In 1992 telde de wereldbevolking 5,5 miljard mensen, wat inhoudt dat hun gecombineerde rekenkracht (volgens de door ons gebruikte benchmarktest) neerkwam op ongeveer 65 mips (miljoen opdrachten/instructies per seconde).

In datzelfde jaar bracht Intel de populaire 486DX op de markt, die in de standaardconfiguratie kwam tot ongeveer 55 à 60 mips. In 1994 haalden de nieuwe Pentiumchips van Intel benchmarkscores van in de 70 en 80 mips, en beet de mensheid in het stof.

DE VIERKANTSWORTEL VAN
0,138338129 IS 0,37193834!

Je kunt hiertegen inbrengen dat we een beetje unfair tegenover de computers zijn. Per slot van rekening gaan deze vergelijkingen over één computer tegenover alle mensen. Hoe doen de mensen het met hun allen tegen álle computers?

Dat is moeilijk te berekenen. We kunnen vrij gemakkelijk benchmarkscores voor verschillende typen computers krijgen, maar hoe meet je de opdrachten per seconde van bijvoorbeeld de chip in een Furby?

De meeste transistors in de wereld zitten in microchips die zijn ingesteld op CPU-benchmarks. Als we aannemen dat alle mensen worden aangepast (getraind) om de benchmarkberekeningen uit te voeren, hoeveel inspanning kost het dan om elke computer aan te passen om de benchmarkberekeningen uit te voeren?

Om dit probleem te omzeilen kunnen we een schatting maken van de gezamenlijke rekenkracht van alle computerachtige apparaten in de wereld door de transistors te tellen. Het blijkt dat de processors van de jaren tachtig en de processors van nu ruwweg een vergelijkbare verhouding van transistors en mips hebben: ongeveer 30 transistors per opdracht per seconde – het kan een orde van grootte hoger of lager zijn.

Een artikel van Gordon Moore (bijna net zo beroemd als de Wet van Moore) geeft cijfers voor de totale productie van transistors per jaar sinds de jaren vijftig. Het ziet er ongeveer zo uit:

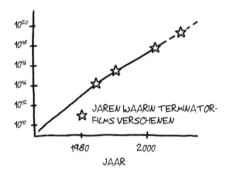

Aan de hand van onze verhouding kunnen we het aantal transistors omzetten naar een totale hoeveelheid rekenkracht. Daaruit kunnen we opmaken dat een gemiddelde moderne laptop, die een benchmarkscore van meer dan 10.000 mips heeft, meer rekenkracht heeft dan er in 1965 in de hele wereld bestond. Zo bezien, was het jaar waarin de gecombineerde rekenkracht van de computers uiteindelijk een voorsprong nam op de gecombineerde rekenkracht van de mensen, 1977.

De complexiteit van neuronen

Mensen met pen en papier berekeningen laten uitvoeren voor CPU-benchmarks is principieel een dwaze manier om de menselijke rekenkracht te meten. Gemeten naar complexiteit, zijn onze hersenen toch zeker veel verfijnder dan een willekeurige supercomputer?

Ja, voor een groot deel.

Er zijn projecten waarbij men supercomputers inzet om de werking van het brein te simuleren op het niveau van de afzonderlijke synapsen.[5] Als we kijken naar het aantal processors en hoeveel tijd deze simulaties vergen, kunnen we iets uitrekenen voor het aantal transistors dat nodig is om de complexiteit van de menselijke hersenen te evenaren.

Uit het aantal transistors van een project in 2013 van de Japanse supercomputer K kunnen we opmaken dat er 10^{15} transistors per menselijk brein nodig zijn.[6] Zo bezien, evenaarden alle rekencircuits in de wereld pas in 1988 de complexiteit

---

5   Ook al wordt hiermee misschien niet alles weergegeven van wat er gebeurt. Biologie is een ingewikkelde zaak.

6   Met 82.944 processors, elk met ongeveer 750 miljoen transistors, deed K er 40 minuten over om 1 seconde hersenactiviteit te simuleren in een brein dat was toegerust met 1 procent van de verbindingen in een menselijk brein.

van een enkel menselijk brein... en valt de totale complexiteit van al onze circuits nog steeds in het niet bij de totale complexiteit van alle hersenen. Volgens de projecties op basis van de Wet van Moore, en met gebruikmaking van deze simulatiecijfers, zullen de computers pas een voorsprong op de mensheid behalen in 2036.[7]

Waarom dit belachelijk is

Deze twee methoden om benchmarkscores voor de hersenen te bepalen, staan aan de uiterste einden van een spectrum.

De ene methode, de Dhrystone-benchmark van pen en papier, vraagt mensen om handmatig de individuele operaties op een computerchip te simuleren, met als resultaat dat mensen ongeveer 0,01 mips halen.

De andere methode, het neuronensimulatieproject van de supercomputer, vraagt computers om de activiteit van individuele neuronen in het menselijk brein te simuleren, met als resultaat dat mensen het equivalent van 50.000.000.000 mips halen.

WACHT EVEN. IK WEET VRIJ
ZEKER DAT DIE LAATSTE ZIN
GEEN LOGISCHE GELDIGHEID HAD.

Een iets betere benadering is misschien de combinatie van beide schattingen. Op een vreemde manier schuilt hier wel een zekere logica in. Als we aannemen dat onze computerprogramma's ongeveer net zo inefficiënt zijn om de hersenactiviteit van mensen te simuleren als de menselijke hersenen dat zijn om de activiteit van computerchips te simuleren, dan is het denkbaar dat een eerlijkere waardering van de hersenkracht uitkomt op het geometrische midden van de twee getallen.

Uit een combinatie van beide getallen komt naar voren dat het menselijk brein ongeveer 30.000 mips klokt – precies gelijk aan de computer waarop ik deze woorden typ. Hieruit komt ook naar voren dat de digitale complexiteit op aarde de neurologische complexiteit van de mensheid inhaalde in 2004.

---

7 Als je dit later dan het jaar 2036 leest: hallo vanuit een ver verleden! Ik hoop dat het beter gaat in de toekomst.
   PS Zoek alsjeblieft een manier om ons op te halen.

Mieren

In zijn artikel 'Moore's Law at 40' (de Wet van Moore na 40 jaar) maakt Gordon Moore een interessante opmerking. Hij wijst erop dat er volgens de bioloog E.O. Wilson 10^{15} à 10^{16} mieren op aarde leven. Ter vergelijking: in 2014 waren er ongeveer 10^{20} transistors op aarde, ofwel tienduizenden transistors per mier.

De hersenen van een mier bevatten misschien een kwart miljoen neuronen, en per neuron duizenden synapsen. Dat doet vermoeden dat alle mierenhersenen op aarde een gecombineerde complexiteit hebben die vergelijkbaar is met die van alle mensenhersenen op aarde.

We hoeven dus ook weer niet al te bang te zijn voor het moment waarop de computers gelijk met ons komen in complexiteit. De mensen zijn uiteindelijk gelijk gekomen met de mieren, en zíj maken zich kennelijk geen zorgen. Weliswaar lijkt het alsof wij de dienst uitmaken op deze planeet, maar als ik moet wedden welke soort er over een miljoen jaar nog is – primaten, computers of mieren – dan weet ik wel welke ik kies.

KLEINE PLANEET

V. Als er een erg kleine maar supercompacte planetoïde zou bestaan, kun je er dan op leven als de kleine prins?

– Samantha Harper

'Heb jij m'n roos opgegeten?' 'Misschien.'

A. DE KLEINE PRINS is een verhaal van Antoine de Saint-Exupéry over een reiziger die van een verre planetoïde afkomstig is. Het is eenvoudig, triest, aangrijpend en gedenkwaardig.[1] Het is zogenaamd een kinderboek, maar het is moeilijk te zeggen voor welk publiek het bedoeld is. Hoe dan ook, het heeft zeker een publiek gevonden. Het is een van de meest verkochte boeken in de geschiedenis.

---

1 Ook al ziet niet iedereen het zo. Mallory Ortberg heeft het op www.the-toast.net omschreven als het verhaal van een rijkeluiskind dat van de overlevende van een vliegtuigcrash eist dat hij tekeningen voor hem maakt, en dan kritiek heeft op zijn tekenstijl.

Het werd geschreven in 1942. Dat is een interessante tijd om over planetoïden te schrijven, omdat we in 1942 eigenlijk niet wisten hoe planetoïden eruitzagen. Zelfs met onze beste telescopen was de grootste planetoïde alleen zichtbaar als een lichtpuntje. Daaraan danken we ook de alternatieve benaming 'asteroïde', waarvan de betekenis oorspronkelijk 'sterachtig' is.

We kregen voor het eerst een duidelijke impressie van hoe een planetoïde eruitziet, toen Mariner 9 naar Mars ging en beelden maakte van Phobos en Deimos. Deze manen, waarvan men aanneemt dat het planetoïden zijn die om Mars zijn gaan draaien, versterkten het moderne beeld van planetoïden als pokdalige aardappelen.

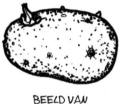

BEELD VAN
PHOBOS

Vóór de jaren zeventig ging de meeste sciencefiction ervan uit dat de kleine planetoïden rond waren, net als planeten.

De kleine prins ging hierin een stap verder met de voorstelling van een planetoïde als een kleine planeet met zwaartekracht, lucht en een roos. Het heeft geen zin hier kritiek op de wetenschappelijke kant te uiten, want (1) het is geen verhaal over planetoïden, en (2) het begint met een parabel over de dwaze indruk die volwassenen maken omdat ze alles te letterlijk nemen.

We gaan dus niet het verhaal te lijf met de wetenschap, maar kijken welke vreemde nieuwe elementen de wetenschap eraan kan toevoegen. Als er werkelijk een supercompacte planetoïde bestaat met genoeg oppervlaktezwaartekracht om er rond te wandelen, dan heeft hij enkele tamelijk opvallende eigenschappen.

Als de planetoïde een straal heeft van 1,75 meter, dan moet hij voor een zwaartekracht aan de oppervlakte die te vergelijken is met die van de aarde, een massa hebben van ongeveer 500 miljoen ton. Dat is ruwweg gelijk aan de gecombineerde massa van alle mensen op aarde.

Als je op de oppervlakte staat, ervaar je getijkrachten. Je voeten voelen zwaarder aan dan je hoofd, wat je als een lichte rekking ervaart. Het voelt alsof je uitgestrekt over de ronding van een rubberen bal ligt, of alsof je op de vloer van een draaimolen ligt met je hoofd naar het midden.

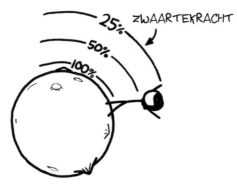

De ontsnappingssnelheid aan de oppervlakte is ongeveer 5 meter per seconde. Dat is langzamer dan een sprint, maar nog steeds vrij snel. Als vuistregel kun je aannemen dat als je geen basketbal kunt dunken, je niet in staat bent met een sprong deze planetoïde te verlaten.

Maar het vreemde aan ontsnappingssnelheid is dat het niet uitmaakt in welke richting je gaat.[2] Als je sneller gaat dan de ontsnappingssnelheid, kun je ontsnappen zolang je tenminste niet náár de planeet gaat. Dat houdt in dat je onze planetoïde kunt verlaten door in horizontale richting te rennen en dan van een schans te springen.

---

2 Daarom moet het eigenlijk 'ontsnappingsbeweging' heten. Het feit dat er geen sprake is van een richting is hier onverwacht van belang.

Als je niet snel genoeg gaat om aan de planetoïde te ontsnappen, kom je in een baan eromheen terecht. Je omloopsnelheid is dan ruwweg 3 meter per seconde, zo'n beetje het gemiddelde joggingtempo.

Het wordt trouwens wel een vreemde omloop.

Getijkrachten werken op verschillende manieren op je in. Als je een arm omlaag naar de planetoïde uitsteekt, wordt daar veel harder aan getrokken dan aan de rest van je lijf. En als je met een arm omlaag reikt, wordt de rest omhooggeduwd, waardoor de andere delen van je lijf nóg minder zwaartekracht ervaren. Het komt erop neer dat elk deel van je lichaam probeert in een andere baan om de planetoïde te komen.

Een groot object in een baan om een ander hemellichaam dat dergelijke getijkrachten ondergaat – bijvoorbeeld een maan – zal over het algemeen uiteenvallen in ringen.[3] Met jou gaat dat niet gebeuren, maar je baan wordt wel chaotisch en instabiel.

Naar dit soort banen om andere hemellichamen is onderzoek verricht door

---

3 Dat is waarschijnlijk Sonic the Hedgehog, de snelle egel, overkomen.

Radu D. Rugescu en Daniele Mortari. Uit hun simulaties komt naar voren dat grote, langgerekte objecten een vreemde omloop rond het centrale object volgen. Zelfs de kern van hun massa volgt niet de traditionele ellipsbaan. Sommige hebben een vijfhoekige baan, terwijl andere een chaotische tuimeling ondergaan en op de planeet te pletter slaan.

Een dergelijke analyse kan van belang zijn voor allerlei praktische toepassingen. Zo zijn er door de jaren heen verschillende voorstellen gedaan om lange, beweeglijke tuitouwen te gebruiken om ladingen van en naar gravitatiebronnen te vervoeren – een soort zwevende ruimtelift. Met zulke tuitouwen kan men ladingen van en naar de oppervlakte van de maan vervoeren, en een ruimteschip oppikken aan de rand van de dampkring om de aarde. Maar de instabiliteit van veel omlopen van deze tuitouwen is dan wel een complicatie voor zo'n project.

Wat de bewoners van onze supercompacte planetoïde betreft: ze moeten altijd op hun hoede zijn. Als ze te snel rennen, lopen ze het risico in een baan om de planetoïde te raken, rond te gaan tollen en hun lunch te verliezen.

Gelukkig is er niks loos met verticale sprongen.

Fans van Franse kinderboeken in de omstreken van Cleveland reageerden teleurgesteld omdat de prins ging basketballen bij Miami Heat.

STEAKDROPPING

V. Van welke hoogte moet je een steak laten vallen om hem gaar te laten zijn als hij de grond raakt?

– **Alex Lahey**

....

A. IK HOOP DAT JE JE STEAK graag rood vanbinnen en met een hard gebakken buitenkant hebt, of zoals de Amerikanen zeggen: *Pittsburgh rare*. En je moet hem misschien eerst nog ontdooien als je hem hebt opgepikt.

Dingen worden heet als ze terugkomen uit de ruimte. Als ze de dampkring binnengaan, kan de lucht niet snel genoeg plaatsmaken en wordt samengeperst aan de voorkant van het object – en die samenpersing leidt tot verhitting. Als vuistregel kun je aanhouden dat je van verhitting door samenpersing iets begint te merken bij Mach 2 (daarom had de Concorde hittebestendig materiaal aan de voorkant van de vleugels).

Toen de skydiver Felix Baumgartner zijn vrije val maakte vanaf 39 kilometer, haalde hij Mach 1 op een hoogte van ongeveer 30 kilometer. Dat was genoeg om de lucht een paar graden warmer te laten worden, maar de lucht was zo ver onder het vriespunt dat het geen verschil maakte. (In een vroeg stadium van zijn sprong was het ongeveer -40°, wat het magische punt is waarop je niet hoeft te specificeren of je Celsius of Fahrenheit bedoelt – het is gelijk.)

Voor zover ik weet, kwam deze steakvraag voor het eerst op de proppen in een lange discussie op 4chan, die al snel ontaardde in slecht geïnformeerde tirades over natuurkunde en homofobe scheldpartijen. Er was geen duidelijke conclusie.

Om tot een beter antwoord te komen heb ik een reeks simulaties uitgevoerd van een steak die van verschillende hoogten valt.

Een steak van een half pond heeft ongeveer de omvang en de vorm van een ijshockeypuck. Daarom heb ik mijn weerstandscoëfficiënten van de steak gebaseerd op die van bladzijde 74 in *The Physics of Hockey* (waarvoor de schrijver Alain Haché zelf metingen verrichtte met laboratoriumapparatuur). Een steak is geen ijshockeypuck, maar de precieze weerstandscoëfficiënt bleek voor het uiteindelijke resultaat geen groot verschil te maken.

Voor de beantwoording van deze vragen is het vaak nodig ongewone objecten in extreme fysieke omstandigheden te bestuderen, en vaak kan ik het enige relevante onderzoeksmateriaal vinden in onderzoeken van het Amerikaanse leger in de tijd van de Koude Oorlog. (Kennelijk kwam de Amerikaanse overheid met pakken geld over de brug voor alles wat ook maar enigszins verband hield met wapenonderzoek.) Om een idee te krijgen van de opwarming van de steak door de lucht, heb ik naar onderzoeksmateriaal gekeken over de verwarming van de neuspunt van intercontinentale raketten op het moment dat ze terug de dampkring in gaan. Twee van de nuttigste waren 'Predictions of Aerodynamic Heating on Tactical Missile Domes' en 'Calculation of Reentry-Vehicle Temperature History'.

Tot slot moest ik bepalen hoe snel de warmte zich verspreidt door een steak. Ik begon met te kijken naar wat materiaal over industriële voedselproductie waarbij men de warmtestroom in verschillende stukken vlees simuleerde. Het duurde even voordat het tot me doordrong dat er een veel gemakkelijkere manier was om te weten te komen welke combinaties van tijd en temperatuur feitelijk de verschillende lagen van een steak verwarmen: kijk in een kookboek.

Jeff Potters uitstekende boek *Cooking for Geeks* biedt een geweldige inleiding in de wetenschap van de vleesbereiding en geeft uitleg over welke temperaturen welke effecten in een steak hebben en waarom. Ook Cooks *The Science of Good Cooking* kwam van pas.

Al met al kwam ik erachter dat de steak snel accelereert totdat hij op een afstand van zo'n 30 à 50 kilometer zit, waarna de luchtdichtheid hoog genoeg is om hem te vertragen.

De snelheid van de vallende steak wordt gestaag minder naarmate de luchtdichtheid toeneemt. Ongeacht de beginsnelheid bij het bereiken van de buitenste lagen van de dampkring, valt hij al snel terug tot de eindsnelheid. Ongeacht de beginhoogte, duurt het altijd 6 à 7 minuten om van 25 kilometer hoogte op de grond te vallen.

Gedurende een groot deel van die 25 kilometer is de temperatuur onder het vriespunt. De steak wordt dus gedurende 6 of 7 minuten blootgesteld aan een meedogenloze vrieswind van orkaankracht. Zelfs als de steak wordt gebakken door de val, dan nog moet je hem na de landing waarschijnlijk ontdooien.

Wanneer de steak eindelijk de grond raakt, heeft hij een eindsnelheid van ongeveer 30 meter per seconde. Om een indruk te krijgen van wat dit betekent: stel je voor dat een werper in de hoogste honkbalcompetitie een steak op de grond gooit. Als de steak zelfs maar gedeeltelijk bevroren is, kan hij gemakkelijk in stukken vallen. Maar als hij terechtkomt in water, modder of op bladeren, dan gaat het waarschijnlijk wel goed.[1]

Een steak die een val vanaf een hoogte van 39 kilometer maakt, blijft waarschijnlijk anders dan Felix onder de geluidsbarrière. De steak wordt ook niet aanzienlijk warmer. Dat is ook wel logisch – het pak van Felix was ook niet verschroeid toen hij landde.

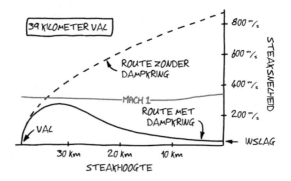

Een steak overleeft het waarschijnlijk wel als hij door de geluidsbarrière gaat. Felix deed dat, en ook de piloten die bij een supersonische snelheid de schietstoel gebruikten, konden het navertellen.

Om de geluidsbarrière te doorbreken moet je de steak laten vallen van een afstand van 50 kilometer. Maar dat is nog niet genoeg om hem te bakken.

We moeten hoger.

Als de steak van 70 kilometer wordt gedropt, gaat hij snel genoeg om korte tijd een opwarming door de lucht van 177°C te ondergaan. Helaas duurt deze vlaag van dunne, ijle lucht nauwelijks een minuut – en iedereen met een beetje keukenervaring weet dat als je een steak 60 seconden lang in een oven op 177°C legt, hij niet wordt gebakken.

Vanaf 100 kilometer – de officieel vastgestelde ruimtegrens – ziet het er niet veel beter uit. De steak gaat anderhalve minuut met Mach 2, en de buitenkant wordt waarschijnlijk verschroeid, maar de hitte maakt te snel plaats voor de ijzige windvlaag van de stratosfeer om de steak daadwerkelijk te bakken.

Op een supersonische en hypersonische snelheid vormt zich een schokgolf om de steak die hem tegen steeds snellere windvlagen beschermt. De exacte kenmerken van dit schokgolffront – en dus de mechanische stress voor de steak – zijn af-

---

1 Ik bedoel dat hij intact blijft, niet dat hij goed is om te eten.

hankelijk van de manier waarop een ongebakken kwartponder op hypersonische snelheid rondtuimelt. Ik heb de literatuur erop nagezocht, maar kon geen onderzoek over dit onderwerp vinden.

Voor deze simulatie ga ik ervan uit dat de steak op lagere snelheden door een soort schuddende werveling in een tuimelende val raakt, terwijl hij op hypersonische snelheid wordt meegezogen in een halfstabiele afgeplatte bolvorm. Dit is echter weinig meer dan een wilde gok. Als iemand een steak in een hypersonische windtunnel plaatst om hier nauwkeurigere gegevens over te krijgen, stuur me dan alsjeblieft een video.

Als je de steak op een afstand van 250 kilometer dropt, wordt het interessant; 250 kilometer is ongeveer de afstand van een lage baan om de aarde. Maar de steak wordt gedropt vanuit stilstaande positie, en beweegt dus lang niet zo snel als een object dat vanuit een baan in de ruimte de dampkring binnengaat.

In dit scenario bereikt de steak een topsnelheid van Mach 6, en de buitenkant wordt misschien zelfs lekker dichtgeschroeid. Maar vanbinnen blijft hij helaas ongebakken. Dat wil zeggen, als hij niet in een hypersonische tuimeling raakt en in kleine stukjes uit elkaar barst.

Vanaf grotere hoogten begint de hitte echt aanzienlijk te worden. De schokgolf vóór de steak bereikt een temperatuur van duizenden graden (Fahrenheit of Celsius, het geldt voor allebei). Het probleem met dit warmteniveau is dat de buitenste laag volledig wordt verbrand, waardoor er weinig meer dan koolstof overblijft. Hij is dus eigenlijk verkoold.

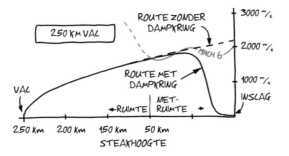

Verbranding is een normaal gevolg als je vlees in een vuur gooit. Het probleem met verbrand vlees op hypersonische snelheid is dat de verkoolde laag weinig structurele integriteit heeft, en wordt weggeblazen door de wind – waardoor een nieuwe laag wordt blootgesteld aan verbranding. (Als de hitte hoog genoeg is, wordt de verkoolde laag weggeblazen terwijl deze als in een soort snelkookpan wordt bereid. In de ICBM-verslagen spreekt men van 'wegsmeltingszone'.)

Zelfs vanaf die hoogten verblijft de steak nog steeds niet lang genoeg in de hitte om goed doorbakken te worden.[2] We kunnen grotere afstanden en hogere snelheden proberen, en we kunnen de blootstellingstijd verlengen door de steak onder een bepaalde hoek te laten vallen, vanuit een baan om de aarde.

Maar als de temperatuur hoog genoeg is of de baktijd lang genoeg, dan zal de steak langzaam desintegreren doordat de buitenste laag herhaaldelijk is verkoold en weggeblazen. Als het grootste deel van de steak de grond haalt, zal het binnenste nog steeds rauw zijn.

Daarom moeten we de steak maar boven Pittsburgh droppen.

Waarschijnlijk is het een broodje aap, maar de staalarbeiders van Pittsburgh bakten hun steaks door ze op de gloeiend hete metalen platen te leggen die uit de gieterij kwamen, waardoor de buitenkant dichtgeschroeid was en de binnenkant nog rauw. Dat zou de herkomst van de term 'Pittsburgh rare' verklaren.

Dus je dropt je steak vanuit een raket die binnen de afstand blijft die nodig is om een baan om de aarde te beschrijven, stuurt er een team op af om de steak weer op te sporen, veegt hem schoon, verwarmt hem, snijdt de ergst verbrande stukjes eraf, en zet je tanden erin.

Pas alleen op voor salmonella. En de Andromeda Strain.

---

2 Ik weet wat sommigen van jullie waarschijnlijk denken, en het antwoord is nee – hij verblijft niet lang genoeg in de Van Allen-gordels om door de straling te worden gesteriliseerd.

IJSHOCKEYPUCK

V. Hoe hard moet je een puck slaan om de goalie achteruit het net in te werken?

– Tom

. . . .

A. DAT KAN EIGENLIJK NIET.

Het gaat er niet alleen om of je de puck hard genoeg slaat. In dit boek laten we ons niet tegenhouden door een dergelijke limiet. Mensen met een stick kunnen een puck niet veel sneller laten gaan dan ongeveer 50 meter per seconde, maar we kunnen altijd nog als uitgangspunt nemen dat de puck wordt gelanceerd door bijvoorbeeld een ijshockeyrobot, een elektrische slee of een hypersonisch gasgeweer.

Het probleem, kort gezegd, is dat ijshockeyers zwaar zijn en pucks niet. Een doelman met een volledige uitrusting is ongeveer 600 keer zo zwaar als een puck. Zelfs het hardste vliegende schot heeft minder momentum dan een 10-jarige schaatser met een snelheid van anderhalve kilometer per uur.

IJshockeyers kunnen zich ook vrij sterk schrap zetten tegen het ijs. Een speler die op volle snelheid schaatst, kan in een paar meter tot stilstand komen, wat betekent dat de kracht die hij op het ijs uitoefent, aanzienlijk is. (Het doet ook vermoeden dat je het veld, als je het langzaam ronddraait, onder een schuine helling van 50 graden kunt houden voordat alle spelers naar één kant glijden. Maar om dit te bevestigen zijn er duidelijk nog wat experimenten nodig.)

Op basis van schattingen van botssnelheden in opnames van ijshockeywedstrijden en enige toelichting van een ijshockeyer, schat ik dat een puck van 165 gram een snelheid van ergens tussen Mach 2 en Mach 8 moet hebben om de goalie achterwaarts het doel in te stoten – nog sneller als de goalie zich schrap zet tegen de botsing, en langzamer als de puck hem onder een opwaartse hoek raakt.

Een object afvuren met een snelheid van Mach 8 is op zich niet erg moeilijk. Een van de beste manieren is gebruik te maken van het eerder genoemde hypersonische gasgeweer, dat in principe hetzelfde mechanisme heeft als een windbuks.[1]

Maar bij een puck die zich voortbeweegt met Mach 8 doen zich tal van problemen voor, te beginnen met het feit dat de lucht vóór de puck wordt samengeperst en snel warm wordt. Hij gaat niet zo snel dat de lucht wordt geïoniseerd en hij een gloeiend spoor achterlaat als een meteoor, maar het oppervlak van de puck (als de vlucht lang genoeg duurt) begint te smelten of te verkolen.

Overigens vertraagt de luchtweerstand de puck al heel snel, waardoor een puck met een snelheid van Mach 8 bij vertrek van de lanceerder slechts een fractie van die snelheid heeft als hij bij het doel aankomt. Zelfs met Mach 8 gaat de puck waarschijnlijk niet door het lichaam van de goalie. In plaats daarvan barst hij bij de inslag uiteen met de kracht van een groot stuk vuurwerk of een kleine staaf dynamiet.

Als je net zo bent als ik, kreeg je misschien bij het lezen van de vraag een cartoonachtig beeld voor ogen van een puck die een puckachtig gevormd gat achterlaat. Maar dat komt omdat de menselijke intuïtie nogal krakkemikkig is aangaande de reactie van materialen bij zeer hoge snelheden.

Een andere mentaal beeld is misschien wat accurater: stel je voor dat je zo hard mogelijk een rijpe tomaat naar een taart gooit.

Dan zou er dit ongeveer gebeuren.

VERKOUDHEID

V. Als iedereen op aarde een paar weken bij elkaar uit de buurt blijft, is de verkoudheid dan niet de wereld uit?

– Sarah Ewart

A. IS HET DE MOEITE WAARD?

Een verkoudheid kan worden veroorzaakt door een verscheidenheid aan virussen, maar gewoonlijk is een rhinovirus de schuldige.[1] Deze virussen nemen de macht over in de cellen van je neus en keel, en gebruiken die om meer virussen te produceren. Na een paar dagen krijgt je immuunsysteem dit door en vernietigt het virus.[2] Maar dan heb je gemiddeld al één ander persoon besmet.[3] Nadat je de infectie hebt bestreden, ben je immuun voor die ene stam van het rhinovirus, en die immuniteit houdt jaren stand.

Als Sarah ons allemaal in quarantaine plaatst, hebben de verkoudheidsvirussen in ons lichaam geen verse gastheren om naartoe te gaan. Kan ons immuunsysteem in dat geval elk exemplaar van het virus vernietigen?

Voordat we op die vraag ingaan, kijken we eerst naar de praktische gevolgen van zo'n soort quarantaine. De totale economische productie van de wereld in een jaar bedraagt iets in de buurt van tachtig biljoen dollar. Een onderbreking van alle economische activiteiten gedurende enkele weken kost dus al gauw een paar biljoen dollar. De schok die deze wereldwijde 'pauze' teweegbrengt in het systeem kan gemakkelijk tot een mondiale economische ineenstorting leiden.

---

1 Elke ontsteking aan de bovenste luchtwegen kan de oorzaak zijn van een verkoudheid.
2 De immuunreactie is eigenlijk de oorzaak van de symptomen, niet het virus zelf.
3 Wiskundig gezien moet dit zo zijn. Als het gemiddelde minder dan 1 is, sterft het virus uit. Als het meer dan 1 is, zou iedereen uiteindelijk altijd verkouden zijn.

De totale voedselreserves in de wereld zijn waarschijnlijk groot genoeg om ons gedurende vier of vijf weken van quarantaine in leven te houden, maar het eten moet van tevoren in gelijke porties worden verdeeld. Eerlijk gezegd weet ik niet zeker wat ik zou doen met een graanvoorraad voor twintig dagen terwijl ik ergens alleen in een veld sta.

Een mondiale quarantaine brengt ons bij een andere vraag: hoe ver kunnen we eigenlijk uit elkaar staan? De wereld is groot, maar er zijn veel mensen.

Als we het landoppervlak van de wereld gelijk verdelen, is er genoeg ruimte voor elk van ons met iets meer dan 2 hectare per persoon, waarbij de dichtstbijzijnde persoon op een afstand van 77 meter staat.

De afstand van 77 meter is waarschijnlijk groot genoeg om de overdracht van rhinovirussen tegen te houden, maar die afzondering heeft wel een prijs. Een groot deel van het land op aarde is geen fijne plek om vijf weken lang rond te hangen.

Velen van ons zouden vastzitten in de Sahara.[4] En een flink aantal in het midden van Antarctica.[5]

Een praktischere – zij het niet per se goedkopere – oplossing is dat we iedereen een isolatiepak geven. Op die manier kunnen we vrij rondlopen en met elkaar omgaan, zodat zelfs een groot deel van de normale economische activiteit kan doorgaan.

Maar we laten de praktische kant voor wat hij is en gaan naar Sarahs eigenlijke vraag: zou het werken?

Ik ging voor een antwoord langs bij hoogleraar Ian M. Mackay, een deskundige op het gebied van virologie bij het Australische onderzoekscentrum voor besmettelijke ziekten aan de University of Queensland.[6]

Dr. Mackay zei dat dit idee vanuit een zuiver biologisch gezichtspunt eigenlijk wel redelijk is. Hij zei dat rhinovirussen – en andere RNA-virussen in de luchtwegen – volledig uit het lichaam worden verwijderd door het immuunsysteem; ze blijven niet rondhangen na een infectie. Bovendien vindt er kennelijk geen uitwisseling van rhinovirussen plaats tussen mens en dier, wat betekent dat er geen andere soort als tijdelijke opslagplaats voor onze verkoudheid kan fungeren. Als de rhinovirussen niet genoeg mensen hebben om zich te verplaatsen, sterven ze uit.

Dit uitsterven van een virus hebben we daadwerkelijk zien gebeuren bij geïsoleerd wonende bevolkingsgroepen. De afgelegen eilandengroep van St.-Kilda, ver in het noordwesten van Schotland, had eeuwenlang een bevolking van ongeveer 100 mensen. De eilanden kregen hooguit een paar keer per jaar bezoek van een

---

4 (450 miljoen mensen.)
5 (650 miljoen mensen.)
6 Ik ging eerst met deze vraag naar Cory Doctorow, de schrijver die ook meewerkt aan de blog *Boing Boing*, maar hij legde geduldig uit dat hij geen dokter is.

boot. De bewoners leden aan een ongewoon syndroom dat ze *cnatan-na-gall* noemden, ofwel 'vreemdelingenhoest'. Eeuwenlang tierde de verkoudheid op de eilanden juist in de periode nadat er weer een boot was geweest.

De exacte oorzaak van een uitbraak van verkoudheid is onbekend, al zijn de rhinovirussen vaak verantwoordelijk.[7] Telkens wanneer er een boot aanlegde, bracht hij nieuwe virusstammen mee. Deze stammen hielden huis op de eilanden en infecteerden vrijwel iedereen. Na een paar weken hadden alle bewoners een verse immuniteit tegen die stammen opgebouwd, en stierven de virussen uit omdat ze nergens heen konden.

Dezelfde virale schoonmaak doet zich waarschijnlijk voor bij elke kleine en geïsoleerde bevolkingsgroep – bijvoorbeeld bij de overlevenden van een schipbreuk.

Als alle mensen van elkaar afgezonderd worden, treedt het scenario van St.-Kilda in werking voor de hele mensheid. Na een week of twee heeft elke verkoudheid zijn beloop gehad, en hebben de gezonde immuunsystemen genoeg tijd gehad de virussen op te ruimen.

Helaas zit er een addertje onder het gras, waardoor het hele plan in duigen kan vallen: we hebben niet allemaal een gezond immuunsysteem.

---

7 De inwoners van St.-Kilda wezen de boten terecht aan als de aanleiding voor de uitbraak. Maar de medici zagen destijds niets in hun bewering. Zij zochten de oorzaak in de gewoonte van de eilanders om buiten in de kou te staan als er een boot arriveerde, en de aankomst met veel drank te vieren.

Bij de meeste mensen worden rhinovirussen in ongeveer tien dagen volledig uit het lichaam verwijderd. Maar het immuunsysteem van bijvoorbeeld patiënten met een transplantatie wordt kunstmatig onderdrukt. Bij hen kunnen infecties, waaronder rhinovirussen, het weken, maanden en misschien wel jaren volhouden.

Deze kleine groep met een gecompromitteerd immuunsysteem zou als een toevluchtsoord voor rhinovirussen dienen. De hoop dat we deze kunnen uitroeien, is klein; ze hoeven maar in een paar gastheren te overleven om na enige tijd de wereld weer in hun greep te nemen.

Behalve dat Sarahs plan mogelijk de ineenstorting van de beschaving veroorzaakt, roeit het dus de rhinovirussen niet uit.[8] Misschien is dat trouwens maar goed ook!

Ook al is een verkoudheid geen pretje, het is misschien erger als je nooit verkouden bent. In zijn boek *A Planet of Viruses* stelt Carl Zimmer dat kinderen die nooit zijn blootgesteld aan rhinovirussen, als volwassenen meer last hebben van immuunstoornissen. Het is mogelijk dat deze milde infecties dienen om ons immuunsysteem te trainen en alert te houden.

Aan de andere kant is een verkoudheid wel vervelend. En het is niet alleen onaangenaam, uit sommige onderzoeken blijkt dat een infectie door deze virussen ons immuunsysteem ook kan verzwakken en ons kwetsbaar kan maken voor andere infecties.

---

8 Tenzij het voedsel opraakt tijdens de quarantaine en we allemaal de hongerdood sterven. In dat geval sterven de menselijke rhinovirussen ook uit.

Uiteindelijk geldt voor mij dat ik niet vijf weken lang in een woestijn ga staan om voorgoed die verkoudheid kwijt te raken. Maar als ze ooit met een vaccin tegen rhinovirussen komen, sta ik als eerste in de rij.

HALFLEEG GLAS

V. Wat als een glas water opeens letterlijk halfleeg is?

– Vittorio Iacovella

A. DE PESSIMIST HEEFT WAARSCHIJNLIJK meer gelijk over wat er gebeurt dan de optimist.

Wanneer mensen het hebben over 'een halfleeg glas', bedoelen ze gewoonlijk een glas dat twee gelijke delen water en lucht bevat.

Volgens de traditie ziet de optimist het glas als halfvol, terwijl de pessimist het als halfleeg ziet. Ontelbare grappen zijn erover gemaakt, zoals: de ingenieur ziet een glas dat best de helft kleiner kan, de surrealist ziet een giraffe een stropdas eten, enzovoort.

Maar wat als de lege helft van het glas ook écht leeg is, een vacuüm?[1] Het vacuüm houdt beslist niet lang stand. Maar wat er precies gebeurt, is afhankelijk van een belangrijke vraag, waaraan men doorgaans achteloos voorbijgaat: wélke helft is leeg?

---

1   Zelfs een vacuüm is misschien niet echt helemaal leeg, maar dat is iets voor de kwantumse-mantiek.

Voor ons scenario stellen we ons drie verschillende halflege glazen voor, en gaan van microseconde tot microseconde na wat er gebeurt.

In het midden staat het traditionele lucht/water-glas. Rechts staat een glas dat lijkt op het traditionele, maar de lucht is vervangen door een vacuüm. Het glas links is voor de helft gevuld met water en voor de helft leeg, maar de lege helft zit onderin.

We stellen ons voor dat de vacuüms zich voordoen op het tijdstip t=0.

De eerste paar microseconden gebeurt er niets. Op een dergelijke tijdschaal staan zelfs de luchtmoleculen bijna stil.

Luchtmoleculen gaan in principe trillend heen en weer met een snelheid van een paar honderd meter per seconde, maar op een bepaald moment bewegen sommige sneller dan andere. De paar snelste halen wel meer dan 1000 meter per seconde. Zij zweven het eerst weg in het vacuüm van het glas aan de rechterkant.

Het vacuüm aan de linkerkant wordt omringd door barrières, waardoor de luchtmoleculen er niet gemakkelijk heen kunnen. Als vloeistof zet het water niet op dezelfde manier als lucht uit om het vacuüm te vullen. Maar in het vacuüm van de glazen begint het te koken, waardoor het water langzaam wat waterdamp aan de lege ruimte afstaat.

Terwijl het water aan de oppervlakte van beide glazen begint te koken, stroomt in het glas aan de rechterkant lucht toe die het koken tegenhoudt voordat het echt op gang komt. Het glas aan de linkerkant raakt steeds verder gevuld met een ijle wasem van waterdamp.

In de loop van een paar honderd milleseconden vult de lucht die het glas rechts binnenstroomt het vacuüm volledig op en botst tegen het oppervlak van het water, waardoor er een schokgolf door de vloeistof gaat. De zijkanten van het glas bollen lichtjes, maar ze weerstaan de druk en breken niet. De schokgolf kaatst terug door het water en terug in de lucht, waar hij zich voegt in de turbulentie die daar gaande is.

De schokgolf van de instorting van het vacuüm verspreidt zich in ongeveer een milliseconde naar de twee andere glazen. Het glas en het water buigen lichtjes mee als de schokgolf erdoorheen gaat. Een paar milliseconden later bereikt hij de oren van de mensen als een luide knal.

Rond deze tijd begint het glas aan de linkerkant zichtbaar omhoog te komen.

De luchtdruk probeert het glas en het water samen te persen. Dit is de kracht die we opvatten als een zuigwerking. Het vacuüm rechts hield niet zo lang stand dat het glas werd opgetild, maar doordat de lucht niet tot het vacuüm links kan doordringen, beginnen het glas en het water naar elkaar toe te schuiven.

Het kokende water heeft het vacuüm gevuld met een klein beetje waterdamp. Als de ruimte kleiner wordt, verhoogt de toename van waterdamp de druk op het wateroppervlak. Uiteindelijk vertraagt dit het koken, net zoals een hogere luchtdruk zou doen.

Maar het glas en het water bewegen nu te snel om de toename van waterdamp belangrijk te laten zijn. Minder dan 10 milliseconden nadat de klok begon te lopen, vliegen ze op elkaar af met een snelheid van enkele meters per seconde. Zonder een kussen van lucht ertussen – alleen een paar sliertjes waterdamp – slaat het water als een hamer tegen de bodem van het glas.

Water is bijna niet samen te persen, waardoor de impact niet in de tijd verspreid wordt, maar in een enkele harde schok komt. De kortstondige druk op het glas is enorm, en het breekt.

Dit 'waterhamer'-effect (dat ook verantwoordelijk is voor het gebonk in oude waterleidingen als je de kraan dichtdraait) is ook te zien in de truc op feestjes waarbij iemand tegen de bovenkant van een glazen fles slaat om de bodem weg te blazen.

Wanneer er op de fles wordt geslagen, wordt hij plotseling omlaag geduwd. De vloeistof in de fles reageert niet meteen op de zuiging (luchtdruk) – ongeveer zoals in ons scenario – en er ontstaat een kloof. Het is een klein vacuüm – van een paar centimeter – en als deze weer sluit, breekt de bodem van de fles door de schok.

In onze situatie zijn de krachten meer dan genoeg om zelfs de zwaarste drinkglazen kapot te slaan.

De bodem wordt door het water meegevoerd en klettert tegen de tafel. Het water spat eromheen, terwijl druppels en glasscherven alle kanten op vliegen.

Ondertussen gaat het losse bovenstuk van het glas verder omhoog.

Na een halve seconde schrikken de omstanders nadat ze een klap hebben gehoord. Ze kijken onwillekeurig op om de opgaande beweging van het glas te volgen.

Het glas heeft net genoeg snelheid om tegen het plafond te slaan, waarna het in stukken breekt...

... die, nu de opwaartse kracht is weggevallen, neerkomen op de tafel.

De les: als de optimist zegt dat het glas halfvol is en de pessimist zegt dat het glas halfleeg is, ziet de natuurkundige een reden om weg te duiken.

VREEMDE (EN VERONTRUSTENDE) VRAGEN UIT DE INBOX VAN WAT ALS? – 5

V. Als de klimaatverandering ons in gevaar brengt door een temperatuurverhoging, en supervulkanen ons in gevaar brengen door een mondiale afkoeling, heffen die twee gevaren elkaar dan niet op?

– Florian Seidl-Schulz

V. Hoe snel moet een mens rennen om ter hoogte van de navel in tweeën te worden gesneden door een kaasdraad?

– Jon Merrill

BUITENAARDSE STERRENKUNDIGEN

V. Stel dat er leven is op de dichtstbijzijnde bewoonbare exoplaneet en dat ze daar een technologie hebben die vergelijkbaar is met de onze. Wat zien ze dan, als ze nu naar onze ster kijken?

– **Chuck H.**

A.

Voor een uitgebreider antwoord kunnen we beginnen met...

Radiotransmissie

De film *Contact* populariseerde het idee van buitenaardse wezens die meeluisteren met onze media-uitzendingen. Helaas is die kans vrij klein.

Het probleem is namelijk dat de ruimte erg groot is.

Je kunt hiervoor de natuurkundige kant van de interstellaire radioverzwakking bestuderen.[1] Het probleem wordt echter ook vrij duidelijk als je de economische kant van de situatie bekijkt: als je tv-signaal een andere ster bereikt, is dat weggegooid geld. Een zendinstallatie in bedrijf houden is duur, en de wezens op andere sterren kopen niet de producten van de tv-commercials die de elektriciteitsrekening moeten betalen.

Het volledige plaatje is iets ingewikkelder, maar het komt erop neer dat hoe beter onze technologie is geworden, des te minder radioverkeer er weglekt in de ruimte. We sluiten de zendinstallaties met grote antennes en stappen over op kabel, glasvezel en sterk geconcentreerde mobiele netwerken.

Onze tv-signalen waren misschien enige tijd te ontdekken – met grote inspanning – maar dat tijdperk gaat voorbij. Zelfs aan het eind van de twintigste eeuw, toen we radio en tv gebruikten om op topsterkte de ruimte in te schreeuwen, zwakte het signaal waarschijnlijk na een paar lichtjaar af tot een niet op te merken signaal. De mogelijk bewoonbare exoplaneten die we tot dusver hebben ontdekt, zijn tientallen lichtjaren van ons verwijderd. De kans is dus vrij groot dat ze op dit moment niet onze populaire kreten aan het oefenen zijn.[2]

Maar de tv- en radio-uitzendingen waren nog niet eens het sterkste radiosignaal dat de aarde uitzond. Ze werden overtroffen door de stralen van de detectorradar.

De detectorradar, een product van de Koude Oorlog, bestond uit een aantal stations op de grond en in de lucht in het noordpoolgebied. Deze stations stuurden continu sterke radarstralen door de dampkring, die vaak wegschoten naar de ionosfeer. En men hield de echo's obsessief in de gaten om iets van een vijandelijke beweging op te sporen.[3]

Deze radartransmissies lekten weg in de ruimte, en kunnen waarschijnlijk zijn opgepikt op nabije exoplaneten, als men daar toevallig luisterde op het moment dat de straal langs hun kant van de hemel ging. Maar de technologische vooruitgang die de tv-uitzendmasten overbodig maakte, heeft ook een vergelijkbaar effect op de detectorradar gehad. De systemen van tegenwoordig zijn – waar ze tenminste nog bestaan – veel stiller, en worden uiteindelijk misschien vervangen door een volkomen nieuwe technologie.

---

1 Ik bedoel, als je wilt.
2 Anders dan de claims van sommige onbetrouwbare webstrips.
3 Gedurende het grootste deel van die tijd was ik er nog niet, maar ik heb begrepen dat de sfeer gespannen was.

Het krachtigste radiosignaal van de aarde is afkomstig van de Arecibo-telescoop. Deze gigantische schotel in Puerto Rico kan als een radiozender functioneren, waarbij het signaal wegschiet naar nabije punten als Mercurius en de planetoïdengordel. Het is in wezen een grote zaklantaarn die we over planeten laten schijnen om ze beter te zien. (Dat is net zo gek als het klinkt.)

Maar hij zendt alleen zo nu en dan uit, en in een smalle straal. Als een exoplaneet binnen het bereik van de straal valt, en ze daar toevallig op dat moment een ontvangstantenne op onze hoek van de lucht richten, vangen ze alleen een korte piep van radio-energie op, en dan weer stilte.[4]

Naar alle waarschijnlijkheid pikken buitenaardse wezens die naar de aarde kijken, ons dus niet op met hun radioantennes.

Maar er is ook...

Zichtbaar licht

Dat biedt meer mogelijkheden. De zon is bijzonder helder en verlicht de aarde met zijn licht. Een deel van dat licht wordt teruggekaatst in de ruimte als 'aardelicht'. Een ander deel van dat licht scheert dicht langs onze planeet en gaat door onze dampkring voordat het verder de ruimte in gaat. Deze twee effecten kunnen misschien worden waargenomen op een exoplaneet.

Ze zeggen niet meteen iets over de mensen, maar als je lang genoeg naar de aarde kijkt, kun je aan de hand van de weerkaatsing veel te weten komen over onze dampkring. Je kunt waarschijnlijk achterhalen hoe onze watercyclus werkt, en aan

---

4   Dat is precies wat we zelf ooit hebben meegemaakt in 1977. De herkomst van deze piep (het 'wowsignaal' genoemd) is nooit vastgesteld.

de hand van het zuurstofgehalte van de dampkring krijg je misschien een vermoeden dat er iets vreemds gaande is.

Uiteindelijk komt het duidelijkste signaal van de aarde dus helemaal niet van onszelf. Het kan afkomstig zijn van de algen die in de loop van miljarden jaren de planeet leefbaar hebben gemaakt – en veranderingen hebben aangebracht in de signalen die we de ruimte in zenden.

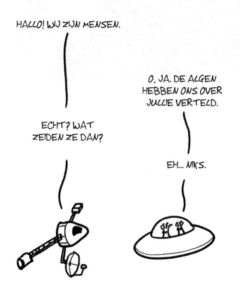

Hé, kijk eens hoe laat het is. We moeten gaan.

Natuurlijk kunnen we een duidelijker signaal uitzenden als we dat willen. Het probleem met een radio-uitzending is dat ze moeten luisteren als het signaal arriveert.

In plaats daarvan kunnen we hen dwingen op te letten. Met ionenmotoren, nucleaire aandrijving of een slim gebruik van de zwaartekracht van de zon kunnen we waarschijnlijk wel een sonde snel genoeg tot buiten ons zonnestelsel sturen om een bepaald nabijgelegen sterrenstelsel in een paar duizend jaar te bereiken. Als we erachter komen hoe we een besturingssysteem kunnen maken dat de reis overleeft (wat een harde noot om te kraken is), kunnen we de sonde vervolgens naar een bewoonde planeet sturen.

Voor een veilige landing moeten we de sonde vertragen. Maar deze vertraging vergt nog meer brandstof. En hé, het ging er toch om dat ze ons zouden opmerken?

Dus misschien krijgen de buitenaardse wezens die naar ons zonnestelsel kijken, het volgende te zien:

GEEN DNA MEER

V. Dit is misschien een beetje akelig,
maar als iemands DNA opeens
verdwijnt, hoelang heeft hij dan
nog te leven?

– **Nina Charest**

A. ALS JE JE DNA KWIJTRAAKT, ben je meteen ongeveer een derde pond lichter.

Een derde pond aan gewicht verliezen

Ik raad deze aanpak niet aan. Er zijn gemakkelijkere manieren om een derde pond te verliezen, zoals:

- Je shirt uittrekken.
- Plassen.
- Je haar knippen (als je lang haar hebt).
- Bloed doneren, het transfusieslangetje afknijpen zodra er 150 milliliter is afgetapt, en weigeren nog meer te laten aftappen.
- Een ballon vol helium met een doorsnede van 1 meter vasthouden.
- Je vingers afsnijden.

Je verliest ook een derde pond aan gewicht als je een reis maakt van de poolstreken naar de tropen. Dat heeft twee oorzaken. Ten eerste, de aarde heeft ongeveer de volgende vorm:

AARDE

(WERKELIJKE GROOTTE)

Als je op de Noordpool staat, ben je 20 kilometer dichter bij het middelpunt van de aarde dan als je op de evenaar staat, en de zwaartekracht is hier dus ook sterker.

Bovendien ben je op de evenaar onderhevig aan een middelpuntvliedende kracht.[1]

WHEEEE!

Het gevolg van deze twee verschijnselen is dat je bij een reis tussen de poolstreken en de tropen ongeveer een half procent van je lichaamsgewicht verliest of erbij krijgt.

De reden dat ik me richt op het lichaamsgewicht, is dat je bij het verlies van je DNA mogelijk het eerst iets merkt van het afgenomen fysieke gewicht. Misschien voel je er iets van – een kleine algehele schokgolf door de lichte samentrekking van elke lichaamscel – maar misschien ook niet.

Als je staat op het moment dat je je DNA verliest, ervaar je misschien een lichte trilling. Als je staat, zijn je spieren namelijk voortdurend bezig om je rechtop te houden. De kracht die door die spiervezels wordt uitgeoefend, verandert niet, maar de massa waaraan ze trekken – je ledematen – wel. Aangezien $F=ma$, treedt bij diverse lichaamsdelen een kleine versnelling op.

Daarna voelt alles weer vrij normaal.

Een poosje.

---

1 Ja, 'middelpuntvliedend'. Ik weet het zeker.

Giftige paddenstoel

Tot nu toe heeft nog nooit iemand al zijn DNA verloren.[2] We weten daarom niet zeker wat de precieze volgorde van de medische gevolgen zal zijn. Maar om een eerste indruk te krijgen, kijken we naar vergiftiging door paddenstoelen.

De *Amanita bisporigera* is een soort paddenstoel die in het oosten van Noord-Amerika voorkomt. Voor deze en verwante soorten heeft men in het Engels veel-zeggend de bijnaam *destroying angel* (engels des doods).

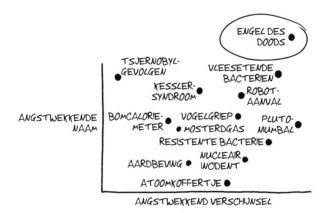

De *Amanita bisporigera* is een kleine, witte, onschuldig ogende paddenstoel die op een champignon lijkt. Als je te horen hebt gekregen, zoals ik, dat je nooit padden-stoelen moet eten die je in het bos hebt gevonden, dan is deze soort de reden daar-voor.[3]

Als je deze giftige paddenstoel eet, voel je je de rest van de dag prima. In de daaropvolgende nacht, of de volgende ochtend, krijg je cholera-achtige symptomen: overgeven, buikpijn en ernstige diarree. Daarna voel je je weer beter.

Op het moment dat je je beter begint te voelen, is de schade waarschijnlijk on-herstelbaar. De *Amanita*-paddenstoelen bevatten amatoxine, dat zich verbindt met een enzym dat wordt gebruikt om informatie van het DNA af te lezen. Het hindert de werking van het enzym, waardoor het proces wordt verstoord waarbij nieuwe lichaamscellen de DNA-instructies volgen.

De amatoxine veroorzaakt onherstelbare schade aan alle cellen waarin het op-

---

2 Ik kan hiervoor geen bewijs aanvoeren, maar ik heb zo'n idee dat we erover gehoord zouden hebben.

3 Er zijn diverse *Amanita*-soorten in Amerika en Europa (zoals ook de kleverige knolamaniet) en ze zijn verantwoordelijk voor veruit het grootste deel van de dodelijke paddenstoelvergif-tigingen.

duikt. Dat is een kwalijke zaak omdat het grootste deel van je lichaam uit cellen is opgebouwd.[4] De directe aanleiding voor de dood is meestal een lever- of nierfalen, omdat dit de eerste gevoelige organen zijn waarin het gif zich ophoopt. Soms kan een patiënt worden gered door intensive care en een levertransplantatie, maar veel mensen die *Amanita*-paddenstoelen hebben gegeten, komen te overlijden.

Het angstaanjagende van de *Amanita*-vergiftiging is de 'wandelende geest'-fase – de periode waarin je je prima voelt (of beter lijkt te worden), terwijl je lichaamscellen een onherstelbare en dodelijke schade oplopen.

Dit patroon is typerend voor DNA-schade, en de kans is groot dat we iets dergelijks ook aantreffen bij iemand die zijn of haar DNA kwijt is.

De situatie wordt nog duidelijker door twee andere voorbeelden waarbij DNA-schade optreedt: chemotherapie en straling.

Chemotherapie en radiotherapie

De medicijnen voor chemotherapie zijn botte instrumenten. Sommige zijn scherper op hun doelwit gericht dan andere, maar vele onderbreken eenvoudigweg de algemene celdeling. Toch doodt men hiermee vooral kankercellen, en brengt men niet de patiënt en de kankercellen in gelijke mate schade toe. Dat komt doordat de celdeling van de kankercellen continu voortgaat, terwijl die bij de meeste normale cellen slechts zo nu en dan optreedt.

Bij sommige menselijke cellen gaat de celdeling wél voortdurend door. De cellen met de snelste celdeling komen voor in het beenmerg, de fabriek waar bloed wordt geproduceerd.

Beenmerg neemt ook een centrale plaats in het menselijk immuunsysteem in. Zonder beenmerg verliezen we het vermogen witte bloedcellen te produceren, en

---

4 Als bewijs daarvoor heb ik een van je vrienden gevraagd tijdens je slaap met een microscoop je kamer binnen te gaan om het te controleren.

stort ons immuunsysteem in elkaar. Chemotherapie brengt zodoende schade aan het immuunsysteem toe, waardoor kankerpatiënten kwetsbaar zijn voor een infectie.[5]

Er zijn ook andere lichaamscellen met een snelle celdeling. De haarzakjes en de maagwand hebben ook een celdeling die continu voortgaat. Daarom kan chemotherapie haarverlies en misselijkheid veroorzaken.

Doxorubicine, een van meest gebruikte en krachtigste geneesmiddelen voor een chemotherapie, werkt door willekeurige segmenten van het DNA met elkaar te verbinden om er een kluwen van te maken. Het is zoiets als wat superlijm op een bol garen druppelen. Het bindt het DNA samen tot een nutteloze warboel.[6] De eerste bijwerkingen van doxorubicine, in de begindagen van de behandeling, zijn misselijkheid, overgeven en diarree. Dat is ook wel logisch, want het geneesmiddel doodt cellen in het spijsverteringskanaal.

Het verlies van het DNA veroorzaakt een vergelijkbaar afsterven van lichaamscellen, en waarschijnlijk vergelijkbare symptomen.

Straling

Grote doses gammastraling brengen ook schade toe door aantasting van je DNA. Stralingsziekte is waarschijnlijk wat in het echte leven het dichtst bij Nina's scenario komt. De cellen met de grootste gevoeligheid voor straling zijn net als bij chemotherapie die van je beenmerg, gevolgd door die in je spijsverteringskanaal.[7]

Stralingsziekte heeft net als de vergiftiging door *Amanita*-paddenstoelen een latente periode, een 'wandelende geest'-fase. In deze periode functioneert het lichaam nog wel, maar er kunnen geen nieuwe eiwitten worden geproduceerd en het immuunsysteem stort in.

In gevallen van ernstige stralingsziekte is de ineenstorting van het immuunsysteem de voornaamste doodsoorzaak. Zonder een voorraad witte bloedcellen kan het lichaam geen infecties bestrijden, en kunnen gewone bacteriën het lichaam binnendringen en ongeremd voortwoekeren.

---

5 Immuniteitversterkers als pegfilgrastim (Neulasta) maken een herhaalde toepassing van chemotherapie veiliger. Ze stimuleren de productie van witte bloedcellen door het lichaam te laten denken dat er een grote E. coli-infectie is uitgebroken die het moet bestrijden.

6 Al is er wel een klein verschil. Als je superlijm op katoendraad druppelt, vliegt het in brand.

7 Een extreem hoge dosis straling doodt mensen al snel, maar niet vanwege schade aan het DNA. De barrière tussen bloed en hersenen wordt aangetast, wat leidt tot een snelle dood als gevolg van een hersenbloeding.

Het eindresultaat

Het verlies van je DNA resulteert hoogstwaarschijnlijk in buikpijn, misselijkheid, duizeligheid, een snelle ineenstorting van je immuunsysteem. Binnen enkele dagen of uren ben je dood als gevolg van een systemische infectie of een algeheel orgaanfalen.

Aan de andere kant heeft het ook een voordeel. Als we ooit terechtkomen in een dystopische toekomst waarin een orwelliaanse overheid onze genetische informatie verzamelt en gebruikt om onze handel en wandel bij te houden en ons te overheersen...

... ben jij onzichtbaar.

INTERPLANETAIRE CESSNA

V. Wat gebeurt er als je met een gewoon vliegtuig van de aarde boven verschillende hemellichamen in het zonnestelsel vliegt?

– Glen Chiacchieri

. . . .

A. DIT IS ONS VLIEGTUIG:[1]

BRANDSTOFTANKS GEVULD
MET LITHIUM-ION-ACCU'S
(5-10 MIN. WERKINGSDUUR)

ELEKTRISCHE
MOTOR

We moeten gebruikmaken van een elektrische motor omdat benzinemotoren alleen werken in een omgeving met groene planten. In werelden zonder planten blijft de zuurstof niet in de lucht, maar verbindt zich met andere elementen tot dingen als kooldioxide en roest. Planten gaan dit proces tegen door de zuurstof er weer uit te halen en terug in de lucht te pompen. Motoren hebben zuurstof in de lucht nodig om te draaien.[2]

Dit is onze piloot:

KOM OP!   NEEEE

---

1   De Cessna 172 Skyhawk, waarschijnlijk het meest gangbare vliegtuig ter wereld.
2   Onze brandstof wordt zelf bovendien ook gemaakt van oeroude planten.

Dit gebeurt er als ons vliegtuig wordt gelanceerd boven het oppervlak van de 32 grootste hemellichamen in ons zonnestelsel.

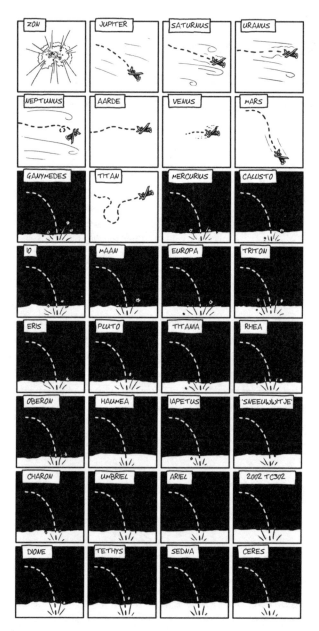

In de meeste gevallen is er geen atmosfeer, en valt het vliegtuig meteen op de grond. Als het vliegtuig wordt gedropt op een afstand van 1 kilometer of minder, verloopt de crash zo langzaam dat de piloot het kan overleven, al geldt dat waarschijnlijk niet voor de uitrusting die hem in leven moet houden.

Er zijn negen hemellichamen in ons zonnestelsel met een atmosfeer die dicht genoeg is om van belang te zijn: de aarde natuurlijk, Mars, Venus, de vier gasreuzen, Saturnus' maan Titan en de zon. We gaan eens kijken wat er bij elk van deze met een vliegtuig gebeurt.

De zon: hier gaat het ongeveer zoals je zou verwachten. Als het vliegtuig zo dicht bij de zon wordt gebracht dat de atmosfeer merkbaar is, wordt het in minder dan een seconde volledig verdampt.

Mars: om te zien wat er met ons vliegtuig op Mars gebeurt, maken we gebruik van X-Plane.

X-Plane is de meest geavanceerde vliegsimulator ter wereld. Het apparaat is het product van twintig jaar obsessieve arbeid door een enthousiaste luchtvaartdeskundige en een groep supporters.[3] Het simuleert feitelijk de stroming van de lucht over elk onderdeel van een vliegtuig tijdens de vlucht. Dat maakt het tot een waardevol onderzoeksinstrument, omdat het accuraat splinternieuwe vliegtuigmodellen kan simuleren... en nieuwe omgevingen.

Als je de configuratie van X-Plane wijzigt om de zwaartekracht te verlagen, de atmosfeer te verdunnen en de straal van de planeet te verkleinen, kan het een vlucht op Mars simuleren.

X-Plane laat ons weten dat vliegen op Mars moeilijk is, maar niet onmogelijk. Dat weet NASA ook, en men heeft overwogen Mars te verkennen met een vliegtuig. Het lastige is dat er zo weinig atmosfeer is, waardoor je er heel snel moet gaan om een opwaartse kracht te krijgen. Je moet al bijna Mach 1 benaderen om van de grond los te komen, en als je eenmaal in beweging bent, heb je te kampen met zo veel inertie dat je moeilijk van koers kunt veranderen. Als je wilt omdraaien, begint je vliegtuig te roteren en gaat het verder in de oorspronkelijke richting. De ontwerper van X-Plane vergeleek het besturen van een vliegtuig op Mars met vliegen in een supersonische oceaanstomer.

Onze Cessna 172 kan dit niet aan. Als het vliegtuig wordt gelanceerd op 1 kilometer hoogte, kan het niet genoeg snelheid opbouwen om uit een duik op te trekken, en graaft het zich in het stof van Mars met een snelheid van 60 meter per seconde (216 kilometer per uur). Als het op een afstand van 4 of 5 kilometer wordt gedropt, kan het genoeg snelheid opbouwen om op te trekken tot een glijvlucht

---

3   Die de caps lock-toets veel gebruiken als ze het over vliegtuigen hebben.

met ruim de helft van de snelheid van het geluid. De landing kan niet worden overleefd.

Venus: helaas is X-Plane niet in staat de helse omgeving nabij het oppervlak van Venus te simuleren. Maar de natuurkundige berekeningen geven wel een idee van wat vliegen daar zou inhouden. Het komt erop neer dat je toestel vrij goed vliegt, maar de hele tijd in brand staat, en dan stopt met vliegen, en dan stopt met een vliegtuig te zijn.

De atmosfeer van Venus is meer dan 60 keer zo dicht als die van de aarde. Dat is zo dicht dat de Cessna al met de snelheid van een jogger van de grond los komt. Helaas is de lucht er heet genoeg om lood te laten smelten. De verf bladdert in een paar seconden af, de diverse componenten van het vliegtuig functioneren binnen de kortste keren niet meer, en het toestel glijdt zachtjes naar de grond terwijl het uiteenvalt onder druk van de hitte.

Een betere kans biedt een vlucht boven de wolken. Ook al is Venus aan de oppervlakte vreselijk, in de hogere regionen van de atmosfeer lijkt het verrassend veel op de aarde. Op een hoogte van 55 kilometer kan een mens in leven blijven met een zuurstofmasker en een beschermende wetsuit; de lucht is op kamertemperatuur en de druk is vergelijkbaar met die op de bergen van de aarde. De wetsuit heb je wel echt nodig om je te beschermen tegen het zwavelzuur.[4]

Dat zwavelzuur is geen pretje, maar het blijkt dat de streek boven de wolken een geweldige omgeving voor een vliegtuig is, zolang het geen metaal heeft dat wordt blootgesteld aan de wegvretende werking van het zwavelzuur. En in staat is in een aanhoudende wind van categorie-5-orkaankracht te vliegen: dat vergat ik eerder te vermelden.

Venus is een vreselijk oord.

Jupiter: onze Cessna kan niet vliegen op Jupiter; de zwaartekracht is te sterk. Het vermogen dat nodig is om in een rechte lijn te vliegen is bij de zwaartekracht van Jupiter driemaal zo groot als op aarde. Als we beginnen bij een aangename druk van zeeniveau, accelereren we door de wervelende winden heen tot een snelheid van 275 meter per seconde (990 kilometer per uur), glijden steeds verder omlaag door lagen van ammoniakijs en waterijs totdat wij en het vliegtuig worden geplet. Er is geen oppervlakte waarop we te pletter slaan; Jupiter gaat soepeltjes over van gas naar vloeistof terwijl je steeds dieper wegzinkt.

Saturnus: het plaatje is hier iets vriendelijker dan op Jupiter. Dankzij de minder sterke zwaartekracht – die niet veel verschilt van die op aarde – en de iets dichtere (maar nog steeds dunne) atmosfeer kunnen we het iets langer volhouden voordat

---

4 Dit breng ik misschien niet zo goed.

INTERPLANETAIRE CESSNA | 159

we ten prooi vallen aan de kou of de sterke wind, en we hetzelfde lot als op Jupiter ondergaan.

Uranus: op deze vreemde, blauwachtige bol staan sterke winden en heerst een bittere kou. Van de gasreuzen is Uranus het vriendelijkst voor onze Cessna, en je kunt er waarschijnlijk even vliegen. Maar het is eigenlijk een planeet zonder eigenschappen, dus waarom zou je dat willen?

Neptunus: als je dan toch rond moet vliegen boven een van de ijsreuzen, dan kan ik Neptunus aanraden boven Uranus.[5] Hij heeft tenminste enkele wolken die je kunt bewonderen voordat je doodvriest of het toestel uit elkaar valt door de turbulentie.

Titan: we hebben het beste voor het laatst bewaard. Als het op vliegen aankomt, is Titan misschien wel beter dan de aarde. De atmosfeer is dicht, maar de zwaartekracht is zwak, met een oppervlaktedruk die slechts 50 procent hoger is dan op aarde in een lucht die viermaal zo dicht is. Zijn zwaartekracht – lager dan die op de maan – maakt vliegen gemakkelijk. Onze Cessna kan in een fietstempo van de grond los komen.

Mensen kunnen in feite op Titan vliegen op hun spierkracht. Een deltavlieger kan soepeltjes opstijgen en rondzweven met gebruikmaking van vergrote zwemvliezen voor de aansturing, of zelfs opstijgen door met kunstmatige vleugels te wapperen. De vereisten aan het vermogen zijn minimaal – waarschijnlijk kost het niet meer inspanning dan wandelen.

Het nadeel (er is altijd een nadeel) is de kou. Op Titan is het 72 Kelvin, wat zo ongeveer de temperatuur is van vloeibare stikstof. Te oordelen naar enkele vereisten voor de verwarming in lichte vliegtuigen, schat ik dat de cabine van een Cessna op Titan waarschijnlijk met 2 graden per minuut afkoelt.

Het voordeel van de accu's is dat ze zichzelf iets langer warm houden, maar uiteindelijk heeft het toestel geen warmte meer en valt te pletter. De Huygens-sonde, die met bijna lege accu's afdaalde, nam fascinerende foto's gedurende de neergang, en viel pas na een paar uur aan de oppervlakte ten prooi aan de kou. Hij had genoeg tijd om een foto na de landing te sturen – de enige die we hebben van het oppervlak van een hemellichaam dat verder van ons verwijderd is dan Mars.

Als mensen zich met kunstmatige vleugels uitrusten om te vliegen, kan er een Titaanse

---

5 Onder het motto dat hij iets blauwer is.

versie van het Icarus-verhaal ontstaan: onze vleugels bevriezen, vallen uit elkaar, en we tuimelen onze dood tegemoet.

Maar ik heb het Icarus-verhaal nooit gezien als een les over de beperkingen van de mens. Ik zie het als een les over de beperkingen van was als kleefstof. De kou op Titan is alleen maar een ingenieursprobleem. Met de juiste aanpassingen en de juiste warmtebronnen kan een Cessna 172 op Titan vliegen – en wij ook.

V. Wat is de totale voedingswaarde
(calorieën, vet, vitaminen, mineralen, enzovoort)
van het gemiddelde mensenlichaam?

– Justin Risner

V. Welke temperatuur moet een kettingzaag
(of een ander snijapparaat) hebben om meteen
de verwondingen dicht te schroeien die ermee
zijn toegebracht?

– Sylvia Gallagher

YODA

V. Hoeveel energie kan Yoda met zijn Kracht leveren?

– Ryan Finnie

A. IK GA UITERAARD VOORBIJ AAN de prequels.

Yoda's grootste vertoon van pure kracht in de oorspronkelijke trilogie was te zien toen hij de X-Wing van Luke uit het moeras tilde. Wat betreft de fysieke verplaatsing van objecten was dit veruit de grootste toepassing van energie door de Kracht die we van iemand in de trilogie zagen.

De energie die nodig is om een object tot een bepaalde hoogte op te tillen is gelijk aan de massa van het object maal de zwaartekracht maal de hoogte tot waar het wordt opgetild. De scène met de X-Wing stelt ons in staat een ondergrens te bepalen voor een piek in de output van Yoda.

Eerst moeten we weten hoe zwaar het voertuig was. De massa van de X-Wing is nooit officieel vastgesteld, maar hij heeft een lengte van 12,5 meter. Een F-22 is 19 meter lang en weegt 19.700 kilo. Als we dit omlaagschalen, krijgen we een schatting voor de X-Wing van ruim 5 ton.

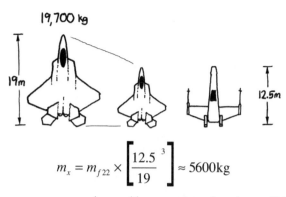

$$m_x = m_{f22} \times \left[\frac{12.5}{19}\right]^3 \approx 5600\text{kg}$$

Vervolgens moeten we weten hoe snel het voertuig omhoogkwam. Ik heb de opname van de scène bekeken en getimed hoelang het proces duurde waarbij de X-Wing uit het water oprees.

Het voorste landingsgestel rijst uit het water omhoog in ongeveer 3,5 seconden, en ik schat dat het ongeveer 1,4 meter lang is (op basis van een scène in *A New Hope* waarin een bemanningslid zich erlangs wringt). Dat betekent dat de X-Wing omhoogkomt met een snelheid van 0,39 meter per seconde.

Tot slot moeten we de zwaartekracht op Dagobah weten. Ik vermoed dat ik hierop vastloop, want voor veel scifi-fans mag het dan een obsessie zijn, het is niet erg waarschijnlijk dat er een catalogus bestaat met geofysische gegevens van elke planeet die in *Star Wars* wordt aangedaan. Toch?

Nee. Ik heb de fans onderschat. Wookieepeedia heeft juist zo'n catalogus, en laat ons weten dat de zwaartekracht aan de oppervlakte van Dagobah 0,9 G is. In combinatie met de massa van de X-Wing en de tilsnelheid krijgen we dan als piek in de output van Yoda:

$$\frac{5600\text{kg} \times 0.9\text{g} \times 1.4 \text{ meters}}{3.6 \text{ seconds}} = 19.2\text{kW}$$

Dat is genoeg om een huizenblok in een buitenwijk van stroom te voorzien. Het staat ook gelijk aan zo'n 25 pk, wat ongeveer het vermogen is van de motor in het elektrische model van de Smart Car.

Met de huidige elektriciteitstarieven zou Yoda ongeveer 2 dollar per uur waard zijn.

Maar telekinese is slechts een van de uitingsvormen van de Kracht. Hoe zit het met de bliksem waarmee de keizer Luke bestookt? De fysieke aard ervan wordt nooit duidelijk gemaakt, maar een Tesla-spoel die iets vergelijkbaars te zien geeft, heeft als gauw 10 kilowatt nodig – waarmee de keizer ruwweg op gelijke voet met Yoda komt. (Een Tesla-spoel gebruikt doorgaans veel korte pulsen. Als de keizer een langdurige boog in stand houdt, zoals bij booglassen, kan het vermogen al gauw een paar megawatt bedragen.)

En hoe zit het met Luke? Ik heb de scène bekeken waarin hij zijn ontluikende Kracht aanwendt om zijn lichtzwaard uit de sneeuw te rukken. De getallen zijn hier moeilijker in te schatten, maar ik heb het frame na frame bekeken en kwam uit op een schatting van 400 watt als piek in zijn output. Dat is maar een fractie van de 19 kilowatt van Yoda, en die hield het ook maar een fractie van een seconde vol.

Dus Yoda lijkt onze beste energiebron te zijn. Met een mondiale elektriciteits-consumptie van 2 terawatt zijn er wel honderd miljoen Yoda's nodig om aan onze behoefte te voldoen. Al met al is overschakelen op Yoda-energie misschien niet de moeite waard – al zou die vast en zeker groen zijn.

STATEN OM OVERHEEN TE VLIEGEN

V. Wat is de Amerikaanse staat waar het
meest overheen wordt gevlogen?

– **Jesse Ruderman**

A. WANNEER MENSEN HET HEBBEN over 'staten waar je overheen vliegt', bedoelen ze meestal de grote, vierkante staten in het westen die je doorgaans passeert op een reis tussen de steden New York, Los Angeles en Chicago.

Maar wat is de staat waar feitelijk de meeste vliegtuigen overheen vliegen? Er zijn veel noord-zuidvluchten langs de oostkust. Het lijkt dan ook aannemelijk dat mensen vaker over de staat New York vliegen dan over Wyoming.

Om te bepalen wat de echte staten zijn waar veel overheen wordt gevlogen, heb ik meer dan 10.000 vluchtroutes bekeken om vast te stellen over welke staten ze gingen.

Als de staat waar de meeste vliegtuigen overheen vliegen – zonder vertrek of landing – kwam tot mijn verrassing uit de bus...

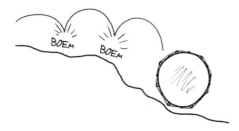

...Virginia.

Ik was echt verrast. Ik ben opgegroeid in Virginia, en ik had het nooit beschouwd als een 'staat waar je overheen vliegt'.

Het is verrassend omdat Virginia enkele grote luchthavens heeft; twee van de luchthavens die Washington DC bedienen, liggen feitelijk in Virginia: Ronald Reagan National Airport (DCA) en Dulles International Airport (IAD). Dat betekent dat de meeste vluchten naar Washington DC niet tellen als vluchten over Virginia, omdat ze landen in Virginia.

Hier is een kaart waarin de Amerikaanse staten zijn ingekleurd naar het aantal dagelijkse vluchten dat eroverheen gaat:

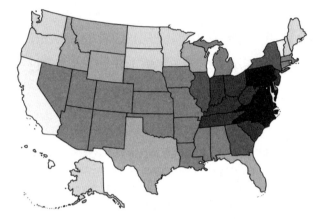

Dicht achter Virginia zitten Maryland, North Carolina en Pennsylvania. Deze staten hebben aanzienlijk meer vluchten over hun grondgebied dan de andere.

Maar waarom Virginia?

Er speelt een aantal factoren, maar een van de belangrijkste is Hartsfield-Jackson Atlanta International Airport.

De luchthaven van Atlanta is de drukste ter wereld, met meer passagiers en vluchten dan Beijing, Londen, Tokio, Chicago of Los Angeles (de volgende vijf drukste). Het is de belangrijkste overstapluchthaven van Delta Air Lines, tot voor kort de grootste luchtvaartmaatschappij ter wereld, wat betekent dat passagiers op een vlucht van Delta vaak overstappen in Atlanta.

Dankzij het grote aantal vluchten van Atlanta naar het noordoosten van de Verenigde Staten gaat 20 procent van alle Atlanta-vluchten over Virginia en gaat 25 procent over North Carolina, wat aanzienlijk bijdraagt aan het totale aantal vluchten voor beide staten.

Maar Atlanta levert niet eens het grootste aandeel in het totaal voor Virginia. De luchthaven met de meeste vluchten over Virginia was opnieuw een verrassing.

Toronto Pearson International Airport (YYZ) lijkt in eerste instantie geen aannemelijk startpunt voor vluchten over Virginia, maar de grootste luchthaven van Canada draagt meer vluchten over Virginia bij dan de luchthavens John F. Kennedy (JFK) en LaGuardia (LGA) van New York samen.

De reden voor deze belangrijke plaats van Toronto is deels dat het veel rechtstreekse vluchten naar het Caraïbisch gebied en Zuid-Amerika heeft die onderweg over Amerikaans grondgebied vliegen.[1] Bovendien is Toronto niet alleen het belangrijkste startpunt voor vluchten over Virginia, maar ook voor vluchten over West Virginia, Pennsylvania en de staat New York.

Op deze kaart is van elke staat te zien welke luchthaven het startpunt voor de meeste vluchten eroverheen is:

De verhouding tussen vluchten over en naar

Een andere definitie van 'staat waar je overheen vliegt' kan zich richten op de verhouding tussen het aantal vluchten over een staat en het aantal vluchten naar een staat. Zo bezien, zijn de staten waar je overheen vliegt gewoon de dunstbevolkte staten. In de top tien staan dan heel voorspelbaar Wyoming, Alaska, Montana, Idaho, North Dakota en South Dakota.

---

1   Een aardige bijkomstigheid is dat Canada, anders dan de Verenigde Staten, een uitgebreide commerciële vliegverbinding met Cuba heeft.

De staat met het hoogste cijfer voor de verhouding vlucht-over-vlucht-naar is echter wel een verrassing: Delaware.

Na een beetje onderzoek kwam een onmiskenbare reden naar voren: Delaware heeft geen luchthavens.

Nu is dat niet helemaal waar. Delaware heeft wel een aantal vliegvelden, waaronder Dover Air Force Base (DOV) en New Castle Airport (ILG). New Castle Airport is het enige dat in aanmerking komt als commerciële luchthaven, maar sinds de sluiting van Skybus Airlines in 2008 heeft het geen luchtvaartmaatschappijen als gebruiker.[2]

Staten waar het minst overheen wordt gevlogen

De staat waar het minst overheen wordt gevlogen is Hawaï, en dat lijkt wel logisch. Het bestaat uit een aantal kleine eilanden midden in de grootste oceaan op aarde; je moet goed mikken om in de buurt te komen.

Van de 49 niet-eilandstaten is Californië de staat waar het minst overheen wordt gevlogen.[3] Dat is wel weer een verrassing, want Californië is een smal, langgerekt gebied, en je zou denken dat veel vluchten over de Grote Oceaan ook over Californië gaan.

Maar sinds de met brandstof geladen vliegtuigen als wapens werden ingezet voor de aanslagen van 9/11, beperkt de Federal Aviation Administration (FAA) het aantal onnodige vluchten met veel brandstof boven Amerikaans grondgebied. De meeste internationale reizigers die anders over Californië heen zouden vliegen, stappen nu voor een aansluitende vlucht over op een van de luchthavens in die staat.

Staten waar onderlangs wordt gevlogen

Tot slot proberen we een iets vreemdere vraag te beantwoorden: wat is de Amerikaanse staat waar het meest onderlangs wordt gevlogen? Dat wil zeggen, welke staat heeft de meeste vluchten aan de andere kant van de aarde die onder zijn grondgebied door vliegen?

Dat blijkt Hawaï te zijn.

Dat zo'n kleine staat wint in deze categorie, heeft te maken met het feit dat het grootste deel van de Verenigde Staten tegenover de Indische Oceaan ligt, waar

---

2 Hierin is verandering gekomen in 2013. Frontier Airlines vliegt nu tussen New Castle Airport en Fort Myers in Florida. Dit is nog niet meegenomen in mijn gegevens, en het is mogelijk dat Delaware door Frontier op de lijst gaat zakken.
3 Dit is met inbegrip van Rhode Island, ook al lijkt dat verkeerd.

slechts weinig commerciële vluchten overheen gaan. Hawaï ligt echter tegenover Botswana in het centrale deel van Afrika. In vergelijking met andere continenten gaat er geen groot aantal vluchten over Afrika, maar het is genoeg om Hawaï de eerste plaats te bezorgen.

Arm Virginia

Het is voor mij, als iemand die in Virginia is opgegroeid, wel even slikken dat het de staat is waar het meest overheen wordt gevlogen. Als ik thuis bij mijn familie op bezoek ben, zal ik proberen eraan te denken om zo nu en dan even omhoog te kijken en te zwaaien.

(En als je op vlucht 104 van Arik Air zit, van Johannesburg in Zuid-Afrika naar Lagos in Nigeria – dagelijkse vlucht, vertrek 9.35 uur – vergeet dan niet omlaag te kijken en *Aloha!* te zeggen.)

EEN VAL MET HELIUM

V. Wat als ik uit een vliegtuig spring met een paar tanks helium en een grote, niet-opgeblazen ballon? Tijdens mijn val laat ik het helium in de ballon stromen. Hoelang moet een val duren om dankzij de vertraging door de ballon veilig te kunnen landen?

– Colin Rowe

A. HET MAG DAN WAT belachelijk klinken, het is in zekere zin wel mogelijk.

Een val van grote hoogte is gevaarlijk. Een ballon kan je inderdaad helpen om veilig te landen, maar dat lukt duidelijk niet met het gewone helium van feestjes.

Als de ballon groot genoeg is, heb je het helium trouwens niet eens nodig. De ballon fungeert als parachute en vertraagt je val tot een niet-dodelijke snelheid. Het vermijden van een landing op hoge snelheid is waar het om gaat als je wilt overleven. Een medisch artikel zegt hierover:

Het spreekt uiteraard voor zich dat de snelheid, of de hoogte van de val, op zich niet schadelijk is [...] maar een hoge graad in de verandering van snelheid, zoals die zich voordoet na een val van tien verdiepingen op het beton, is een andere zaak.

In zoveel woorden zeg je dan gewoon hetzelfde als het oude gezegde: 'Vallen is niet erg, neerkomen is het probleem.'

De ballon kan als parachute dienen, als hij – gevuld met lucht in plaats van helium – een doorsnede van 10 tot 20 meter heeft. Daarmee is hij veel te groot om met draagbare tanks te vullen. Met een krachtige ventilator kun je hem vullen met lucht uit de omgeving, maar in dat geval kun je eigenlijk net zo goed gewoon een parachute gebruiken.

Helium

Helium maakt de zaken gemakkelijker.

Je hebt niet al te veel ballonnen met helium nodig om iemand op te tillen. In 1982 vloog Larry Walters over Los Angeles in een leunstoel die werd opgetild door weerballonnen, waarbij hij uiteindelijk een hoogte bereikte van enkele kilometers. Toen hij in het luchtruim van het vliegveld van Los Angeles (LAX) kwam, zette hij de daling in door een paar ballonnen lek te schieten met een jachtgeweer.

Bij de landing werd Walters gearresteerd, ook al hadden de autoriteiten moeite om te bepalen wat ze hem ten laste moesten leggen. Destijds zei een veiligheidsfunctionaris van de Federal Aviation Administration (FAA) tegen *The New York Times*: 'We weten dat hij een of ander onderdeel van de luchtvaartwet heeft overtreden, en zodra we hebben vastgesteld welk onderdeel dat is, wordt er een aanklacht tegen hem ingediend.'

Een betrekkelijk kleine heliumballon – zeker kleiner dan een parachute – is voldoende om je val af te remmen, maar hij moet nog steeds erg groot zijn in vergelijking met een feestballon. De grootste heliumtanks die aan consumenten worden verhuurd, zijn ruim 7000 liter. Daarvan moet je er ten minste tien hebben om een ballon te vullen die je gewicht kan dragen.

Dat moet ook snel gebeuren. De cilinders met samengeperst helium zijn glad en vaak erg zwaar, wat betekent dat ze een hoge eindsnelheid hebben. Je hebt slechts een paar minuten om alle cilinders te legen. (Zodra je een cilinder hebt geleegd, kun je die laten vallen.)

Dit probleem kun je niet oplossen door op een hoger punt te starten. Zoals we bij het steakincident hebben gezien, is de lucht boven in

de atmosfeer vrij dun. Daardoor krijgt alles wat vanuit de stratosfeer of hoger valt, een zeer hoge snelheid totdat het een punt lager in de atmosfeer bereikt, waarna het de rest van de weg langzamer valt. Dat geldt voor alles van kleine meteoren tot Felix Baumgartner.[1]

Maar als je de ballonnen snel opblaast, mogelijk door enkele tanks tegelijk aan te sluiten, kun je je val vertragen. Gebruik alleen niet te veel helium, want dan blijf je net als Larry Walters op 5 kilometer hoogte zweven.

Bij mijn onderzoek voor dit antwoord wist ik mijn exemplaar van Mathematica een paar keer vast te laten lopen op differentiële vergelijkingen in verband met ballonnen, waarna mijn IP-adres door Wolfram|Alpha werd uitgesloten omdat ik te veel verzoeken had ingediend. In het aanvraagformulier om de ban op te heffen moest ik uitleggen wat voor taak ik uitvoerde dat ik zoveel vragen nodig had. Ik schreef: 'Berekenen hoeveel huurtanks met helium je mee moet nemen om een ballon op te blazen die groot genoeg is om als parachute te dienen en je val uit een straalvliegtuig te vertragen.'

Sorry, Wolfram.

---

1 Toen ik voor deze kwestie onderzoek deed naar impactsnelheden, stuitte ik op een discussie op het Straight Dope Message Board over valhoogten die je kunt overleven. Iemand vergeleek een val van enige hoogte met een aanrijding door een bus. Iemand anders, een patholoog-anatoom, antwoordde dat dit een slechte vergelijking was:

'Bij een aanrijding door een auto worden de meeste mensen niet overreden, maar "onderreden". De onderste delen van de benen breken, waarna ze door de impact de lucht in worden geslingerd. Meestal belanden ze met een klap op de motorkap van de auto, waarbij ze vaak met de achterkant van hun hoofd tegen de voorruit slaan, en een "ster" in het raam veroorzaken, mogelijk met achterlating van enkele haren in het glas. Daarna gaan ze over het dak van de auto heen. Ze leven nog steeds, zij het met gebroken benen en misschien hoofdpijn van de niet-dodelijke klap tegen de voorruit. Ze gaan pas dood als ze de grond raken. Ze sterven aan een hoofdwond.'

De les: klooi niet met pathologen-anatomen. Ze winden er geen doekjes om.

IEDEREEN WEG

V. Is er genoeg energie om de hele huidige bevolking van de planeet te verhuizen?

– Adam

A. ER ZIJN VERSCHEIDENE SCIENCEFICTIONFILMS waarin de mensheid vanwege milieuvervuiling, overbevolking of een atoomoorlog de aarde verlaat.

Maar mensen de ruimte in brengen is moeilijk. Als er geen grote vermindering in het bevolkingsaantal optreedt, is het dan fysiek mogelijk alle mensen naar de ruimte te lanceren? We maken ons even niet druk over de vraag waar we heen gaan – we nemen aan dat we geen nieuw thuis hoeven te vinden, maar beslist niet hier kunnen blijven.

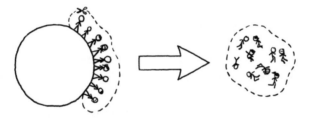

Om te bepalen of dit mogelijk is, beginnen we met een absoluut basisvereiste voor de energie: 4 gigajoule per persoon. Ongeacht hoe we het doen, of we raketten gebruiken, een kanon, een ruimtelift of een ladder, de verplaatsing van een persoon van 65 kilo – of elk willekeurig object van 65 kilo – tot buiten de zwaartekracht van de aarde vereist minstens die hoeveelheid energie.

Hoeveel is 4 gigajoule? Het is ongeveer een megawatt-uur, de hoeveelheid elektriciteit die een gemiddeld Amerikaans gezin in twee maanden verbruikt. Het is gelijk aan de hoeveelheid opgeslagen energie in 90 kilo benzine of een bestelbusje vol AA-batterijen.

Die 4 gigajoule maal zeven miljard mensen geeft een totaal van $2,8 \times 10^{18}$ joule, ofwel 8 petawatt-uur. Dat is ongeveer 5 procent van de mondiale energieconsumptie per jaar. Dat is veel, maar niet fysiek onmogelijk.

Maar 4 gigajoule is slechts het minimum. In de praktijk hangt alles af van ons middel van vervoer. Als we bijvoorbeeld raketten gebruiken, hebben we veel meer energie nodig. Dat komt door een fundamenteel probleem met raketten: ze moeten hun eigen brandstof meevoeren.

We gaan even terug naar die 90 kilo aan benzine (ongeveer 125 liter), omdat we daarmee dit cruciale probleem in de ruimtevaart kunnen illustreren.

Als we een ruimteschip van 65 kilo willen lanceren, hebben we een hoeveelheid energie nodig van ongeveer 90 kilo brandstof. We laden die brandstof aan boord... en nu weegt ons ruimteschip 155 kilo. Voor een ruimteschip van 155 kilo hebben we 215 kilo brandstof nodig, en dus laden we nog eens 125 kilo aan boord...

Daarmee zitten we gevangen in een spiraal waarbij we voor elke toegevoegde kilo steeds 1,3 kilo brandstof moeten toevoegen. Gelukkig kunnen we ons hieraan onttrekken dankzij het feit dat we die brandstof niet de hele reis omhoog hoeven mee te voeren. We verbranden het onderweg, en dus worden we steeds lichter, wat betekent dat we steeds minder brandstof nodig hebben. Maar we moeten die brandstof wel voor een deel van de reis meevoeren. De formule voor de hoeveelheid drijfgas die we moeten verbranden om ons met een bepaalde snelheid voort te bewegen is gegeven in de raketvergelijking van Tsiolkovski:

$$\Delta v = v_{\text{uitstoot}} \ln \frac{m_{\text{start}}}{m_{\text{eind}}}$$

m_{start} en m_{eind} zijn de totale massa van het ruimteschip plus de brandstof voor en na de verbranding, v_{uitstoot} is de 'snelheid van uitgestoten massa' van de brandstof, een getal dat voor raketbrandstoffen ergens tussen 2,5 en 4,5 kilometer per seconde ligt.

Belangrijk is de verhouding tussen v, de snelheid die we willen halen, en v_{uitstoot}, de snelheid waarmee het drijfgas onze raket verlaat. Om van de aarde te vertrekken hebben we een v nodig van ruim 13 kilometer per seconde en is de $v_{uitstoot}$ beperkt tot ongeveer 4,5 kilometer per seconde. Dat geeft een brandstof-tot-schipverhouding van minstens e 20. Als we die verhouding × noemen, dan hebben we voor de lancering van een kilo ruimteschip e^x kilogram brandstof nodig.

Met de toename van × wordt die hoeveelheid erg groot.

Het komt erop neer dat als we de zwaartekracht van de aarde willen overwinnen met traditionele raketbrandstoffen, een ruimtevoertuig van 1 ton al 20 tot 50 ton brandstof nodig heeft. De lancering van de hele mensheid (met een totaalgewicht van om en nabij 400 miljoen ton) vergt daarom enkele tientallen biljoen ton aan brandstof. Dat is nogal wat. Als we op koolwaterstof gebaseerde brandstoffen gebruiken, is dat een flinke portie van de resterende olievoorraden in de wereld. En dan hebben we het nog niet over het gewicht van het ruimteschip zelf, voedsel, water of huisdieren.[1] We hebben ook brandstof nodig om deze ruimteschepen te bouwen, de mensen naar de lanceerlocaties te vervoeren, enzovoort. Het is niet per se volslagen onmogelijk, maar erg waarschijnlijk dat het gaat lukken is het niet.

Maar raketten zijn niet onze enige optie. Hoe gek het ook klinkt, we hebben misschien meer kans als we proberen (1) letterlijk over een touwladder de ruimte in te klimmen, of (2) ons van de planeet af te blazen met atoomwapens. Dit zijn echt serieuze – zij het gedurfde – ideeën voor lanceersystemen, die allebei rondwaren sinds het begin van het tijdperk van de ruimtevaart.

De eerste benadering is het concept van de 'ruimtelift', erg in trek bij sciencefictionschrijvers. Het idee is dat we een tuitouw vastmaken aan een satelliet die in een baan rond de aarde cirkelt op zo'n afstand dat het tuitouw strak wordt gehouden door de middelpuntvliedende kracht. We kunnen dan klimmers langs het touw omhoog sturen, die worden ondersteund door gewone elektriciteit en motoren die worden aangedreven door zonne-energie, kernreactoren of wat maar het best werkt. De grootste technische hindernis is dat het tuitouw vele malen sterker moet zijn dan alles wat we momenteel kunnen vervaardigen. Er bestaat hoop dat

---

1 Alleen de Verenigde Staten zijn al goed voor ongeveer een miljoen ton aan honden.

nanovezels van koolstof de vereiste kracht kunnen leveren – waarmee de lijst van technische problemen die kunnen worden weggewuifd door het voorvoegsel 'nano' ervoor te plakken nog weer iets langer wordt.

De tweede benadering is atoomvoortstuwing, een verrassend plausibele methode om grote hoeveelheden materiaal snel in beweging te krijgen. Het basisidee is dat je een atoombom achter je gooit en je laat meevoeren op de schokgolf. Je zou denken dat het ruimteschip wordt opgeblazen, maar het blijkt dat je met een goed ontworpen bufferplaat al bent weggeslingerd voordat het ruimteschip is gedesintegreerd. Als dit systeem betrouwbaar genoeg kan worden gemaakt, is het in theorie mogelijk hele straatblokken tegelijk in een baan om de aarde te brengen, en kunnen we ons doel misschien bereiken.

De technische achtergronden hiervoor werden in de jaren zestig zo solide geacht dat de Amerikaanse overheid onder het toeziend oog van Freeman Dyson zo'n ruimteschip probeerde te bouwen. Het verhaal van dat project, het zogeheten Orion-project, wordt beschreven in een uitstekend boek met die titel van Freemans zoon George. Voorstanders van atoomvoortstuwing zijn nog steeds teleurgesteld dat het project werd afgeblazen voordat er een prototype was gebouwd. Anderen betogen dat als je goed nadenkt over wat ze probeerden te doen – een gigantisch nucleair arsenaal in een doos stoppen, die hoog in de atmosfeer gooien en dan herhaaldelijk bombarderen – het angstaanjagend is dat ze zover zijn gekomen.

Het antwoord is dus dat het gemakkelijk is om één mens de ruimte in te sturen, maar dat het sturen van ons allemaal onze hulpbronnen tot het uiterste belast en mogelijk de planeet verwoest. Het is een kleine stap voor een mens, maar een reuzenstap voor de mensheid.

V. In *Thor* draait de hoofdpersoon zijn hamer zo snel rond dat hij een sterke tornado creëert. Is dat in het echt ook mogelijk?

– Davor

NEE

V. Als je alle zoenen van een heel leven opspaart en al die zuigkracht gebruikt voor één enkele zoen, hoeveel zuigkracht heeft die enkele zoen dan?

– Jonatan Lindström

V. Hoeveel kernraketten moeten er worden afgevuurd om de Verenigde Staten in een woestenij te veranderen?

– Anoniem

ZELFBEVRUCHTING

V. Ik heb gelezen over enkele onderzoekers die proberen sperma te produceren uit stamcellen van het beenmerg. Als een vrouw spermacellen laat maken van haar eigen stamcellen en zichzelf bevrucht, wat is dan haar relatie tot haar dochter?

– R. Scott LaMorte

A. OM EEN MENS te maken moet je twee setjes DNA samenvoegen.

Bij mensen worden deze twee setjes opgeslagen in een spermacel en een eicel, die elk een willekeurig monster van het DNA van de vader en van de moeder bevatten. (Straks meer over die willekeurigheid.) Bij mensen zijn deze cellen afkomstig van twee verschillende personen. Maar dat hoeft niet per se zo te zijn. Stamcellen, die elke vorm van weefsel kunnen maken, zijn in principe te gebruiken voor de productie van sperma (of eitjes).

Tot dusver is het niemand gelukt compleet sperma te produceren uit stamcellen. In 2007 slaagde een groep onderzoekers erin om stamcellen van het beenmerg om te zetten in spermatogene stamcellen. Deze cellen zijn de voorlopers van het sperma. Het lukte de onderzoekers niet om de cellen helemaal te laten uitgroeien tot sperma, maar het was een begin. In 2009 publiceerden dezelfde onderzoekers een artikel waarin ze leken te stellen dat ze de laatste stap hadden gezet en werkende spermacellen hadden geproduceerd.

Er waren twee problemen.

Ten eerste, ze zeiden niet echt dat ze spermacellen hadden geproduceerd. Ze zeiden dat ze sperma-achtige cellen hadden geproduceerd, maar in de media ging men aan dit subtiele verschil voorbij. Ten tweede, het artikel werd ingetrokken door het tijdschrift dat het had gepubliceerd. De auteurs bleken twee alinea's van hun artikel uit een ander artikel te hebben overgenomen.

Ondanks deze problemen is het fundamentele idee hierachter niet iets heel onwaarschijnlijks. Het antwoord op de vraag van R. Scott blijkt ook tot een zekere verwarring te leiden.

Het kan vrij lastig zijn om de stroom van genetische informatie in het oog te houden. Ter illustratie nemen we een kijkje bij een sterk vereenvoudigd model dat misschien wel bekend is bij fans van rollenspelen.

Chromosomen: de D&D-editie

Het menselijk DNA is opgebouwd uit 23 segmenten, die we chromosomen noemen, en ieder mens heeft twee versies van elk chromosoom – een van de moeder en een van de vader.

In onze vereenvoudigde versie van het DNA zijn er geen 23 chromosomen, maar slechts 7. Bij de mens bevat elk chromosoom een grote hoeveelheid genetische code, maar in ons model is elk chromosoom verantwoordelijk voor slechts één eigenschap.

We gebruiken een versie van het 'd20 System' (systeem van spelregels) zoals dat oorspronkelijk voor het rollenspel Dungeons & Dragons (D&D) werd gebruikt. Hierbij heeft elk stukje DNA 7 chromosomen met elk een bepaalde eigenschap.

1	KRA
2	VIT
3	SNE
4	CHA
5	VAR
6	INT
7	GES

Zes hiervan zijn klassieke eigenschappen van een spel waarin een rollenspel wordt gespeeld: kracht, vitaliteit, snelheid, charisma, vaardigheid en intelligentie. De laatste is het chromosoom dat het geslacht bepaalt.

Hier volgt een mogelijke DNA-'streng'.

1	KRA	15
2	VIT	2x
3	SNE	13
4	CHA	12
5	VAR	0,5x
6	INT	14
7	GES	X

In ons model kan elk chromosoom één stukje informatie bevatten. Dit stukje informatie is ofwel een hoeveelheid (een getal, gewoonlijk tussen 1 en 18) of een multiplicator (vermenigvuldiger). Het laatste chromosoom, GES, is het geslachtsbepalende chromosoom, dat net als in de echte menselijke genetica alleen X of Y kan zijn.

Net als in het echte leven heeft ieder mens twee setjes chromosomen – een van de moeder en een van de vader. Stel dat je genen er zo uitzien:

		Ma's DNA	Pa's DNA
1	KRA	15	5
2	VIT	2 x	12
3	SNE	13	14
4	CHA	12	1,5x
5	VAR	0,5x	14
6	INT	14	15
7	GES	X	X

De combinatie van deze twee setjes van gegevens bepaalt iemands karakter. Hier volgt een eenvoudige richtlijn voor de combinatie van de gegevens in ons systeem. Als je een getal hebt voor beide versies van een chromosoom, dan krijg je het grootste getal als jouw gegeven. Als je een getal op het ene chromosoom hebt en een multiplicator op het andere, wordt jouw gegeven het getal maal de multiplicator. Als je op beide chromosomen een multiplicator hebt, krijg je het cijfer 1.[1]

Het hypothetische karakter van eerder komt er dan zo uit te zien:

---

1 Omdat bij een vermenigvuldiging met 1 een getal gelijk blijft.

		Ma's DNA	Pa's DNA	Definitieve set
1	KRA	15	5	15
2	VIT	2x	12	24
3	SNE	13	14	14
4	CHA	12	1,5x	18
5	VAR	0,5x	14	7
6	INT	14	15	15
7	GES	X	X	vrouwelijk

Als de ene ouder een multiplicator bijdraagt en de andere een getal, kan het resultaat bijzonder goed zijn. De vitaliteit van deze persoon scoort een supergoede 24. Behalve een lage score voor vaardigheid heeft deze persoon eigenlijk overal goede cijfers voor.

Stel nu dat deze persoon (we noemen haar Alice) iemand anders ontmoet (Bob).

Bob heeft ook geweldige cijfers.

	Bob	Ma's DNA	Pa's DNA	Definitieve set
1	KRA	13	7	13
2	VIT	5	18	18
3	SNE	15	11	15
4	CHA	10	2x	20
5	VAR	16	14	16
6	INT	2x	8	16
7	GES	X	Y	mannelijk

Als ze een kind krijgen, draagt ieder een streng DNA bij. Maar de streng die ze bijdragen, zal een willekeurige mix zijn van de DNA-strengen van hun vader en moeder. Elke spermacel, en elke eicel, bevat een willekeurige combinatie van chromosomen uit elke streng. Stel dat Bob en Alice hun sperma en eitje als volgt maken:

	Alice	Ma's DNA	Pa's DNA	Bob	Ma's DNA	Pa's DNA
1	KRA	(15)	5	KRA	13	(7)
2	VIT	(2x)	12	VIT	(5)	18
3	SNE	13	(14)	SNE	15	(11)
4	CHA	12	(1,5x)	CHA	(10)	2x
5	VAR	0,5x	(14)	VAR	(16)	14
6	INT	(14)	15	INT	(2x)	8
7	GES	(X)	X	GES	(X)	Y

	Alice' eitje			Bobs sperma	
1	KRA	15		KRA	7
2	VIT	2x		VIT	5
3	SNE	14		SNE	11
4	CHA	1,5x		CHA	10
5	VAR	14		VAR	16
6	INT	14		INT	2x
7	GES	X		GES	X

Als het eitje en het sperma samengaan, zullen de gegevens van het kind er zo uitzien:

1	KRA	15		KRA	7

		eitje	sperma	kind
1	KRA	15	7	15
2	VIT	2x	5	10
3	SNE	14	11	14
4	CHA	1,5x	10	15
5	VAR	14	16	16
6	INT	14	2x	28
7	GES	X	X	vrouwelijk

Hun kind heeft de kracht van haar moeder en de vaardigheid van haar vader. Ze is ook uitermate intelligent dankzij de hoge score die Alice bijdraagt en de multiplicator van Bob. Haar vitaliteit is echter zwakker dan die van beide ouders, doordat de multiplicator van haar moeder niet erg veel kan uitrichten met de '5' die haar vader bijdraagt.

Alice en Bob hadden allebei een multiplicator op het chromosoom voor charisma aan hun vaders kant. Twee multiplicatoren resulteren in een cijfer 1. Als Alice en Bob allebei hun multiplicator hadden bijgedragen, had hun kind een zeer laag charisma gekregen. Gelukkig was de kans daarop slechts 1 op 4.

Als hun kind een multiplicator in beide strengen had gehad, was de score een 1 geweest. Gelukkig komen deze multiplicatoren betrekkelijk weinig voor. De kans dat ze allebei bij twee mensen voorkomen is laag.

Nu gaan we kijken wat er gebeurt als Alice in haar eentje een kind krijgt.

Ten eerste, ze produceert dan twee geslachtscellen, die elk het willekeurige selectieproces tweemaal doorlopen.

	Alice' eitje	Ma's DNA	Pa's DNA	Alice' sperma	Ma's DNA	Pa's DNA
1	KRA	(15)	5	KRA	15	(5)
2	VIT	(2x)	12	VIT	(2x)	12
3	SNE	13	(14)	SNE	13	(14)
4	CHA	12	(1,5x)	CHA	(12)	1,5x
5	VAR	0,5x	(14)	VAR	(0,5x)	14
6	INT	(14)	15	INT	(14)	15
7	GES	(X)	X	GES	X	(X)

De geselecteerde strengen die aan haar kind worden overgedragen:

	Alice II	eitje	sperma	kind
1	KRA	15	5	15
2	VIT	2x	2x	1
3	SNE	14	14	14
4	CHA	1,5x	12	18
5	VAR	14	0,5x	7
6	INT	14	14	14
7	GES	X	X	X

Haar kind wordt zeker een meisje, doordat er niemand is om een Y-chromosoom bij te dragen.

Haar kind heeft ook een probleem: voor drie van haar zeven eigenschappen – VIT, SNE en INT – heeft ze van beide kanten hetzelfde chromosoom geërfd. Dat is niet echt een probleem voor SNE en INT omdat Alice in die twee categorieën een hoge score heeft, maar voor VIT heeft ze van beide kanten een multiplicator geerfd, waardoor ze voor vitaliteit een score van 1 krijgt.

Als iemand zelfstandig een kind produceert, neemt de kans drastisch toe dat het kind hetzelfde chromosoom van beide kanten erft, en daarmee ook de kans op een multiplicator. De kans voor het kind van Alice dat het een dubbele multiplicator krijgt, is 58 procent – tegenover 25 procent voor een kind van Alice en Bob samen.

Over het algemeen zal bij een kind dat je in je eentje krijgt 50 procent van de chromosomen hetzelfde gegeven aan beide kanten hebben. Als dat gegeven het getal 1 is – of als het een multiplicator is – heeft het kind problemen, ook al heb je die zelf niet. Deze situatie, waarbij dezelfde genetische code aanwezig is op beide exemplaren van een chromosoom, noemen we homozygositeit.

Mensen

De meest voorkomende stoornis als gevolg van inteelt is bij mensen waarschijnlijk spinale musculaire atrofie (SMA). Bij SMA functioneren de motorische zenuwcellen in het ruggenmerg niet goed. Dit is vaak dodelijk of leidt tot ernstige verlamming.

De oorzaak van SMA is een afwijkende versie van een gen op chromosoom 5. Ongeveer 1 op 50 mensen heeft deze afwijking, wat betekent dat 1 op 100 mensen deze doorgeeft aan de kinderen... en daarom erft 1 op de 10.000 mensen (100 maal 100) dit afwijkende gen van beide ouders.[2]

Als een ouder in zijn of haar eentje een kind krijgt, is de kans op SMA echter 1 op 400. Als hij of zij een exemplaar van het afwijkende gen heeft (1 op 100), is er namelijk een kans van 1 op 4 dat dit gen het enig exemplaar van het kind is.

Een kans van 1 op 400 klinkt misschien nog niet zo gek, maar SMA is niet het enige.

DNA is gecompliceerd

Het DNA is de broncode voor de meest complexe machine in het universum voor zover wij dat kennen. Elk chromosoom bevat een verbijsterende hoeveelheid informatie, en de interactie tussen het DNA en de machinerie van lichaamscellen eromheen is ongelofelijk gecompliceerd, met talloze bewegende delen en negatieve-feedback-loops. Zelfs als we DNA 'broncode' noemen, doen we het geen recht, want in vergelijking met DNA zijn onze meest ingewikkelde programmeerprojecten hooguit een zakrekenmachine.

Bij mensen heeft elk chromosoom invloed op diverse zaken door een veelheid aan mutaties en variaties. Sommige mutaties, zoals degene die SMA veroorzaakt,

---

2 Sommige vormen van SMA worden feitelijk veroorzaakt door een afwijking in twee genen. In de praktijk is de statistiek dus iets ingewikkelder.

lijken geheel en al negatief te zijn; de verantwoordelijke mutatie heeft geen enkel voordeel. In ons D&D-systeem is het alsof een chromosoom een KRA van 1 heeft. Als je andere chromosoom normaal is, heb je een normaal karaktergegeven; je bent dan een stille 'drager'.

Andere mutaties, zoals het gen van sikkelcelvorming op chromosoom 11, kunnen leiden tot een mengeling van voordeel en nadeel. Mensen die het sikkelgen op beide exemplaren van hun chromosoom hebben, lijden aan sikkelcelanemie. Maar als ze dit gen slechts op een van hun chromosomen hebben, profiteren ze van een onverwacht voordeel: extra resistentie tegen malaria.

In het D&D-systeem is dit zoiets als een '2x'-multiplicator. Eén exemplaar van het gen kan je sterker maken, maar twee exemplaren – tweemaal een multiplicator – veroorzaken een ernstige aandoening.

Deze twee ziekten geven aan waarom genetische diversiteit belangrijk is. Mutaties doen zich her en der voor, maar dankzij onze redundante chromosomen wordt het effect afgezwakt. Door inteelt te vermijden verkleint een populatie de kans dat er op dezelfde plaats aan beide kanten van het chromosoom zeldzame en schadelijke mutaties opduiken.

Inteeltcoëfficiënt

Biologen hanteren een getal dat ze de 'inteeltcoëfficiënt' noemen om de procentuele kans te berekenen dat iemands chromosomen identiek zijn. Een kind van ouders zonder verwantschap heeft een inteeltcoëfficiënt van 0, terwijl een kind met een volledig samenvallende set chromosomen een inteeltcoëfficiënt van 1 heeft.

Daarmee komen we bij het antwoord op de oorspronkelijke vraag. Een kind van een ouder die zichzelf bevruchtte, is als een kloon van een ouder, maar dan met ernstige genetische schade. De ouder heeft alle genen die het kind ook heeft, maar het kind heeft niet alle genen van de ouder. Bij de chromosomen van het kind is de helft van de 'partner'-chromosomen vervangen door een kopie van zichzelf.

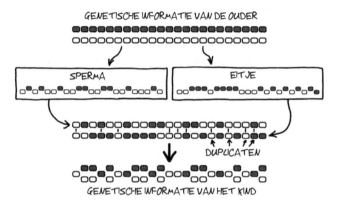

Dat houdt in dat het kind een inteeltcoëfficiënt van 0,50 heeft. Dat is erg hoog. Zoiets verwacht je bij een kind na drie generaties van broer-zushuwelijken. D.S. Falconer stelt in zijn *Introduction to Quantitative Genetics* dat een inteeltcoëfficiënt van 0,50 resulteert in een verlaging van het IQ met 22 punten en een vermindering in lichaamslengte van 10 centimeter op de leeftijd van 10 jaar. Er bestaat ook een grote kans dat de foetus niet levend wordt geboren.

Deze vorm van inteelt kwam vroeger voor bij koninklijke families die hun afstammingslijn 'zuiver' wilden houden. Het Huis Habsburg in Europa, een familie van heersers vanaf het midden van de vijftiende eeuw, werd gekenmerkt door vele huwelijken tussen neven en nichten. Dat liep uit de geboorte van koning Karel II van Spanje.

Karel had een inteeltcoëfficiënt van 0,254 – net iets meer dan een kind van broer en zus (0,250). Hij leed aan ernstige lichamelijke en emotionele stoornissen, en was een merkwaardige (en grotendeels onbekwame) koning. Zo gaf hij, naar verluidt, bevel de lijken van zijn familieleden op te graven, zodat hij hen kon bekijken. Zijn onvermogen om kinderen voort te brengen markeerde het einde van deze koninklijke afstammingslijn.

Zelfbevruchting is een riskante strategie, en daarom is seks juist zo populair onder grote en complexe organismen.[3] Er zijn hier en daar complexe dieren die zich ongeslachtelijk voortplanten, maar dit gedrag komt betrekkelijk weinig

---

3 Nou ja, dat is een van de redenen.

voor.[4] We zien het met name in omgevingen waar geslachtelijke voortplanting moeilijk te verwezenlijken is in verband met schaarse middelen, een geïsoleerde populatie...

Het leven vindt zijn weg.

... of overmoedige beheerders van een themapark.

---

4 Tremblay's salamander is een hybride soort salamander die zich voortplant door zelfbevruchting. Deze salamanders zijn allemaal vrouwtjes en hebben vreemd genoeg drie genomen in plaats van twee. Bij de voortplanting voeren ze een paringsritueel uit met mannetjes van een verwante salamandersoort en leggen daarna zelfbevruchte eitjes. Het mannetje van de verwante soort heeft hier niets aan; hij wordt alleen gebruikt ter stimulering van het eitjes leggen.

HOGE WORP

V. Hoe hoog kan een mens iets werpen?

– Irish Dave op het eiland Man

A. MENSEN ZIJN GOED in het gooien met dingen. We zijn er eigenlijk geweldig goed in; geen ander dier kan gooien zoals wij.

Weliswaar kunnen chimpansees met drollen gooien (en soms met stenen), maar lang niet zo nauwkeurig als mensen. Mierenleeuwen werpen zand, maar zonder te richten. Schuttervissen jagen op insecten door waterdruppels te werpen, maar dat doen ze met een gespecialiseerde bek en niet met een arm. Padhagedissen kunnen een straaltje bloed vanuit hun ogen tot wel anderhalve meter ver spuiten. Ik weet niet waarom ze dat doen, want telkens wanneer ik in een artikel het zinnetje 'spuit straaltjes bloed vanuit zijn ogen' lees, blijf ik verstomd naar de tekst staren totdat ik even moet gaan liggen.

Er zijn dus wel andere dieren die projectielen gooien, maar wij zijn zo ongeveer de enige soort die een willekeurig object kan pakken en redelijk nauwkeurig een doelwit kan raken. We zijn daar zelfs zo goed in dat sommige onderzoekers hebben geopperd dat het stenen gooien een centrale rol heeft vervuld in de evolutie van het moderne menselijk brein.

Werpen is moeilijk.[1] Om bij honkbal de slagman een bal toe te werpen moet

---

1 Voorbeeld: mijn carrière in de Little League.

de werper de bal precies op het juist moment in zijn worp loslaten. Een fout in de timing van een halve milliseconde te vroeg of te laat is al genoeg om de bal de slag-zone te laten missen.

Om dat in perspectief te plaatsen: de snelste zenuwprikkel heeft ongeveer 5 milliseconden nodig om een afstand ter lengte van de arm af te leggen. Dat bete-kent dat het signaal om de bal los te laten al bij je pols moet zijn op het moment dat je arm nog naar de goede positie draait. Dat is wat timing betreft alsof een drummer een trommelstok van de negende verdieping laat vallen en op het juiste moment een drum op de grond raakt.

We lijken overigens beter te zijn in dingen voorwaarts gooien dan opwaarts.[2] Aangezien we voor de maximale hoogte gaan, hebben we baat bij projectielen die opwaarts buigen als je ze voorwaarts gooit. De Aerobie Orbiter-boemerangs die ik als kind had, kwamen in de hoogste boomtoppen vast te zitten.[3] Maar we kun-nen het hele probleem ook omzeilen door het volgende apparaat te gebruiken:

Een mechanisme om je eigen hoofd met een honkbal te raken met een vertraging van 4 seconden

We kunnen ook een springplank gebruiken, een ingesmeerde glijbaan, of zelfs een grote slinger – alles wat het object opwaarts stuurt zonder verhoging of verlaging van de snelheid. Natuurlijk kunnen we ook het volgende proberen:

---

2 Tegenvoorbeeld: mijn carrière in de Little League.
3 Waar ze voorgoed vastzitten.

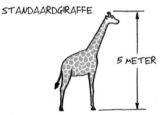

Ik heb de basisberekeningen nagelopen van de aerodynamica voor een honkbal die met diverse snelheden wordt geworpen. Ik geef deze hoogten in giraffeneenheden.

De gemiddelde persoon kan een honkbal waarschijnlijk 3 giraffes hoog werpen.

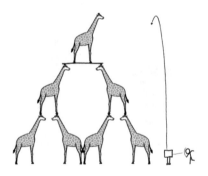

Iemand met een vrij goede arm kan er 5 scoren.

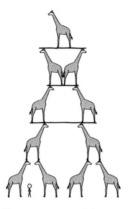

Een werper kan met een snelle worp van 120 kilometer per uur wel 10 giraffes halen.

Aroldis Chapman, de houder van het wereldrecord van de snelste geregistreerde worp (168 kilometer per uur) kan in theorie een honkbal 14 giraffes hoog werpen.

En hoe zit het met andere projectielen dan een honkbal? Met hulpmiddelen als een slinger, kruisboog of de gebogen *xistera*-mand van jai-alai kunnen we vanzelfsprekend een projectiel veel sneller werpen. Maar voor deze vraag houden we ons bij het met de hand gooien.

Een honkbal is waarschijnlijk niet het ideale projectiel, maar het is moeilijk gegevens over snelheden van andere werpobjecten te vinden. Gelukkig heeft de Britse speerwerper Roald Bradstock een 'werpwedstrijd voor willekeurige objecten' gehouden, waarbij hij met alles van dode vissen tot een keukengootsteen gooide. Bradstocks ervaringen verschaffen ons veel bruikbare gegevens.[4] Zo lijkt één specifiek projectiel misschien wel superieur te zijn: de golfbal.

Van weinig professionele sporters is bekend dat ze golfballen gooien. Gelukkig heeft Bradstock dat wel gedaan, en hij claimt een recordworp van 155 meter. Hierbij nam hij wel een aanloop, maar toch is er reden om aan te nemen dat een golfbal beter werkt dan een honkbal. Vanuit natuurkundig gezichtspunt lijkt het logisch: de beperkende factor bij een honkbalworp is het draaimoment van de elleboog, en met de lichtere golfbal kan de werpende arm misschien iets sneller bewegen.

De snelheidsverbetering dankzij de vervanging van een honkbal door een golfbal is waarschijnlijk niet erg groot, maar het lijkt aannemelijk dat een professio-

---

4   En ook veel andere gegevens.

nele werper na enige oefening een golfbal sneller gooit dan een honkbal.

Als dat zo is, kan Aroldis Chapman op basis van aerodynamische berekeningen waarschijnlijk een golfbal ongeveer 16 giraffes hoog gooien.

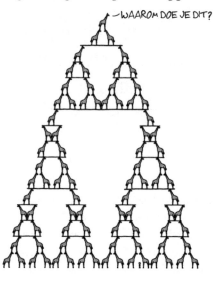

Dat is vermoedelijk de maximale hoogte voor een geworpen object... tenzij je de techniek meetelt waarmee iedere 5-jarige al deze records met gemak verpulvert.

DODELIJKE NEUTRINO'S

V. Hoe dicht moet je bij een supernova zijn om een dodelijke dosis neutrinostraling te krijgen?

– Dr. Donald Spector

. . . .

A. DE FORMULERING 'dodelijke dosis neutrinostraling' is wat vreemd. Ik moest er wel even over nadenken toen ik die hoorde.

Als je geen natuurkundige bent, klinkt het je misschien niet vreemd in de oren. Daarom eerst even wat context om te laten zien waarom het een verrassend idee is.

Neutrino's zijn spookachtige deeltjes die nauwelijks interactie met de wereld vertonen. Kijk naar je hand: elke seconde gaan er ongeveer een biljoen neutrino's van de zon doorheen.

Oké, je kunt stoppen met naar je hand kijken. *

Je merkt niets van die stroom neutrino's doordat ze doorgaans gewone materie negeren. Van die gigantische stroom zal eens in de zoveel jaar gemiddeld slechts één neutrino een atoom in je lichaam 'raken'.[1]

Neutrino's zijn in feite zo schimmig dat de hele aarde transparant voor ze is; vrijwel alle neutrinodamp van de zon gaat er ongedeerd doorheen. Om neutrino's

---

1 Nog minder als je een kind bent, omdat je minder atomen hebt om te raken. Statistisch gezien, valt je eerste interactie met een neutrino waarschijnlijk ergens rond je tiende jaar.

op te sporen hebben mensen grote tanks gebouwd en gevuld met doelmateriaal in de hoop dat ze hiermee de impact van een neutrino van de zon kunnen registreren.

Dus als je met een deeltjesversneller (die neutrino's produceert) een neutrinostraal naar een detector ergens anders in de wereld wilt zenden, hoef je alleen maar de straal naar de detector te richten – zelfs al staat die aan de andere kant van de aarde.

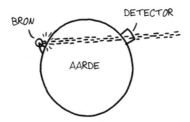

Daarom klinkt de formulering 'dodelijke dosis neutrinostraling' zo vreemd: het is een onlogische vermenging van verschillende werelden. Iets in de trant van 'iemand neerslaan met een veer' of 'een voetbalstadion dat tot de nok toe gevuld is met mieren'.[2] Als je een wiskundige achtergrond hebt, is het zoiets als de uitdrukking 'ln(x)^e': het is niet dat het letterlijk onzin is, maar je kunt je geen situatie voorstellen waarin het zou gelden.[3]

Ook is het moeilijk om genoeg neutrino's te produceren zodat één enkele daarvan een interactie met materie heeft. Een scenario waarin er genoeg van zijn om je kwaad te doen, is moeilijk voor te stellen.

Maar supernova's [4] kunnen wel in zo'n scenario voorzien. Dr. Spector, de natuurkundige van Hobart and William Smith Colleges (HWS) die me deze vraag stelde, maakte me deelgenoot van een vuistregel die hij aanhield voor het schatten van hoeveelheden in verband met supernova's: hoe groot je ook denkt dat supernova's zijn, ze zijn groter.

Hier is een vraag om je een indruk van de omvang te geven. Welke van de volgende twee schijnt helderder als je let op de hoeveelheid energie die op je netvlies terechtkomt: een supernova die op een afstand wordt waargenomen die net zo groot is als die van de zon tot de aarde, of de ontploffing van een waterstofbom die tegen je oogbol wordt gedrukt?

---

2 Dat is nog steeds minder dan 1 procent van alle mieren op aarde.

3 Als je gemeen wilt zijn tegen eerstejaarsstudenten calculus, kun je hun vragen wat de afgeleide van ln(x)^e is. Het lijkt alsof het '1' of zo moet zijn, maar dat is het niet.

4 Het meervoud 'supernovae' kan ook; 'supernovii' wordt niet algemeen geaccepteerd.

Kun je hiermee ophouden? Dit is zwaar.

GRB 080319B was het krachtigste voorval dat ooit is waargenomen – in het bijzonder voor mensen die er op een surfboard vlak langs zweefden.

Als je de vuistregel van dr. Spector aanhoudt, kun je denken dat de supernova helderder is. En dat is ook zo... negen keer zo sterk.

Daarom is dit een mooie vraag – supernova's zijn onvoorstelbaar groot en neutrino's zijn onvoorstelbaar onwezenlijk. Op welk punt wegen deze twee onvoorstelbare dingen tegen elkaar op waardoor ze een effect op menselijke schaal produceren?

Een artikel van stralingsdeskundige Andrew Karam verschaft het antwoord. Hij legt hierin uit dat tijdens een bepaalde supernova – waarbij een ster met een grote uitbarsting ineenstort en er een neutronenster overblijft – 10^{57} neutrino's kunnen vrijkomen (een neutrino voor elke proton in de ster met achterlating van een neutron).

Karam berekent dat de stralingsdosis van de neutrino's op een afstand van 1 parsec ongeveer een halve nanosievert is.[5] Dat is 1/500 van de hoeveelheid die je binnenkrijgt als je een banaan eet.[6]

Een dodelijke stralingsdosis is ongeveer 4 sievert. Met toepassing van de omgekeerde kwadratenwet kunnen we de stralingsdosis berekenen:

$$0,5 \text{ nanosievert} \times \left[\frac{1 \text{ parsec}^2}{x} \right] = 5 \text{ sievert}$$

$$x = 0,00001118 \text{ parsec} = 2,3 \text{ AE}$$

Dat is weinig meer dan de afstand van de zon tot Mars.

---

5 Dat is 3,262 lichtjaar, ofwel iets minder dan de afstand van hier tot Alpha Centauri.
6 'Radiation Dose Chart', http://xkcd.com/radiation.

Bij supernova's gaat het om reusachtige sterren, dus als je een supernova vanaf die afstand waarneemt, zit je waarschijnlijk binnen de buitenste lagen van de ster.

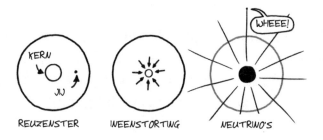

REUZENSTER   WEENSTORTING   NEUTRINO'S

Het idee van schade door neutrinostraling maakt alleen maar nog duidelijker hoe groot een supernova is. Als je een supernova waarneemt op een afstand van 1 AE (astonomische eenheid: de gemiddelde afstand van de zon tot de aarde – en je op een of andere manier weet te voorkomen dat je verbrandt, verdampt of in een soort exotisch plasma verandert – is de stroom van spookachtige neutrino's nog dicht genoeg om je over de kling te jagen.

Als een veer maar snel genoeg gaat, kan hij je zeker neerslaan.

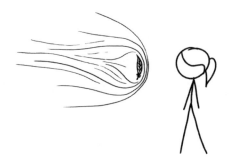

VREEMDE (EN VERONTRUSTENDE) VRAGEN UIT DE INBOX VAN WAT ALS? – 8

V. Een toxine blokkeert het vermogen van tubulaire reabsorptie van het nefron, maar heeft geen invloed op de filtratie. Wat zijn de mogelijke effecten op de korte termijn van dit toxine?

– Mary

DOKTER, DE PATIENT VERLIEST HET BEWUSTZIJN! ER MOET IETS GEDAAN WORDEN!

WACHT EVEN! IK WIL DE OPINIE HOREN VAN EEN INTERNETCARTOONIST.

V. Als een venusvliegenvanger een mens kon opeten, hoelang duurt het dan voordat de mens volledig van sappen is ontdaan en opgenomen?

– Jonathan Wang

ZEVEN JAAR, ALS DIE PERSOON KAUWGOM KAUWT.

DAT IS EEN FABELTJE.

EN VOLGENS MIJ HAD BOBA FETT KAUWGOM TOEN DE SARLACC HEM OPAT! HET PAST ALLEMAAL!

IK KAN NIET GELOVEN DAT EEN UNIVERSITEIT JOU IN DE NATUURKUNDE HEEFT LATEN AFSTUDEREN.

VERKEERSDREMPEL

V. Hoe snel mogelijk kun je over een
verkeersdrempel rijden en het overleven?

– Myrlin Barber

....

A. VERRASSEND SNEL.

Eerst een disclaimer. Ga nou niet na het
lezen van dit antwoord met hoge snelheid
over verkeersdrempels rijden. Enkele redenen zijn:

- Je kunt iemand raken en doden.
- Het kan je je banden, de ophanging of
  mogelijk je hele auto kosten.
- Heb je eigenlijk wel een van de andere
  antwoorden in dit boek gelezen?

Als dat nog niet genoeg is... Hier zijn enkele citaten uit medische tijdschriften
over ruggengraatletsel door verkeersdrempels.

> *Bestudering van thoracolumbale röntgenfoto's en CT-scans bracht compressief-
> racturen aan het licht bij vier patiënten. [...] Instrumentele ondersteuning van
> de rug is toegepast. [...] Alle patiënten herstelden goed, behalve degene met een
> nekfractuur.*

> *De meestvoorkomende gebroken rugwervel was L1 (23 van de 52, ofwel 44,2%).*

> *Incorporatie van het achterste met realistische karakteristieken bracht de eerste
> verticale natuurlijke frequentie omlaag van 12 tot 5,5 Hz, geheel in overeen-
> stemming met de literatuur.*

(Het laatste citaat heeft niet rechtreeks te maken met ruggengraatletsel, maar ik
wilde het er toch bij hebben.)

Gewone kleine verkeersdrempels zijn waarschijnlijk niet dodelijk

Verkeersdrempels zijn ontworpen om automobilisten langzamer te laten rijden. Als je over een verkeersdrempel rijdt met een snelheid van 10 kilometer per uur, voel je een licht tikje. En als je dat met 30 kilometer per uur doet, voel je waarschijnlijk een redelijk klap. Het is vrij logisch om aan te nemen dat je bij een snelheid van 100 kilometer per uur een verhoudingsgewijs grotere klap zult krijgen, maar dat is waarschijnlijk niet zo.

Zoals blijkt uit de medische citaten, raken mensen soms gewond door verkeersdrempels. Maar vrijwel al die ongelukken doen zich voor bij een specifieke categorie mensen: zij die op een harde stoel achter in een bus zitten die over slecht onderhouden wegen rijdt.

Als je in een auto rijdt, word je tegen hobbels in de weg beschermd door twee belangrijke dingen: de banden en de vering. Ongeacht hoe hard je over een verkeersdrempel rijdt, als de hobbel niet zo groot is dat hij de carrosserie van je auto raakt, wordt de klap zodanig door deze twee systemen opgevangen dat je ongedeerd blijft.

De absorptie van de klap hoeft niet echt goed voor die systemen te zijn. Wat de banden betreft: zij kunnen hierbij ontploffen.[1] Als de hobbel zo groot is dat hij de velgen van de wielen raakt, kan hij permanente schade aan diverse belangrijke delen van de auto opleveren.

De doorsneeverkeersdrempel heeft een hoogte van 7 à 10 centimeter. Dat is ongeveer net zo dik als het gemiddelde luchtkussen van de band (de afstand tussen de onderkant van velg en de bodem).[2] Dat betekent dat als een auto over een kleine verkeersdrempel rijdt, de velg daar niet mee in aanraking komt; de band wordt alleen samengedrukt.

De gemiddelde personenauto heeft een topsnelheid van zo'n 190 kilometer per uur. Als je met die snelheid over een verkeersdrempel rijdt, verlies je waarschijnlijk op de een of andere manier de macht over het stuur en volgt er een crash.[3] Maar de klap van de verkeersdrempel zelf is waarschijnlijk niet dodelijk.

Als je over een hogere verkeersdrempel rijdt, loopt het misschien niet zo goed af met je auto.

---

1 Google gewoon 'tegen stoeprand gereden'.
2 Er staan overal auto's. Je hoeft alleen maar met een meetlat naar buiten te gaan om het te controleren.
3 Op hoge snelheid kun je de macht over het stuur al verliezen zonder dat je over een hobbel rijdt. Na een crash bij een snelheid van 350 kilometer per uur was de Camaro van Joey Huneycutt niet meer dan een uitgebrand casco.

Hoe snel moet je rijden om zeker dood te gaan?

We kijken wat er gebeurt als een auto sneller gaat dan zijn topsnelheid. De gemiddelde moderne auto heeft een begrensde topsnelheid van zo'n 190 kilometer per uur, de snelste gaan ongeveer 320.

De meeste personenauto's zijn voorzien van een kunstmatige snelheidslimiet via de boordcomputer, maar de uiteindelijke fysieke limiet van de snelheid van een auto wordt bepaald door de luchtweerstand. Deze weerstand neemt toe met het kwadraat van de snelheid; op een bepaald punt heeft de auto niet genoeg vermogen om zich nog sneller door de lucht heen te duwen.

Als je een personenauto dwingt om sneller dan zijn topsnelheid te gaan – misschien door nogmaals een beroep te doen op de magische versneller van 'de relativiteit van honkbal' – dan is de verkeersdrempel niet je grootste probleem.

Auto's genereren een opwaartse kracht. De lucht die rond een auto stroomt, oefent daar allerlei krachten op uit.

Waar komen al die pijlen vandaan?

De opwaartse kracht is betrekkelijk gering bij een normale autowegsnelheid, maar bij hogere snelheden wordt hij aanzienlijk.

In een formule 1-auto met spoilers duwt deze kracht neerwaarts en houdt hij de auto vast op het wegdek. In een personenauto duwt hij opwaarts.

Fans van stockcars hebben het vaak over een 'opstijgsnelheid' van 320 kilometer per uur als de auto in een spin raakt. In andere takken van autoracen komen spectaculaire crashes met achterwaartse duikelingen voor wanneer de aerodynamica niet helemaal gaat als gepland.

Het komt erop neer dat een gewone personenauto binnen de grenzen van 240 tot 480 kilometer per uur van de grond wordt getild, begint te tuimelen en crasht... nog voordat hij de verkeersdrempel raakt.

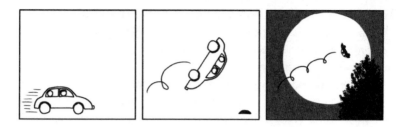

Het laatste nieuws: Kind en onbekend wezen in fietsmand geraakt en gedood door een auto

Als je voorkomt dat je auto opstijgt, zal de kracht van de wind bij die snelheid de motorkap, de zijpanelen en de ramen wegblazen. Bij een nog hogere snelheid wordt de auto zelf uit elkaar getrokken, en kan hij zelfs verbranden zoals een ruimtevaartuig dat de dampkring binnenkomt.

Wat is de uiterste limiet?

In de Amerikaanse staat Pennsylvania krijgen automobilisten bij een snelheidsovertreding een boete met 2 dollar extra voor elke mijl per uur waarmee ze de snelheidslimiet overtreden.[4]

Als je in Pennsylvania dus in een auto over een verkeersdrempel rijdt met een snelheid van 90 procent van de lichtsnelheid, leg je niet alleen de stad in puin...

... maar je kunt ook een boete tegemoetzien van 1,14 miljard dollar.

---

4 Net als iedereen met een natuurkundige achtergrond doe ik mijn berekeningen in si-eenheden, maar ik heb te veel Amerikaanse snelheidsboetes gekregen om hier in iets anders dan mijlen te denken. Sorry!

DOLENDE ONSTERFELIJKEN

V. Als twee onsterfelijke mensen op
tegenovergestelde kanten van een
onbewoonde, op de aarde lijkende planeet
zijn, hoelang duurt het dan voordat ze
elkaar vinden?
100.000 jaar?
1.000.000 jaar?
100.000.000.000 jaar?

– Ethan Lake

A. WE BEGINNEN MET het eenvoudige antwoord in de stijl van een natuurkundige: 3000 jaar.[1]

Zo lang hebben twee mensen nodig om elkaar te vinden als we ervan uitgaan dat ze 12 uur per dag willekeurig over een bol rondlopen en binnen een afstand van een kilometer moeten komen om elkaar te zien.

---

1 Als we uitgaan van een bolvormige onsterfelijke mens in een vacuüm…

We zien onmiddellijk dat er een paar problemen zijn met dit model.[2] Het eenvoudigste probleem is de aanname dat je altijd iemand kunt zien als hij of zij binnen de afstand van een kilometer van je vandaan is. Dat is alleen mogelijk onder ideale omstandigheden. Iemand die over een richel van een rots loopt, kan al van een kilometer afstand zichtbaar zijn, maar tijdens een hevige regenbui in een dicht woud kunnen twee mensen elkaar op een afstand van een paar meter passeren zonder elkaar op te merken.

We kunnen proberen de gemiddelde zichtbaarheid voor alle delen van de aarde te berekenen, maar aan de andere kant kun je je afvragen wat twee mensen die elkaar proberen te vinden in een dicht woud doen. Het lijkt logischer dat ze allebei op grote, open vlakten blijven, waar ze goed kunnen zien en goed gezien kunnen worden.[3]

Zodra we beginnen na te denken over de psychologie van onze twee mensen, krijgen we problemen met ons model van een bolvormige onsterfelijke mens in een vacuüm.[4] Waarom zouden we eigenlijk aannemen dat onze mensen op willekeurige wijze rondlopen? De optimale strategie kan heel anders zijn.

Welke strategie is het zinvolst voor onze dolende onsterfelijken?

Als ze de tijd hebben om van tevoren iets te plannen, is het gemakkelijk. Ze kunnen afspreken elkaar te treffen op de Noordpool of de Zuidpool, of – als die onbereikbaar zijn – op het hoogste punt aan land, of bij de monding van de langste rivier. Als er iets onduidelijk is, kunnen ze gewoon willekeurig al deze opties aflopen. Ze hebben tijd genoeg.

Als ze geen gelegenheid hebben om van tevoren te communiceren, wordt het

---

2 En wat is er met al de andere mensen gebeurd? Gaat het goed met ze?
3 Al klinkt een berekening van de zichtbaarheid wel aanlokkelijk. Ik weet al wat ik komende zaterdagavond ga doen!
4 Daarom denken we meestal ook niet over zulke dingen na.

iets moeilijker. Als je de strategie van de ander niet kent, hoe weet je dan wat jouw strategie moet zijn?

Er bestaat een oude puzzel, uit de tijd van vóór de mobiele telefoons, en die luidt ongeveer als volgt:

Stel dat je hebt afgesproken met een vriend in een Amerikaanse stad waar geen van jullie beiden eerder is geweest. Je bent niet in de gelegenheid van tevoren een ontmoetingspunt te plannen. Waar ga je heen?

De bedenker van de puzzel meende dat de logische oplossing zou zijn om naar het hoofdpostkantoor van de stad te gaan en daar te wachten bij de hoofdbalie waar de pakketjes van buiten de stad arriveren. Zijn redenering was dat dit de enige plek is waarvan elke stad in de Verenigde Staten er een heeft en die iedereen weet te vinden.

In mijn ogen is dit argument toch wat zwak. Bovendien wordt het niet bevestigd door experimenten. Ik heb een aantal mensen die vraag gesteld, en geen van hen kwam met het postkantoor op de proppen. De oorspronkelijke bedenker van de puzzel zou eenzaam in de postkamer zitten wachten.

Onze onsterfelijken hebben het moeilijker, want ze weten niets over de geografie van de planeet waar ze op zitten.

Een verstandige zet lijkt om de kustlijnen te volgen. De meeste mensen leven nabij water, en je kunt sneller langs een lijn zoeken dan over een vlak. Als je gok verkeerd uitpakt, heb je tenminste niet veel tijd verspild in vergelijking met de gok om eerst het binnenland te doorzoeken.

IK HEB IN ELK GEVAL MEER POST DAN IK OOIT KAN ETEN.

Een wandeling rond een gemiddeld continent duurt ongeveer vijf jaar, op basis van de gangbare verhoudingen van landbreedte en kustlijnlengte die gelden voor landmassa's op aarde.[5]

We nemen aan dat jij en die ander op hetzelfde continent zijn. Als jullie allebei tegen de klok in gaan, kun je tot in de eeuwigheid rondlopen zonder elkaar te vinden. Da's niet goed.

---

5   Uiteraard stellen sommige streken je voor problemen. Zo zul je bij de moerasgebieden van Louisiana, de mangrovebossen van het Caraïbisch gebied en de fjorden van Noorwegen minder snel opschieten dan op een gemiddeld strand.

Een andere benadering is om eerst een volledige omloop tegen de klok in te maken, en dan een muntje op te gooien. Als het kop is, ga je nog een keer tegen de klok in. Als het munt is, ga je met de klok mee. Als jullie allebei deze redeneermethode volgen, hebben jullie een grote kans elkaar binnen een paar omlopen tegen te komen.

De aanname dat jullie allebei dezelfde redeneermethode hanteren, is waarschijnlijk vrij optimistisch. Gelukkig is er een betere oplossing: doe als een mier.

Hier is de redeneermethode die ik zou volgen. (Als je ooit met mij op een planeet verdwaald raakt, denk hier dan aan!)

Als je geen informatie hebt, loop dan willekeurig rond en laat een spoor van stenen bakens achter, waarbij elk baken naar het volgende wijst. Na elke dag dat je loopt, neem je drie dagen rust. Zo nu en dan markeer je de datum van het baken. Het maakt niet uit hoe je dat doet, als je het maar consequent doet. Je kunt het aantal dagen in een steen beitelen, of de stenen zo neerleggen dat ze een getal vormen.

Als je een spoor tegenkomt dat nieuwer is dan alle bakens die je eerder hebt gezien, volg het dan zo snel je kunt. Als je het spoor kwijtraakt en niet terug kunt vinden, ga dan door met je eigen spoor achterlaten.

Je hoeft niet op de locatie te komen waar de ander op dat moment zelf is; je hoeft alleen maar een locatie te treffen waar hij of zij is geweest. Je kunt elkaar nog steeds in kringetjes achternalopen, maar zolang je sneller gaat tijdens het volgen van een spoor dan tijdens het achterlaten van een spoor, moeten jullie elkaar in de loop van jaren of tientallen jaren vinden.

En als je partner niet meewerkt – misschien zit hij of zij gewoon stil op een plek in afwachting van jou – dan krijg je in elk geval heel wat van de wereld te zien.

OMLOOPSNELHEID

V. Wat als een ruimtevaartuig bij terugkeer vaart mindert tot een paar kilometer per uur met hulpraketten als de luchthijskraan voor Mars? Is er dan geen hitteschild meer nodig?

– Brian

V. Kan een ruimtevaartuig de terugkeer op zo'n manier beheersen dat de compressie van de atmosfeer wordt vermeden, waardoor het dure (en betrekkelijk kwetsbare) hitteschild aan de buitenkant overbodig is?

– Christopher Mallow

V. Kan een (kleine) raket (met lading) naar een hoog punt in de atmosfeer worden gebracht, waar slechts een kleine raket nodig is om de ontsnappingssnelheid te bereiken?

– Kenny Van de Maele

A. DE ANTWOORDEN OP DEZE VRAGEN draaien allemaal om hetzelfde idee. Dit idee is min of meer ook bij andere antwoorden aan de orde gekomen, maar nu wil ik er speciaal de aandacht op vestigen: het is niet moeilijk om in een baan om de aarde te komen omdat de ruimte zo ver in de hoogte is, maar omdat je zo snel moet gaan.

De ruimte is niet zoals dit:

Niet op ware grootte

De ruimte is zoals dit:

Weet je wat? Ja hoor, op ware grootte

De ruimte is 100 kilometer van ons vandaan. Dat is ver weg – ik zou er niet graag over een ladder heen klimmen – maar het is ook weer niet héél ver weg. Als je in Sacramento, Seattle, Canberra, Kolkata, Hyderabad, Phnom Penh, Caïro, Beijing, het binnenland van Japan, het binnenland van Sri Lanka of in Portland zit, is de ruimte dichterbij dan de zee.

De ruimte bereiken is gemakkelijk.[1] Je doet het niet even in je auto, maar het is ook weer geen enorme uitdaging. Je kunt iemand naar de ruimte sturen met een raket ter grootte van een telefoonpaal. De X-15 bereikte de ruimte door gewoon snel te gaan en dan omhoog te sturen.[2,3]

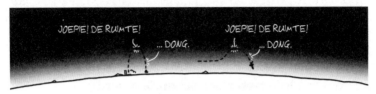

Je gaat vandaag naar de ruimte, en daarna kom je snel weer terug.

De ruimte bereiken is gemakkelijk, het probleem is om er te blijven.

De zwaartekracht in een lage baan om de aarde is bijna net zo sterk als de zwaartekracht op het aardoppervlak. Het International Space Station (ISS) is helemaal niet vrij van de zwaartekracht van de aarde; het kent ongeveer 90 procent van de zwaartekracht die wij op aarde ervaren.

Om te voorkomen dat je terugvalt in de atmosfeer, moet je zijwaarts gaan met een zeer grote snelheid.

De snelheid die je nodig hebt om in een baan om de aarde te blijven is ongeveer 8 kilometer per seconde.[4] Slechts een fractie van de energie van de raket wordt gebruikt om op te stijgen uit de atmosfeer; veruit het grootste deel wordt gebruikt om de (zijwaartse) snelheid voor een baan om de aarde te krijgen.

Daarmee komen we bij het centrale probleem van een baan om de aarde: het bereiken van de omloopsnelheid vergt meer brandstof dan het bereiken van de omloophoogte. Om een ruimtevaartuig een snelheid van 8 kilometer per seconde te geven, heb je veel hulpraketten nodig. Het halen van de omloopsnelheid is al moeilijk genoeg, maar om die omloopsnelheid te halen terwijl je genoeg brand-

---

1   Zeker een lage baan om de aarde, zoals die van het International Space Station en die van de vroegere spaceshuttles.
2   De X-15 kwam twee keer tot een hoogte van 100 kilometer, beide keren gevlogen door Joe Walker.
3   Let erop dat je omhoog stuurt en niet omlaag, om allerlei narigheid te voorkomen.
4   Het is iets minder als je aan de hoge kant van een lage baan om de aarde zit.

stof meevoert voor een vertraging op de terugreis, is bijzonder onpraktisch.[5]

Vanwege deze uitzinnige brandstofvereisten gebruikt elk ruimtevaartuig dat een atmosfeer binnengaat, een hitteschild in plaats van hulpraketten – met een klap de lucht binnengaan is de meest praktische manier om de snelheid te vertragen. (En om Brians vraag te beantwoorden: de Curiosity was hierop geen uitzondering; ook al gebruikte het kleine hulpraketten om te blijven zweven zodra het bij het oppervlak kwam, eerst gebruikte het de afremming door de atmosfeer om het grootste deel van de snelheid kwijt te raken.)

Hoe snel is 8 kilometer per seconde eigenlijk?

Vermoedelijk komt veel van de verwarring over deze kwesties voort uit het feit dat de astronauten in een baan om de aarde helemaal niet snel lijken te gaan. Het lijkt alsof ze langzaam boven een blauwe knikker zweven.

Maar 8 kilometer per seconde is waanzinnig snel. Als je tegen zonsondergang naar de hemel kijkt,[6] zie je soms het ISS voorbijgaan... en dan anderhalf uur later weer. In die tijd is het ruimtestation helemaal rond de aarde gevlogen.

Het ISS gaat zo snel dat als je een geweerkogel afvuurt vanaf het ene einde van een voetbalveld, het ISS het veld in de lengte kan oversteken voordat de kogel 9 meter heeft afgelegd.[7,8]

Stel je voor hoe het eruitziet als je als snelwandelaar over het aardoppervlak loopt met 8 kilometer per seconde.

Om een beter idee te krijgen van de snelheid waarmee je reist, gebruiken we de beat van een song om het verstrijken van de tijd te markeren.[9] Stel dat je het nummer 'I'm Gonna Be (500 Miles)' uit 1988 van The Proclaimers speelt. Dat num-

---

5   Deze exponentiële toename is het centrale probleem in de raketwetenschap: de brandstof die nodig is om je snelheid met 1 kilometer per seconde te verhogen, verhoogt je gewicht met ongeveer een factor 1,4. Om in een baan om de aarde te komen, moet je je snelheid verhogen tot 8 kilometer per seconde. Dat betekent dat je veel brandstof nodig hebt: $1,4 \times 1,4 \times 1,4 \times 1,4 \times 1,4 \times 1,4 \times 1,4 \times 1,4$ 15 maal het oorspronkelijke gewicht van je ruimtevaartuig. Bij het gebruik van een raket om je snelheid te verlagen, krijg je hetzelfde probleem: elke kilometer per seconde minder verhoogt het oorspronkelijke gewicht van je ruimtevaartuig met diezelfde factor 1,4. Als je helemaal wilt afremmen tot nul – om zachtjes de atmosfeer binnen te glijden – verhogen de brandstofvereisten je gewicht opnieuw 15 maal.

6   Er zijn een paar goede apps en hulpmiddelen op internet om je te helpen het ISS te spotten, en verder ook nog andere interessante satellieten.

7   Of een veld van American football.

8   Dit soort spel is legaal volgens de Australische regels van American football.

9   Het gebruik van het ritme van songs om de voortgang van de tijd te meten is een techniek die ook wordt toegepast bij een training voor cardiopulmonale reanimatie, waar het nummer 'Stayin' Alive' populair is.

mer heeft ongeveer 131,9 beats per minuut. Stel je dan voor dat je bij elke beat van de song meer dan 3 kilometer voorwaarts gaat.

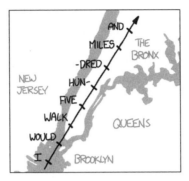

In de tijd die je nodig hebt om de eerste regel van het refrein te zingen, kun je van het Vrijheidsbeeld naar de Bronx wandelen.

Je loopt met een snelheid van ongeveer 15 haltes van de ondergrondse per seconde.

Je hebt ongeveer twee regels van het refrein (16 beats van het nummer) nodig om het Kanaal tussen Londen en Frankrijk over te steken.

De lengte van het nummer brengt ook nog iets toevalligs met zich mee. Het interval tussen het begin en het eind van 'I'm Gonna Be' is 3 minuten en 30 seconden, en het ISS beweegt zich voort met een snelheid van 7,66 kilometer per seconde.

Dat betekent dat een astronaut op het ISS, die naar 'I'm Gonna Be' luistert, in de tijd tussen de eerste beat van het nummer en de laatste regels...

... nagenoeg exact 1000 mijl heeft afgelegd.

FEDEX-BANDBREEDTE

V. Wanneer – indien mogelijk – zal de bandbreedte van het internet die van FedEx overtreffen?

– Johan Öbrink

Onderschat nooit de bandbreedte van een stationcar vol met tapes die over de snelweg raast.

– Andrew Tanenbaum, 1981

A. ALS JE EEN PAAR HONDERD gigabyte aan data wilt verzenden, gaat het over het algemeen sneller om een harde schijf via FedEx te sturen dan om de bestanden via internet te versturen. Dat is geen nieuw idee – er bestaat zelfs de bijnaam SneakerNet voor – en het is ook de manier hoe Google intern grote hoeveelheden data overbrengt.

Maar zal het altijd sneller zijn?

Volgens schattingen van Cisco bedraagt het totale internetverkeer momenteel gemiddeld 167 terabit per seconde. FedEx heeft een vloot van 654 vliegtuigen met een draagvermogen van 12 miljoen kilo per dag. Een solid state drive (ssd) voor een laptop weegt ongeveer 78 gram en kan wel een terabyte aan data bevatten.

Dat betekent dat FedEx 150 exabyte per dag kan vervoeren, of 14 petabit per seconde. Dat is bijna het honderdvoudige van de huidige capaciteit van het internet.

Als de kosten geen rol spelen, kan deze schoenendoos van 10 kilo een flinke portie internet bevatten.

GROOTSTE LAPTOPSCHIJVEN:
136 IN OPSLAG, 136 TERABYTE
KOSTEN: $ 130.000
(PLUS $ 40 VOOR DE SCHOENEN)

We kunnen de datadichtheid nog verbeteren door micro-SD-cards te gebruiken.

MICRO-SD-CARDS: 25.000
IN OPSLAG, 1,6 PETABYTE
AANSCHAFPRIJS: $ 1,2 MILJOEN

Die piepkleine, flinterdunne kaartjes hebben een opslagdichtheid van wel 160 te-rabyte per kilo. Een FedEx-vloot met micro-SD-cards kan ongeveer 177 petabit per seconde vervoeren, ofwel 2 zettabyte per dag – duizendmaal het huidige ver-voerniveau van internet. (De infrastructuur is interessant: Google moet dan enor-me pakhuizen bouwen om een gigantische operatie van informatieverwerking te omvatten.)

Volgens schattingen van Cisco groeit het internetverkeer jaarlijks ongeveer 29 procent. In dat tempo halen we in 2040 het niveau van FedEx. Natuurlijk zal de hoeveelheid data die een schijf kan bevatten tegen die tijd ook zijn toegenomen. We kunnen alleen echt het niveau van FedEx bereiken als de overdrachtssnelhe-den veel sneller toenemen dan de opslaghoeveelheden. Naar mijn gevoel is dat onwaarschijnlijk, omdat opslag en overdracht zo nauw verbonden zijn – alle data komen ergens vandaan en gaan ergens heen – maar het is onmogelijk met zeker-heid iets te zeggen over toekomstige gebruikspatronen.

FedEx is groot genoeg om de komende tientallen jaren gelijke tred te houden met het actuele gebruik, maar de technologie hoeft geen obstakel te zijn voor de aanleg van een connectie die FedEx op bandbreedte verslaat. Er bestaan al experimentele vezelclusters die meer dan een petabit per seconde aankunnen. Een cluster van 200 daarvan geeft FedEx het nakijken.

Als je het hele Amerikaanse vrachtvervoer in de arm neemt om SD-cards te vervoeren, is de verwerkingscapaciteit in de orde van grootte van 500 exabit – een halve zettabit – per seconde. Om die overdrachtsnelheid digitaal te evenaren heb je een half miljoen van die petabitkabels nodig.

Het komt er dus op neer dat op het punt van FedEx' pure bandbreedte het internet waarschijnlijk SneakerNet nooit zal verslaan. Maar de virtueel oneindige bandbreedte van een op FedEx gebaseerd internet vergt wel zoiets als 80.000.000 milliseconden aan pingtijd.

VRIJE VAL

V. Waar kun je op aarde de langste vrije val maken door een sprong? Wat als je een wingsuit gebruikt?

– **Dhash Shrivathsa**

....

A. DE GROOTSTE ZUIVER VERTICALE val op aarde kun je maken vanaf de top van Mount Thor in Canada, die er ongeveer zo uitziet:

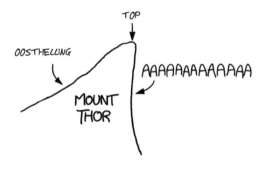

Bron: *AAAAAAAAAAAAAAAAAAAAAAAAAAAAAAAAAAAAAAAAAAAAA AAAAAAAAAAAAAAAAAAAAAAAAAAAAAAAAAAAAAAAAAAAAA*

Om dit scenario wat minder gruwelijk te maken, kunnen we ervan uitgaan dat er een kuil in de bodem bij de rots ligt die gevuld is met pluizig materiaal – zoals de gesponnen suiker van een suikerspin – dat je val breekt.

Werkt dit echt? Daarvoor moet je op boek twee wachten...

Een mens die met uitgestrekte armen en benen valt, heeft een eindsnelheid van om en nabij 55 meter per seconde. Je hebt een paar honderd meter nodig om op die snelheid te komen, waardoor de val over de hele afstand iets meer dan 26 seconden duurt.

Wat kun je doen in 26 seconden?

Om te beginnen: het is lang genoeg om het spel van de oorspronkelijke Super Mario World 1-1 helemaal te doorlopen, als je tenminste een perfecte timing hebt en de korte route door de buis neemt.

Het is ook lang genoeg om een telefoontje te missen. De telefoondienst Sprint heeft een belduur – de tijd dat de telefoon overgaat voordat hij naar voicemail overschakelt – van 23 seconden.[1]

Als iemand je belt, en de telefoon gaat over op het moment dat je springt, schakelt hij 3 seconden voordat je de grond bereikt over op voicemail.

Als je daarentegen van de 210 meter hoge Cliffs of Moher in Ierland springt, duurt je val slechts ongeveer 8 seconden – of iets meer als er een sterke opwaartse luchtstroom is. Dat is niet erg lang, maar volgens River Tam kan het met een adequaat afzuigsysteem volstaan om al het bloed aan je lichaam te onttrekken.

---

1 Voor wie het bijhoudt: dat betekent dat die van Wagner 2350 keer zo lang duurt.

Tot dusver zijn we ervan uitgegaan dat je verticaal valt. Maar dat hoeft niet. Zelfs zonder een speciale uitrusting kan een ervaren vrijevaller – als hij of zij eenmaal op volle snelheid gaat – onder een hoek van bijna 45 graden zweven. Door weg te zweven van de voet van de rots, kun je je val waarschijnlijk aanzienlijk verlengen.

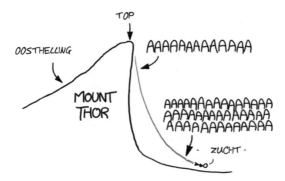

Het is moeilijk te zeggen hoelang. Behalve het plaatselijke terrein is het ook afhankelijk van je kledingkeuze. Zo luidt een commentaar op een wiki van records in basejumpen:

> *Het record voor de langste [valtijd] zonder een wingsuit is moeilijk te vinden doordat het verschil tussen jeans en wingsuits is vervaagd sinds de introductie van geavanceerde franje.*

Dat brengt ons bij wingsuits – iets wat het midden houdt tussen een parachutepak en een parachute.

Met een wingsuit val je veel langzamer. Een wingsuitoperator heeft gegevens op internet gezet van een reeks sprongen. Daaruit blijkt dat je in een glijvlucht met een wingsuit hoogte kunt verliezen met slechts 18 meter per seconde – een enorme verbetering op de 55.

Als we horizontale vluchtonderdelen negeren, dan nog rekt dit onze val uit tot langer dan een minuut. Dat is genoeg voor een schaakspelletje. Het is ook lang genoeg om de eerste regel te zingen van – heel toepasselijk – REM's *It's the End of the World as We Know It*, gevolgd door – iets minder toepasselijk – de hele uitloop aan het eind van *Wannabe* van de Spice Girls.

Als we de hoogste rotsen erbij nemen met horizontale vluchtgedeelten, worden de tijden nog langer.

Er zijn volop bergen die waarschijnlijk geschikt zijn voor een heel lange vlucht met een wingsuit. Zo heeft de Nanga Parbat, een berg in Pakistan, een val van meer dan 3 kilometer onder een tamelijk steile hoek. (Verrassend genoeg werkt een wingsuit prima in de ijle lucht, al heeft de springer wel zuurstof nodig, en gaat de glijvlucht iets sneller dan normaal.)

Het record voor de langste basejump met een wingsuit is tot nu toe in handen van Dean Potter, die van de Eiger, een berg in Zwitserland, sprong en een glijvlucht maakte van 3 minuten en 20 seconden.

Wat kun je doen in 3 minuten en 20 seconden?

Stel dat we een beroep kunnen doen op Joey Chestnut en Takeru Kobayashi, wedstrijdeters die tot de top van de wereld behoren.

Als we een manier kunnen vinden dat ze hun wingsuit kunnen bedienen terwijl ze op volle snelheid eten, en ze van de Eiger springen, kunnen ze – in theorie – samen wel 45 hotdogs verorberen voordat ze de grond bereiken...

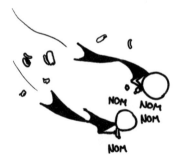

... wat hun minstens het vreemdste wereldrecord in de geschiedenis kan opleveren.

V. Kun je een vloedgolf overleven door onder te duiken in een zwembad in de grond?

– Chris Muska

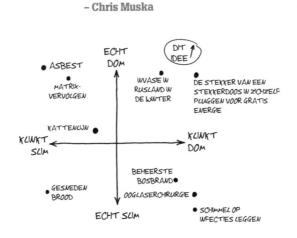

V. Als je een vrije val maakt en je parachute weigert, maar je hebt wel een slinky met een bijzonder geschikte massa, spanning, enzovoort, kun je dan jezelf redden door de slinky omhoog te gooien terwijl je één kant vasthoudt?

– Varadarajan Srinivasan

SPARTA

V. In de film *300* schieten ze pijlen de lucht in en lijken daarmee de zon te verduisteren. Is dat mogelijk, en hoeveel pijlen heb je daarvoor nodig?

– Anna Newell

A. HET IS VRIJ LASTIG om dit voor elkaar te krijgen.

Poging 1

Schutters met grote handbogen kunnen 8 à 10 pijlen per minuut afvuren. In natuurkundige termen is een handboogschutter een pijlgenerator met een frequentie van 150 millihertz.

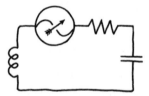

Elke pijl blijft slechts een paar seconden in de lucht. Als de gemiddelde tijd van een pijl boven een slagveld 3 seconden is, dan heeft ongeveer 50 procent van alle schutters op een bepaald moment pijlen in de lucht.

Elke pijl onderschept ongeveer 40 cm² van het zonlicht. Doordat de schutters slechts de helft van de tijd pijlen in de lucht hebben, blokkeert elk gemiddeld 20 cm² zonlicht.

Als de schutters in rijen bij elkaar staan, met twee schutters per meter en om de anderhalve meter een rij, en de batterij aan boogschutters 20 rijen (30 meter) diep is, dan zijn er voor elke meter aan breedte...

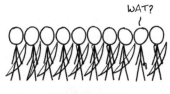

BOVENAANZICHT

(20 RIJEN IN TOTAAL)

...18 pijlen in de lucht.

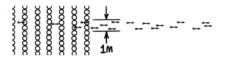

Met 18 pijlen blokkeer je hooguit 0,1 procent van de zon boven het schootsveld. Dat moet beter.

Poging 2

Allereerst kunnen we de schutters dichter bij elkaar stationeren. Als ze zo dicht op elkaar staan als de menigte voor een podium[1], kunnen er per m² nog driemaal zo veel schutters bij. Het schieten zal wat lastiger zijn, maar ik ben ervan overtuigd dat ze er wel uitkomen.

We kunnen de diepte van de batterij schutters uitbreiden tot 60 meter. Zodoende krijgen we een dichtheid van 130 schutters per meter.

Hoe snel kunnen ze pijlen afvuren?

In de uitgebreide versie van de film *Lord of the Rings: The Fellowship of the Ring* (2001) komt een scène voor waarin een groep orks[2] een aanval uitvoert op Lego-

---

1 Vuistregel: 1 persoon per m² is een kleine menigte, 4 personen per m² is het gedrang vlak voor een podium.
2 Strikt gesproken waren het Uruk-Hai, niet de gewone orks. Rond de precieze aard en afkomst van de Uruk-Hai bestaan enige onduidelijkheden. Tolkien stelde dat ze waren ontstaan uit een kruising van mensen en orks. Maar in een vroegere versie, die was gepubliceerd in *The Book of Lost Tales*, stelde hij dat de Uruks waren voortgekomen uit de 'onderaardse werking van warmte en slijk in de aarde'. Regisseur Peter Jackson koos bij zijn adaptatie voor de film wijselijk voor de laatste versie.

las. Legolas weet iedere aanvaller met één schot te vellen voordat ze hem bereiken door snel achter elkaar pijlen te trekken en af te vuren.

De acteur die Legolas speelde, Orlando Bloom, kon in werkelijkheid niet zo snel pijlen afvuren. Hij was feitelijk aan het droogschieten met een lege boog; de pijlen werden later toegevoegd met computeranimatie. Dit tempo van pijlen af-schieten kwam bij het publiek over als indrukwekkend snel, maar niet fysiek on-mogelijk. Daarom kan het wel een handige bovengrens voor onze berekeningen vormen.

We gaan ervan uit dat we onze boogschutters kunnen trainen om het tempo van Legolas van 7 pijlen in 8 seconden te evenaren.

In dat geval blokkeert onze batterij van boogschutters (met een onwaarschijn-lijke vuursnelheid van 339 pijlen per meter) slechts 1,56 procent van het zonlicht.

Poging 3

We zien af van de handbogen en geven onze schutters Gatling-mitrailleurs die zijn geladen met pijlen. Als ze 70 pijlen per seconde afvuren, dan komen we op 110 m^2 aan pijlen per 100 m^2 aan slagveld! Perfect.

Maar er is een probleem. Ook al bestrijken de pijlen een totaal gebied met een dwarsdoorsnede van 100 meter, ze werpen soms ook een schaduw op elkaar.

De formule van de fractie van het gebied dat wordt bestreken door een groot aantal pijlen, waarbij sprake is van enige overlap, is:

$$(1-\frac{\text{pijloppervlak}}{\text{grondoppervlak}})^{\text{pijlaantal}}$$

Met 110 m^2 aan pijlen bestrijk je slechts twee derde van het slagveld. Aangezien onze ogen helderheid beoordelen op een logaritmische schaal, wordt de reductie van de helderheid van de zon tot een derde van de normale waarde ervaren als een zekere verdonkering, maar beslist niet als een 'verduistering'.

Met een nog onrealistischere vuursnelheid kunnen we het voor elkaar krijgen. Als de mitrailleurs 300 pijlen per seconde afvuren, blokkeren ze 99 procent van het zonlicht boven het slagveld.

Maar het kan gemakkelijker.

Poging 4

We zijn er stilzwijgend van uitgegaan dat de zon recht boven het veld staat. Zo is het zeker in de film. Maar de beroemde leus was misschien wel gebaseerd op een plan om bij zonsopkomst aan te vallen.

Als de zon laag aan de oostelijke horizon staat, en de schutters in noordelijke richting vuren, moet het licht door de hele linie van pijlen heen gaan, waardoor het schaduweffect wel duizend keer zo groot kan zijn.

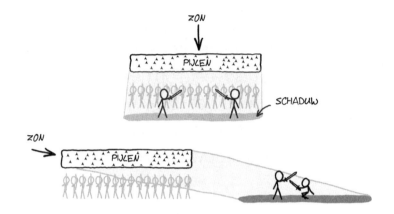

Natuurlijk komen de pijlen dan niet in de buurt van de vijandelijke krijgers. Maar eerlijk gezegd beweerden ze ook alleen maar dat hun pijlen de zon zouden verduisteren. Ze hadden niets gezegd over iemand raken.

En wie weet, misschien is dat tegenover de juiste vijand het enige wat nodig is.

LEEGLOPENDE OCEANEN

V. Hoe snel raken de oceanen leeg als er een ronde ruimtepoort met een straal van 10 meter wordt gecreëerd op de bodem van Challenger Deep, het diepste punt in de oceaan? Hoe verandert de aarde als het water wordt weggezogen?

– Ted M.

....

A. IK WIL EERST EVEN iets zeggen.

Volgens mijn ruwe berekeningen kan een vrachtschip dat zinkt en tegen de afvoerpijp belandt, door de druk gemakkelijk worden samengevouwen en opgezogen. Cooool.

Hoe ver weg is het andere uiteinde van deze ruimtepoort precies? Als het dicht bij de aarde is, valt de oceaan gewoon terug in de dampkring. Tijdens de val wordt het water warm en gaat over in damp, die daarna condenseert en als regen terugvalt in de oceaan. De input van energie in de dampkring veroorzaakt ook een ravage in ons klimaat, net als de enorme wolken van damp op grote hoogte.

We plaatsen daarom het uiteinde van de ruimtepoort ver weg, bijvoorbeeld op Mars. (Ik stem ervoor dat we het pal boven Curiosity plaatsen; op die manier heeft het een onweerlegbaar bewijs van de aanwezigheid van vloeibaar water aan het oppervlak van Mars.)

Wat gebeurt er met de aarde?

Niet veel. Het duurt honderdduizenden jaren voordat de oceaan leeg is.

Zelfs al is de opening breder dan een basketbalveld, en wordt het water er met een ongelofelijke snelheid doorheen geperst: de oceanen zijn immens groot. Wanneer je begint, zakt het waterpeil minder dan een centimeter per dag.

Er ontstaat niet eens een mooie draaikolk aan de oppervlakte – de opening is te smal en de oceaan is te diep. (Daarom krijg je in een badkuip ook pas een draaikolk als het water voor meer dan de helft is weggelopen.)

Maar stel dat we het leegzuigen versnellen door meer afvoerpijpen aan te brengen, dan daalt het waterpeil sneller.[1]

We gaan eens kijken hoe de kaart dan verandert.

Zo ziet hij eruit aan het begin:

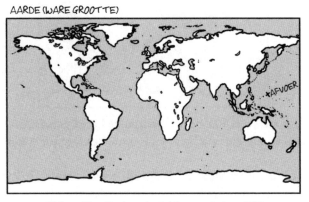

Dit is een Plate Carrée-projectie (zie www.xkcd.com/977).

En dit is de kaart nadat het waterpeil in de oceanen 50 meter is gedaald:

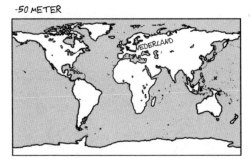

De kaart ziet er vrijwel onveranderd uit, maar er zijn een paar kleine verschillen. Sri Lanka, Nieuw-Guinea, Groot-Brittannië, Java en Borneo zijn nu verbonden met nabijgelegen land.

En na een strijd van 2000 jaar om de zee tegen te houden ligt Nederland nu eindelijk hoog en droog. Nu de Nederlanders niet meer met de voortdurende dreiging van een rampzalige stormvloed hoeven te leven, kunnen ze hun energie

---

1 Vergeet niet het walvisfilter om de paar dagen schoon te maken.

richten op expansie. Ze verspreiden zich onmiddellijk en claimen al het land dat nu bloot komt te liggen.

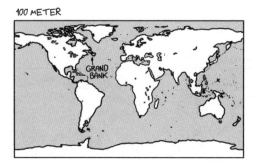

Wanneer het zeeniveau 100 meter lager komt te liggen, ontstaat er een enorm nieuw eiland voor de kust van Nova Scotia op de locatie van de vroegere Grand Banks.

Misschien valt je iets vreemds op: niet alle zeeën krimpen. De Zwarte Zee krimpt bijvoorbeeld maar een klein beetje, en staat dan stil.

Dat komt doordat deze wateren niet meer in verbinding met de oceaan staan. Wanneer het waterpeil zakt, worden sommige bekkens afgesneden van de afvoer in de Grote Oceaan. Afhankelijk van de zeebodem kan de stroming van het water ook een dieper kanaal uitslijten, waardoor het water nog steeds kan uitstromen. Maar de meeste wateren zullen uiteindelijk door land worden ingesloten en niet verder leeglopen.

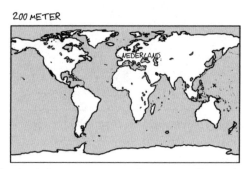

Bij 200 meter begint de kaart er wat vreemd uit te zien. Er verschijnen nieuwe eilanden. Indonesië is één grote vlek. Nederland heerst nu over een groot deel van Europa.

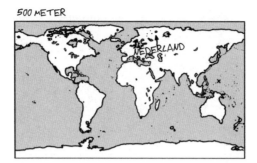

Japan is nu een landengte die het schiereiland van Korea verbindt met Rusland. Nieuw-Zeeland krijgt er nieuwe eilanden bij. Nederland breidt zich in noordelijke richting uit.

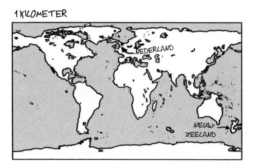

Nieuw-Zeeland maakt een drastische groei door. De Noordelijke IJszee wordt afgesneden en het waterpeil zakt hier niet verder. Nederland steekt de nieuwe landbrug naar Noord-Amerika over.

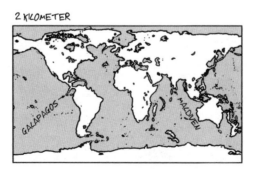

Het zeeniveau is 2 kilometer gezakt. Her en der duiken nieuwe eilanden op. De Caraïbische Zee en de Golf van Mexico verliezen hun verbinding met de Atlantische Oceaan. Ik heb geen idee wat Nieuw-Zeeland doet.

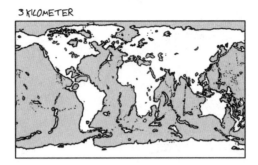

Bij 3 kilometer verschijnen veel pieken van de Mid-Oceanische Rug – de langste bergketen van de wereld – aan de oppervlakte. Uitgestrekte stukken woest nieuw land komen op.

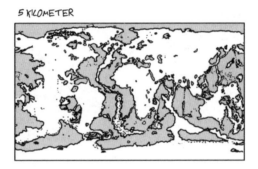

Op dit punt hebben de meeste grote oceanen hun onderlinge verbinding verloren en lopen niet verder leeg. De precieze locatie en omvang van de diverse door land omsloten zeeën zijn moeilijk te voorspellen; dit is slechts een ruwe schatting.

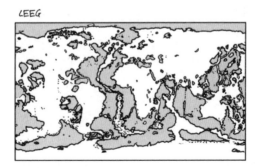

Zo ziet de kaart er ongeveer uit als de afvoerpoort stil komt te staan. Er blijft een verrassende hoeveelheid water over, ook al bestaat het grotendeels uit zeer ondiepe zeeën, met hier en daar een trog waar het water nog wel 4 of 5 kilometer diep kan zijn.

Als de helft van de oceanen weg wordt gezogen, veranderen het klimaat en het ecosysteem op moeilijk voorspelbare wijze. Op z'n minst stort hierbij de biosfeer in en sterven veel soorten op elk niveau uit.

Maar het is mogelijk – al is de kans erg klein – dat de mens weet te overleven. In dat geval hebben we dit om naar uit te kijken:

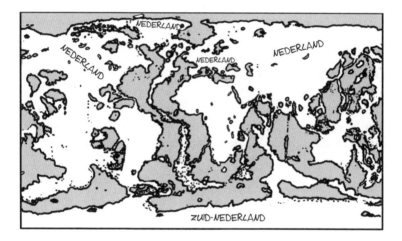

LEEGLOPENDE OCEANEN: DEEL II

V. Stel dat je de oceanen leeg laat lopen, en het water boven op Curiosity dumpt, hoe verandert Mars dan door al het water?

– Iain

A. BIJ HET VOORGAANDE ANTWOORD openden we een ruimtepoort op de bodem van de Marianentrog en lieten de oceanen leeglopen.

We hielden ons niet al te veel bezig met de vraag waar het water heen ging. Ik heb Mars gekozen; de Marsrover Curiosity speurt naarstig naar water, dus ik dacht dat we het wat gemakkelijker voor het wagentje konden maken.

Curiosity bevindt zich in de Gale-krater, een laaggelegen rond gebied op het oppervlak van Mars met in het midden een berg die de bijnaam Mount Sharp heeft gekregen.

Er is volop water op Mars. Het probleem is dat het bevroren is. Vloeibaar water houdt hier niet lang stand, doordat het te koud is en er te weinig lucht is.

Als je een kop warm water op Mars zet, probeert het te koken, te bevriezen en te vervluchtigen, allemaal praktisch op hetzelfde moment. Water op Mars lijkt in elke toestand te willen zijn behalve vloeibaar.

Maar wij dumpen heel snel heel veel water (allemaal een paar graden boven 0°C), en het heeft niet veel tijd om te bevriezen, te koken of te vervluchtigen. Als onze ruimtepoort groot genoeg is, verandert het water de Gale-krater in een meer, net zoals dat op aarde zou gebeuren. We kunnen de uitstekende USGS Mars Topographic Map gebruiken om de voortgang van het water te laten zien.

Hier is de Gale-krater aan het begin van ons experiment:

Terwijl de stroom doorgaat, loopt het meer vol. Curiosity krijgt honderden meters water boven zich.

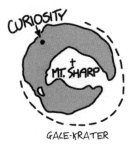

Uiteindelijk wordt Mount Sharp een eiland. Maar voordat de top helemaal onder water verdwijnt, stroomt er water weg over de noordelijke rand van de krater en stroomt uit over het zand.

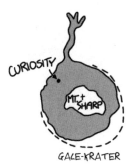

Er zijn aanwijzingen – dankzij enkele hittegolven – dat het ijs in de bodem van Mars zo nu en dan smelt en stroomt als een vloeistof. Wanneer dit gebeurt, droogt het waterstroompje al snel op voordat het erg ver kan komen. Maar nu hebben we een groot deel van de oceaan tot onze beschikking.

Het water vormt een plas in het noordpoolbekken:

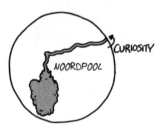

Geleidelijk vult het water het hele bekken:

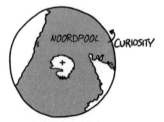

Maar bij een blik op een kaart van de streken die meer in het midden van Mars liggen, waar de vulkanen zijn, zien we dat er ver van het water nog steeds veel land is:

(Mercator-projectie; toont niet de beide polen.)

Eerlijk gezegd vind ik deze kaart nogal saai; er is niet veel op te zien. Het is gewoon een grote lege landvlakte met een beetje oceaan bovenin.

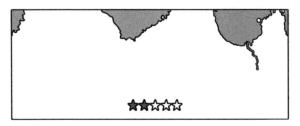

Zou ik niet weer kopen.

We zijn nog lang niet zo ver dat we al het oceaanwater hebben gebruikt. Ook al was er aan het eind van ons vorige antwoord nog veel blauw over op de kaart van de aarde, de resterende zeeën waren ondiep en het grootste deel van de oceanen was weggesluisd.

Mars is bovendien veel kleiner dan de aarde, dus hetzelfde volume water zal een diepere zee vormen.

Op dit punt vult het water de Valles Marineris, waarbij enkele ongebruikelijke kustlijnen ontstaan. De kaart is minder saai, maar het terrein rond de grote ravijnen levert wel enkele rare vormen op.

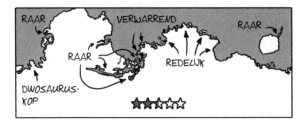

Het water komt nu tot Spirit en Opportunity, en verzwelgt die. Uiteindelijk breekt het door naar de Hellas Impact Crater, het bekken met het laagste punt van Mars.

Volgens mij begint de rest van de kaart er al vrij goed uit te zien.

Naarmate het water zich verder over het oppervlak verspreidt, geeft de kaart verschillende grote eilanden te zien (en talloze kleinere).

Het water bedekt al snel het grootste deel van de hoge plateaus, zodat er slechts een paar eilanden overblijven.

En dan eindelijk stopt de stroom; de oceanen op aarde zijn zo goed als leeg. We kijken eens van dichterbij naar de grote eilanden.

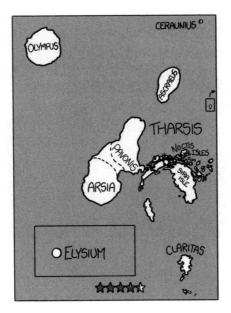

Geen enkele Marswagentje blijft boven water.

Olympus Mons en een paar andere vulkanen blijven boven water. Verrassend genoeg komt het water niet in de verste verte hoog genoeg. Olympus Mons steekt nog steeds ruim 10 kilometer uit boven het nieuwe zeeniveau. Mars heeft een paar gigantische bergen.

Die vreemde eilanden zijn ontstaan doordat het water binnenstroomde in Noctis Labyrinthus ('labyrint van de nacht'), een grillige groep ravijnen waarvan de oorsprong nog altijd een raadsel is.

De oceanen op Mars blijven niet lang bestaan. Er kan zich tussentijds enige opwarming door een broeikaseffect voordoen, maar uiteindelijk is Mars gewoon te koud. De oceanen vriezen dicht, worden overdekt met stof, en gaan aan de polen over in permafrost.

Maar dat proces kan lang duren, en tot die tijd is Mars een veel interessantere plek.

Als je bedenkt dat er al een ruimtepoortsysteem beschikbaar is dat vervoer tussen beide planeten mogelijk maakt, ligt het vervolg voor de hand:

TWITTER

V. Hoeveel unieke Engelse tweets zijn er mogelijk? Hoelang heeft de wereldbevolking nodig om die hardop te lezen?

– Eric H., Hopatcong, New Jersey

....

Hoog in het noorden, in het land Svithjod, staat een rots. Hij is honderd mijl hoog en honderd mijl breed. Eens in de duizend jaar komt een vogeltje zijn snavel aan de rots slijpen. Wanneer de rots op deze manier is weggesleten, dan is er een enkele dag in de eeuwigheid verstreken.

– Hendrik Willem Van Loon

A. TWEETS HEBBEN EEN LENGTE van 140 tekens. Het Engels heeft 26 letters – 27 als je de spatie meerekent. Als je dat alfabet gebruikt, zijn er 27^{140} 10^{200} mogelijke reeksen.

Maar Twitter beperkt je niet tot die tekens. Je hebt alle Unicode-tekens om mee te spelen, en dat zijn er meer dan een miljoen. De manier waarop Twitter Unicode-tekens telt, ligt wat ingewikkeld, maar het aantal mogelijke reeksen kan oplopen tot wel 10^{800}.

Natuurlijk zijn de meeste daarvan een betekenisloze warboel van tekens uit een tiental verschillende talen. Zelfs als je bent beperkt tot 26 Engelse tekens, kunnen de reeksen nog steeds een betekenisloze wirwar als 'ptikobj' opleveren. Erics vraag ging over tweets die echt iets zeggen in het Engels. Hoeveel daarvan zijn er mogelijk?

Dat is een moeilijke vraag. Je eerste impuls is om alleen Engelse woorden toe te staan. En dan kun je het verder beperken tot grammaticaal correcte zinnen.

Maar het wordt lastig. Zo is 'Hi, I'm Mxyztplk' een grammaticaal correcte zin als je toevallig Mxyztplk heet. (Nu ik erover nadenk: de zin is net zo grammaticaal correct als je liegt.) Het heeft duidelijk geen zin om woordreeksen die beginnen met 'Hi, I'm...' als een apart geval te beschouwen. Voor een normale Engelse spreker is 'Hi, I'm Mxyztplk' in principe vergelijkbaar met 'Hi, I'm Mxzkqklt', en beide horen niet mee te tellen. Maar 'Hi, I'm xPoKeFaNx' is duidelijk anders dan de eerste twee, ook al is 'xPoKeFaNx' bij lange na geen Engels woord.

Onze methode om onderscheid te maken lijkt schipbreuk te lijden. Gelukkig is er een betere benadering mogelijk.

Stel dat een taal twee correcte zinnen heeft, en dat elke tweet een van die twee zinnen moet zijn. Het zijn:

- Er staat een paard in gang vijf.
- Mijn huis zit vol vallen.

Twitter ziet er dan zo uit:

De berichten zijn betrekkelijk lang, maar ze bevatten elk niet veel informatie – het enige wat je eruit kunt opmaken is dat iemand besloot het val-bericht te sturen of het paard-bericht. Dat is in feite 1 of 0. Ook al zijn er veel letters, voor een lezer die het taalpatroon kent, draagt elke tweet slechts één bit informatie per zin.

Dit voorbeeld laat iets doorschemeren van een zeer diepe gedachtegang, namelijk dat informatie onlosmakelijk verbonden is met de onzekerheid van de ontvanger over de inhoud van de boodschap en zijn of haar vermogen om die al van tevoren te voorspellen.[1]

---

1 En ook iets van een zeer oppervlakkig idee, namelijk dat er een paard in gang vijf staat.

Claude Shannon, die bijna in zijn eentje de moderne informatietheorie uit-vond, had een slimme methode om de informatiedichtheid van een taal te meten. Hij liet groepen mensen voorbeelden zien van gewone Engelse zinnen die op een willekeurig punt waren afgebroken, en vroeg hun dan te raden wat de volgende letter was.

Hij dreigt onze stad te overstromen met informatie!

Op basis van het aantal correcte voorspellingen – en een strikt mathematische analyse – stelde Shannon vast dat de informatiedichtheid van gangbaar geschreven Engels 1,0 tot 1,2 bit per letter was. Dat betekent dat een goed comprimeeralgoritme in staat moet zijn een Engelse tekst in ASCII-tekens – dat is 8 bits per letter – te comprimeren tot ongeveer een achtste van de oorspronkelijke omvang. Als je een goed comprimeerprogramma loslaat op een ebook in .txt zul je dat inderdaad ook krijgen.

Als een stuk tekst n bits informatie bevat, betekent dat in zekere zin dat het 2^n verschillende boodschappen kan overbrengen. Er komt hier enig wiskundig gegoochel bij kijken (met onder andere de lengte van de boodschap en iets wat *unicity distance* – zoiets als 'kritieke lengte' – wordt genoemd), maar het komt erop neer dat er ongeveer $2^{140 \times 1,1}$ 2×10^{46} betekenisvolle verschillende Engelse tweets zijn; dat is wat anders dan 10^{200} of 10^{800}.

En hoelang heeft de wereld nodig om die allemaal hardop te lezen?

Het lezen van 2×10^{46} tweets kost iemand bijna 10^{47} seconden. Het is zo'n overweldigende hoeveelheid tweets dat het er nauwelijks toe doet of één iemand die leest of een miljard – ze hebben geen betekenisvolle invloed op de lijst tijdens de levensduur van de aarde.

Denk in plaats daarvan aan die vogel die zijn snavel scherpt aan de bergtop. Stel dat de vogel een heel klein beetje van de rots schraapt tijdens zijn bezoekjes eens in de duizend jaar, en hij die enkele tientallen stofdeeltjes meevoert bij zijn vertrek. (Een normale vogel zou waarschijnlijk meer materiaal van zijn snavel achterlaten op de bergtop dan dat hij er materiaal weghaalt, maar vrijwel niets aan dit verhaal is normaal, dus we gaan erin mee.)

Stel dat je 16 uur per dag, 7 dagen per week, hardop tweets leest. En achter je komt de vogel eens in de duizend jaar en schraapt met zijn snavel een paar onwaarneembare stofdeeltjes af van de top van de honderd mijl hoge berg.

Wanneer de berg tot op de bodem is weggesleten, is dat de eerste dag van de eeuwigheid.

De berg verschijnt opnieuw en de cyclus begint van voren af aan gedurende nog een eeuwigheidsdag: 365 eeuwigheidsdagen – elk 10^{32} jaar lang – vormen een eeuwigheidsjaar.

Honderd eeuwigheidsjaren, waarin de vogel 36.500 bergen verslijt, vormen een eeuwigheidseeuw.

Maar een eeuw is nog niet genoeg. Niet eens een millennium.

Het lezen van alle tweets kost je tienduizend eeuwigheidsjaren.

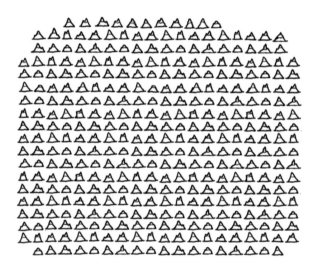

Dat is genoeg tijd om het hele verloop van de geschiedenis van de mensheid te volgen, van de uitvinding van het schrift tot nu, waarbij elke dag net zo lang duurt als de vogel ervoor nodig heeft om een berg af te slijten.

Ook al lijken 140 tekens niet veel, we raken nooit door de voorraad heen van dingen om te zeggen.

LEGOBRUG

V. Hoeveel Lego-blokjes zijn er nodig om een brug te bouwen die het verkeer van Londen naar New York kan vervoeren? Zijn er zoveel Lego-blokjes gemaakt?

– Jerry Petersen

A. WE BEGINNEN MET een iets minder ambitieus doel.

De verbinding

Er zijn zeker genoeg Lego-blokjes[1] geweest om New York en Londen te verbinden. In LEGO-eenheden[2] liggen New York en Londen 700 miljoen knopjes van elkaar. Dat betekent dat als je de blokken zo legt...

... er 350 miljoen nodig zijn om de twee steden te verbinden. De brug kan niet zelfstandig intact blijven en kan ook niets groter dan een *LEGO*®-minifig[3] (poppetje) dragen, maar het is een begin.

Er zijn door de jaren heen meer dan 400 miljard Lego-stukjes[4] geproduceerd. Maar hoeveel daarvan zijn van nut bij de aanleg van een brug, en hoeveel hebben een klein helmpje met een viziertje dat in het tapijt verloren gaat?

---

1   Liefhebbers zullen erop wijzen dat het als LEGO moet worden geschreven.

2   De LEGO Group® eist overigens dat het wordt geschreven als *LEGO*®.

3   Aan de andere kant zijn schrijvers niet verplicht het handelsmerksymbool toe te voegen. De Wikipedia-richtlijn houdt het op 'Lego'.

4   De Wikipedia-richtlijn heeft ook zijn critici. Het opinielokaal over dit onderwerp gaf vele pagina's aan vurige pleidooien te zien, waaronder enkele onterechte juridische dreigementen. De deelnemers discussiëren ook over het cursief.

We gaan ervan uit dat we onze brug bouwen met het gangbaarste LeGo-stuk[5] – het 2 × 4-blokje.

Ik heb een beroep gedaan op gegevens die zijn verschaft door Dan Boger, een Lego-archiveerder en operator van www.peeron.com met Lego-gegevens.[6] Zo heb ik een ruwe schatting gemaakt: van elke 50 tot 100 stukken is er 1 een rechthoekig blokje van 2 × 4. Daaruit kun je afleiden dat er ongeveer 5 à 10 miljard 2 × 4-blokjes bestaan. Dat is meer dan genoeg voor onze brug van een blok breed.

Geschikt voor auto's

Als we de brug geschikt willen maken voor echt verkeer, moeten we hem natuurlijk iets breder maken.

Waarschijnlijk is een drijvende brug het handigst. De Atlantische Oceaan is diep, en we bouwen liever geen 5 kilometer hoge pijlers van Lego als het niet hoeft.

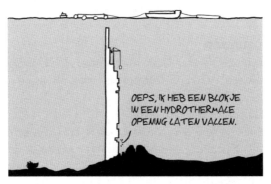

Lego-blokjes sluiten niet waterdicht op elkaar aan als je ze verbindt.[7] En het plastic waarvan ze zijn gemaakt heeft een hoger soortelijk gewicht dan water. Maar daar is gemakkelijk wat op te vinden; als we een laagje sealant op de buitenkant aanbrengen, heeft het resulterende blok een aanzienlijk lager soortelijk gewicht dan water.

---

5 Oké, niemand schrijft het zo.
6 Prima.
7 Bewijs: ik heb ooit een Lego-boot gemaakt en te water gelaten, en hij zonk :(

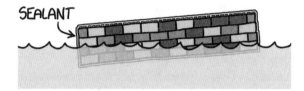

Voor elk m³ die de brug aan water verplaatst, kan hij 400 kilo dragen. Een gewone personenauto weegt iets minder dan 2000 kilo, dus onze brug heeft minimaal 10 m³ Lego nodig om elke personenauto te dragen.

Als we de brug 1 meter dik en 5 meter breed maken, dan moet hij zonder moeite kunnen blijven drijven – ook al ligt hij misschien laag in het water – en stevig genoeg zijn om eroverheen te rijden.

Lego-blokjes zijn erg sterk.[8] Volgens een onderzoek van de BBC kun je een kwart miljoen 2 × 2-blokjes op elkaar zetten voordat de onderste het begeeft.[9]

Het eerste probleem met dit idee is dat er niet genoeg Lego-blokjes te vinden zijn om zo'n soort brug te bouwen. Ons tweede probleem is de oceaan.

Extreme krachten

De Noord-Atlantische Oceaan is een stormachtige plek. Ook al kunnen we de snelst stromende delen van de Golfstroom vermijden, dan nog is de brug onderhevig aan sterke wind en zware golven.

Hoe sterk kunnen we onze brug maken?

Dankzij Tristan Lostroh, een onderzoeker die is verbonden aan de Universiteit van Southern Queensland, hebben we enkele gegevens over de elastische kracht van bepaalde Lego-verbindingsstukken. Zijn conclusie is, net als bij de BBC, dat Lego-blokjes verrassend sterk zijn.

Het optimale ontwerp bestaat uit lange, dunne platen die elkaar overlappen.

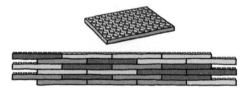

---

8 Hier ga ik wat boze mailtjes over krijgen.
9 Misschien was het komkommertijd.

Dit ontwerp zou vrij sterk zijn – de elastische kracht is te vergelijken met die van beton – maar niet sterk genoeg. De wind, de golven en de stroming duwen het midden van de brug opzij, waardoor de constructie onder een enorme spanning komt te staan.

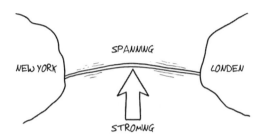

De traditionele aanpak in zo'n situatie is de brug in de bodem verankeren, zodat hij niet te ver zijwaarts kan drijven. We kunnen onszelf toestaan kabels te gebruiken als aanvulling op de Lego-blokjes.[10] Dan kunnen we deze grote installatie vastbinden aan de zeebodem.[11]

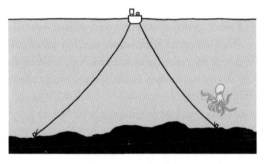

Maar daarmee zijn de problemen nog niet voorbij. Een 5 meter brede brug kan misschien een auto dragen op een rustige vijver, maar onze brug moet groot genoeg zijn om boven water te blijven als er golven overheen slaan. De golven op open zee kunnen doorgaans een paar meter hoog zijn, dus ons brugdek moet minstens zo'n 4 meter boven het water drijven.

We kunnen onze constructie beter laten drijven door luchtzakken en holtes

---

10 En sealant.

11 Als we per se Lego-onderdelen willen gebruiken, kunnen we het proberen met kits waarin kleine nylondraadjes zitten.

aan te brengen, maar we moeten de brug ook breder maken – anders slaat hij om. Dat betekent dat we meer ankers moeten aanbrengen, met boeien om te voorkomen dat ze zinken. De boeien creëren meer weerstand, waardoor er meer druk op de kabels komt te staan en onze constructie omlaag wordt getrokken, waardoor er meer boeien nodig zijn...

WACHT, DIT IS WEER HET IDEE VAN DE PIJLERS.

Zeebodem

Als we onze brug helemaal tot op de zeebodem willen bouwen, zijn er ook een paar problemen. We kunnen de luchtzakken niet openhouden onder de druk, waardoor de constructie haar eigen gewicht moet dragen. Om de druk van de oceaanstromingen te weerstaan, moeten we het geheel breder maken. Uiteindelijk bouwen we eigenlijk een dam.

Een bijkomend effect is dat we de circulatie in de Noord-Atlantische Oceaan onderbreken. Volgens klimaatwetenschappers is dat 'waarschijnlijk een slechte zaak'.[12]

Bovendien kruist de brug de Mid-Oceanische Rug. De zeebodem van de Atlantische Oceaan schuift vanaf een naad over het midden naar weerszijden uit in een tempo van – in Lego-eenheden – een knopje in 112 dagen. We moeten dus ook uitzetstukken bouwen, of om de zoveel tijd naar het midden rijden en een paar blokjes tussenvoegen.

---

12 Ze zeiden ook: 'Wacht eens, wat zei je ook alweer dat je wilde bouwen?' en 'Hoe ben je hier trouwens binnengekomen?'

Kosten

Lego-blokjes worden gemaakt van ABS-plastic, dat momenteel ongeveer een dollar per kilo kost. Zelfs ons eenvoudigste brugontwerp, dat ene met de kilometerslange stalen kabels[13], kost meer dan 5 biljoen dollar.

Maar let op: de totale waarde van de onroerendgoedmarkt in Londen is 2,1 biljoen dollar, en de trans-Atlantische scheepstarieven zijn ongeveer 30 dollar per ton.

Dat betekent dat we voor minder dan de kosten van onze brug alle gebouwen in Londen kunnen kopen en stuk voor stuk naar New York verschepen. Daarna kunnen we het geheel weer in elkaar zetten op een nieuw eiland in de haven van New York en de twee steden verbinden met een veel eenvoudigere Lego-brug.

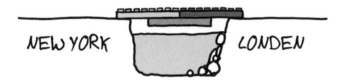

Misschien hebben we genoeg over om die mooie kit van de Millennium Falcon te kopen.

---

13 Mijn favoriete episode van *Friends*.

LANGSTE ZONSONDERGANG

V. Wat is de langst mogelijke
zonsondergang die je kunt meemaken als je
in een auto rijdt, ervan uitgaande dat we ons
aan de snelheidslimiet houden en over
verharde wegen rijden?

– Michael Berg

....

A. OM DIT TE BEANTWOORDEN, moeten we er zeker van zijn wat we verstaan
onder 'zonsondergang'.

Dit is een zonsondergang:

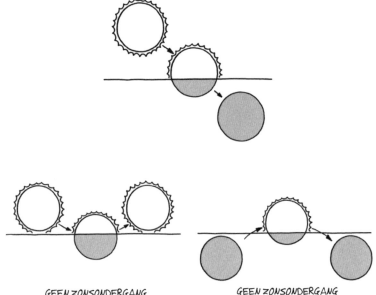

GEEN ZONSONDERGANG

GEEN ZONSONDERGANG
(VOOR ONS DOEL)

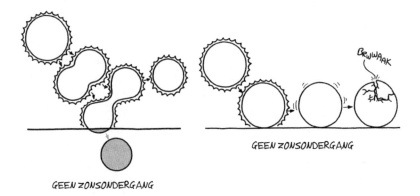

GEEN ZONSONDERGANG

GEEN ZONSONDERGANG

De zonsondergang begint op het moment dat de zon de horizon raakt, en eindigt wanneer hij volledig is verdwenen. Als de zon de horizon raakt en dan weer omhooggaat, telt de zonsondergang niet mee.

Bij een zonsondergang die meetelt, gaat de zon onder achter de algemene horizon, niet achter een nabijgelegen heuvel. Dit is geen zonsondergang, ook al lijkt het er wel een:

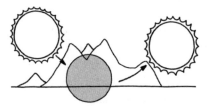

GEEN ZONSONDERGANG

De reden dat deze niet meetelt als zonsondergang is dat je dan willekeurige obstakels kunt gebruiken, waardoor je al een zonsondergang hebt door achter een rots te schuilen.

We moeten ook rekening houden met de breking van lichtstralen. Door de dampkring van de aarde buigt het licht af, waardoor de situatie ontstaat dat als de zon aan de horizon staat, hij ongeveer een zonnebreedtegraad hoger lijkt te zijn dan anders het geval zou zijn. Het lijkt standaardgebruik te zijn om het gemiddelde effect hiervan in alle berekeningen op te nemen, en dat doe ik hier ook.

Op de evenaar duurt de zonsondergang in maart en september een fractie langer dan 2 minuten. Dichter bij de polen, in steden als Londen, kan de zonsondergang tussen 200 tot 300 seconden duren. De zonsondergang is het kortst in het voor– en najaar (wanneer de zon boven de evenaar staat), en het langst in de zomer en de winter.

Als je begin maart stilstaat op de Zuidpool, blijft de zon de hele dag aan de hemel, waarbij hij net boven de horizon een volledige cirkel beschrijft. Ergens rond 21 maart raakt hij de horizon voor de enige zonsondergang van het jaar. Deze zonsondergang duurt 38 à 40 uur, wat betekent dat hij gedurende het ondergaan meer dan een hele cirkel rond de horizon beschrijft.

Maar Michaels vraag was erg slim. Hij vroeg naar de langste zonsondergang die je kunt meemaken op een verharde weg. Er loopt een weg naar het onderzoeksstation op de Zuidpool, maar die is niet verhard – hij bestaat uit aangedrukte sneeuw. Er zijn geen verharde wegen in de buurt van een van beide polen.

De dichtstbijzijnde weg naar een van beide polen die 'verhard' kan worden genoemd, is waarschijnlijk de grote weg naar Longyearbyen, op de Noorse eilandengroep Spitsbergen. (De landingsbaan van het vliegveld van Longyearbyen brengt je nog iets dichter bij de Noordpool, maar het kan gevaarlijk zijn om daar met een auto op te rijden.)

Longyearbyen ligt overigens dichter bij de Noordpool dan het McMurdo Station op Antarctica bij de Zuidpool ligt. Iets verder naar het noorden liggen nog enkele stations van het leger, onderzoekers en vissers, maar geen daarvan heeft een wegverbinding, alleen landingsbanen, die meestal bestaan uit grind en sneeuw.

Je kunt hier een tijdje rondscharrelen in het centrum van Longyearbyen.[1] De langste zonsondergang die je hier kunt meemaken, duurt net een paar minuten korter dan een uur. Het doet er eigenlijk niet toe of je in een auto rijdt of niet; de stad is te klein om een verplaatsing van belang te laten zijn.

Maar als je naar het vasteland gaat, waar de wegen langer zijn, kun je zelfs nog beter scoren.

Als je begint te rijden vanaf de tropen en steeds op verharde wegen blijft, is het verste punt in het noorden waar je kunt komen, het uiteinde van de Europese weg 69 (E69) in Noorwegen. Er lopen enkele wegen kriskras door het noorden van Scandinavië, dus dat lijkt een goed punt om te beginnen. Maar welke weg moeten we nemen?

Afgaand op de intuïtie willen we zo ver mogelijk naar het noorden gaan. Hoe dichter we bij de Noordpool zijn, des te gemakkelijker kunnen we de zon bijhouden.

Helaas blijkt het bijhouden van de zon geen goede strategie te zijn. Zelfs in het verre hoge Noorwegen gaat de zon veel te snel. Aan het einde van E69 – het verste

---

1 Maak een foto van een verkeersbord dat waarschuwt voor 'overstekende ijsberen'.

punt waarheen je vanaf de evenaar over verharde wegen kunt rijden – moet je nog steeds met ongeveer de helft van de snelheid van het geluid rijden om de zon bij te houden. (En de E69 loopt van zuid naar noord, niet van oost naar west, dus je duikt al vrij snel de Barentszzee in.)

Gelukkig is er een betere benadering mogelijk.

Als je in het noorden van Noorwegen bent op een dag dat de zon even ondergaat en dan meteen weer opkomt, gaat de terminator (dag-nachtgrens) in dit patroon over het land:

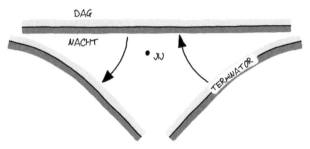

(Niet te verwarren met de Terminator, die in dit patroon over het land gaat:)

Ik weet niet van welke terminator ik liever wegren.

De strategie om een lange zonsondergang te krijgen is eenvoudig: wacht op de datum dat de terminator bijna bij je locatie komt. Ga in de auto zitten totdat de terminator je bereikt, rijd noordwaarts om er zo lang mogelijk net iets vóór te blijven (afhankelijk van de plaatselijke wegen), maak dan een U-bocht en rijd snel genoeg zuidwaarts om hem te passeren en de veiligheid van de duisternis te bereiken.[2]

Verrassend genoeg werkt deze strategie bijna overal in het noordpoolgebied even goed; je kunt deze lange zonsondergang dus op veel wegen in Noorwegen en

---

2 Deze instructies gelden ook voor de andere Terminator.

Finland krijgen. Ik heb gezocht naar autoroutes voor lange zonsondergangen met gebruikmaking van PyEphem en een paar gps-routes van Noorse snelwegen. Ik heb gemerkt dat onder de vele routes en rijsnelheden de langste zonsondergang consistent ongeveer 95 minuten was – een verbetering van ongeveer 40 minuten op de strategie van een vaste locatie op Spitsbergen (in het Noors: Svalbard).

Maar als je vastzit op Spitsbergen en de zonsondergang – of zonsopkomst – iets langer wilt laten duren, kun je het altijd proberen met tegen de klok in rond-draaien.[3] Het voegt slechts een onmeetbaar kleine fractie van een nanoseconde toe aan de klok van de aarde, maar afhankelijk van je gezelschap...

... kan het de moeite waard zijn.

---

3   *xkcd*, 'Angular Momentum,' www.xkcd.com/162.

WILLEKEURIG NIESBELLETJE

V. Als je een willekeurig nummer belt en 'Gezondheid!' zegt, wat is dan de kans dat de persoon die opneemt, net heeft geniesd?

– Mimi

A. HET IS LASTIG hier betrouwbare cijfers voor te vinden, maar waarschijnlijk is het 1 op 40.000.

Voordat je de telefoon ter hand neemt, moet je ook in gedachten houden dat er een kans van 1 op 1.000.000.000 is dat de persoon die je opbelt zojuist iemand heeft vermoord.[1] Misschien wil je toch wat voorzichtiger zijn.

Maar een nies komt meer voor dan een moord.[2] Het is waarschijnlijker dat je iemand treft die net heeft geniesd, dan een moordenaar.

---

1 Op basis van een statistisch cijfer van 4 per 100.000 inwoners. Dat is gemiddeld in de Verenigde Staten, maar aan de hoge kant voor andere geïndustrialiseerde landen.
2 Bewijs: je leeft nog.

Voornemen: ik zeg dit voortaan als mensen niezen.

In vergelijking met het moordcijfer krijgt het niespercentage weinig wetenschappelijke aandacht. Het meest geciteerde cijfer voor de gemiddelde niesfrequentie komt van een dokter die werd geïnterviewd door ABC News en die het hield op 200 niezen per persoon per jaar.

Een van de weinige wetenschappelijke bronnen van gegevens over niezen is een onderzoek waarbij men keek naar het niezen van mensen die een kunstmatig opgeroepen allergische reactie ondergingen. Voor een schatting van het gemiddelde niescijfer hoeven we niet te letten op alle reële medische gegevens die ze probeerden te verzamelen, en kijken we alleen naar hun controlegroep. Deze mensen kregen geen allergene stoffen toegediend; ze zaten alleen maar in een kamer gedurende in totaal 176 sessies van 20 minuten.[3]

De leden van de controlegroep niesden 4 keer in die periode van om en nabij 58 uur.[4] Dat komt neer op – ervan uitgaande dat mensen alleen niezen als ze wakker zijn – ongeveer 400 niezen per persoon per jaar.

Google Scholar komt met 5980 artikelen uit 2012 waarin het Engelse *sneezing* voorkomt. Als de helft van deze artikelen uit de Verenigde Staten afkomstig is, en elk een gemiddelde van 4 auteurs heeft, dan heb je bij het bellen een kans van 1 op 10.000.000 dat je iemand aan de lijn krijgt die juist die dag een artikel over niezen heeft gepubliceerd.

Aan de andere kant, elk jaar worden er ongeveer 60 mensen in de Verenigde Staten gedood door bliksem. Dat betekent dat er een kans van 1 op 10.000.000.000.000 bestaat dat je iemand belt in de dertig seconden nadat hij of zij dodelijk door de bliksem is getroffen.

---

3 Ter vergelijking: dat is net zo lang als 490 herhalingen van de song 'Hey Jude'.
4 Na 58 uur onderzoek waren 4 niezen de interessantste onderzoeksgegevens. Ik had misschien gekozen voor 490 maal 'Hey Jude'.

Tot slot, stel dat vijf mensen op de dag dat dit boek uitkomt, het boek lezen en dit experiment proberen. Als ze de hele dag mensen bellen, is er een kans van 1 op 30.000 dat een van hen op een bepaald moment van de dag een ingesprektoon krijgt omdat de persoon die hij of zij belt ook een willekeurige vreemde belt om 'gezondheid' te zeggen.

En er is een kans van 1 op 10.000.000.000.000 dat twee van hen gelijktijdig elkaar bellen.

Op dit punt houdt de kansleer het voor gezien en worden ze beiden door de bliksem getroffen.

V. Wat is de kans dat ik met een mes in mijn romp word gestoken zonder dat er iets vitaals wordt geraakt, en ik blijf leven?

– Thomas

... VRAAG HET VOOR EEN VRIEND. VROEGERE VRIEND, BEDOEL IK.

V. Als ik op een motor zit en van een quarterpipehelling spring, hoe snel moet ik dan gaan om veilig een parachute te laten ontvouwen en te landen?

– Anoniem

V. Wat als ieder mens elke dag 1 procent kans heeft om in een kalkoen te veranderen, en elke kalkoen 1 procent kans heeft om in een mens te veranderen?

– Kenneth

UITDIJENDE AARDE

V. Hoelang duurt het voordat mensen merken dat hun gewicht toeneemt als de gemiddelde straal van de aarde per seconde met 1 centimeter toeneemt? (Ervan uitgaande dat de gemiddelde samenstelling van het gesteente behouden blijft.)

– **Dennis O'Donnell**

A. DE AARDE ZET momenteel niet uit.

Mensen hebben lange tijd beweerd dat het weleens zo kon zijn. De hypothese over de continentverschuiving werd pas in de jaren zestig bevestigd.[1] Eerder had men al opgemerkt dat de continenten in elkaar passen. Er werden verschillende ideeën naar voren gebracht om dit te verklaren, waaronder het idee dat de oceaanbekkens scheuren waren in het voorheen effen oppervlak van de uitdijende aarde. Deze theorie heeft nooit veel aanhangers gevonden.[2] Maar zo nu en dan doet het idee weer de ronde op YouTube.

Ter vermijding van het probleem van scheuren in de grond stellen we ons voor dat alle materie op aarde, van de aardkorst tot de kern, op uniforme wijze uitzet. Ter vermijding van een ander scenario van leeglopende oceanen nemen we aan dat de oceanen ook uitzetten.[3] Alle menselijke bouwsels blijven hetzelfde.

---

1 Het harde bewijs dat de theorie van de tektoniek bevestigde, was de ontdekking dat de zeebodem zich verplaatste. Dat de verschuivende zeebodem en de omkering van de magnetische pool elkaar bevestigden, is een van mijn favoriete voorbeelden van een wetenschappelijke ontdekking.

2 Het idee blijkt nogal dom te zijn.

3 In feite zet de oceaan uit doordat het warmer wordt. De belangrijkste factor waardoor het zeeniveau stijgt is (momenteel) de mondiale opwarming.

t = 1 seconde

Terwijl de aarde begint uit te zetten, voel je een lichte schok en verlies je misschien kort je evenwicht. Dit duurt niet lang. Je beweegt gestaag opwaarts met 1 centimeter per seconde, waardoor je niets van enige soort van acceleratie bespeurt. De rest van de dag heb je nog steeds niet veel door.

t = 1 dag

Na de eerste dag is de aarde met 864 meter uitgezet.

Het duurt lang voordat de zwaartekracht merkbaar toeneemt. Als je aan het begin van het uitzettingsproces 70 kilo woog, dan weeg je aan het eind van de eerste dag 70,01 kilo.

Hoe zit het met onze wegen en bruggen? Die storten uiteindelijk toch in?

Niet zo snel als je zou denken. Hier is een puzzel die ik eens hoorde:

Stel dat je een touw strak om de aarde bindt, zodat het in de hele rondte dicht tegen het oppervlak zit.

Stel je nu voor dat je het touw 1 meter van de grond wilt tillen.

Hoeveel extra lengte moet je aan het touw toevoegen?

Het lijkt misschien alsof er kilometers extra touw nodig is, maar het antwoord is: 6,28 meter.

De omtrek is evenredig met de straal, dus als je de straal met 1 eenheid vermeerdert, vermeerder je de omtrek met 2 eenheden.

Een lijn van 40.000 kilometer verlengen met 6,28 meter is tamelijk verwaarloosbaar. Zelfs na een dag kunnen bijna alle constructies die extra 5,4 kilometer gemakkelijk aan. Beton zet uit en krimpt elke dag in grotere mate dan dat.

Na de beginschok merk je misschien als eerste dat je gps niet meer werkt. De satellieten blijven ongeveer in dezelfde baan, maar de nauwgezette timing waarop het gps-systeem is gebaseerd, is binnen enkele uren een chaos. De gps-timing luistert ongelofelijk nauw; van alle problemen in de techniek is dit een van de weinige waarbij de ingenieurs genoodzaakt waren zowel de speciale relativiteit als de algemene relativiteit in hun berekeningen te betrekken.

De meeste andere klokken blijven goed functioneren. Maar als je een heel precies slingeruurwerk hebt, valt je misschien iets vreemds op – aan het eind van de dag loopt het 3 seconden voor.

t = 1 maand

Na een maand is de aarde 26 kilometer uitgezet – een toename van 0,4 procent – en de massa is toegenomen met 1,2 procent. De zwaartekracht aan de oppervlakte is slechts 0,4 procent toegenomen, en niet 1,2 procent, doordat de zwaartekracht evenredig is met de straal.[4]

Je merkt misschien het verschil in gewicht op een weegschaal, maar het is niets bijzonders. De zwaartekracht varieert al in deze mate tussen twee steden. Dat is iets om in gedachten te houden als je een digitale weegschaal koopt. Als je weegschaal een precisie heeft van meer dan 2 cijfers achter de komma, moet je hem eigenlijk kalibreren met een testgewicht. De zwaartekracht in de weeg-

---

4 De massa is evenredig met de straal tot de derde macht, en de zwaartekracht is evenredig met de massa maal het omgekeerde kwadraat van de straal, dus: $straal^3 / straal^2 = straal$.

schalenfabriek hoeft niet gelijk te zijn aan die bij je thuis.

Terwijl je misschien nog niets van de toegenomen zwaartekracht merkt, valt de uitzetting wel op. Na een maand zie je dat er tal van scheuren in lange betonnen gebouwen verschijnen en dat verhoogde wegen en oude bruggen het niet meer houden. Met de meeste gebouwen gaat het waarschijnlijk goed, ook al kunnen gebouwen die stevig op de rotsbodem verankerd zijn zich onvoorspelbaar gaan gedragen.[5]

Op dit punt beginnen de astronauten in het ISS zich zorgen te maken. Niet alleen komt de grond (en de dampkring) dichter naar hen toe, maar door de toegenomen zwaartekracht begint hun baan om de aarde langzaam kleiner te worden. Ze moeten er snel vandaan; na hooguit een paar maanden komt het station in de dampkring terecht en kan het de baan om de aarde niet langer handhaven.

t = 1 jaar

Na een jaar is de zwaartekracht 5 procent sterker. Je merkt waarschijnlijk de gewichtstoename, en je merkt zeker dat het misgaat met wegen, bruggen, electriciteitskabels, satellieten en onderzeese kabels. Het slingeruurwerk loopt nu 5 dagen voor.

Hoe zit het met de dampkring?

Als de dampkring niet uitzet zoals het land en het water, gaat de luchtdruk omlaag. Dat heeft te maken met een combinatie van factoren. Naarmate de zwaartekracht toeneemt, wordt de lucht zwaarder. Maar de lucht wordt uitgespreid over een groter oppervlak, waardoor het algehele effect is dat de luchtdruk daalt.

Aan de andere kant: als de dampkring ook uitzet, dan stijgt de luchtdruk. Na een paar jaar is de top van Mount Everest geen 'sterftezone' meer. Maar omdat je zwaarder bent geworden – en de berg hoger – is het klimmen wel meer werk.

t = 5 jaar

Na vijf jaar is de zwaartekracht 25 procent sterker. Als je aan het begin van het uitzettingsproces 70 kilo woog, dan weeg je nu 88 kilo.

Het grootste deel van de infrastructuur is ingestort. De oorzaak van de ineenstorting is de uitzettende grond eronder, niet de toegenomen zwaartekracht. Verrassend genoeg houden de meeste wolkenkrabbers goed stand onder de sterk toegenomen zwaartekracht.[6] Voor de meeste is de kritieke factor niet het gewicht, maar de wind.

---

5   Dat is nou net wat je wilt in een wolkenkrabber.
6   Al zou ik de liften niet vertrouwen.

t = 10 jaar

Na 10 jaar is de zwaartekracht 50 procent sterker. In het scenario waarin de dampkring niet uitzet, wordt de lucht zo ijl dat het al moeilijk is om adem te halen op zeeniveau. In het andere scenario is het nog een tijdje oké voor ons.

t = 40 jaar

Na 40 jaar is de zwaartekracht aan de oppervlakte van de aarde verdrievoudigd.[7] Op dit punt kunnen zelfs de sterkste mensen alleen met grote moeite lopen. Ademhalen gaat zwaar. Bomen vallen om. Gewassen kunnen niet rechtop staan onder hun eigen gewicht. Vrijwel alle berghellingen geven grote landverschuivingen te zien doordat de materie een minder steile hellingshoek zoekt.

Ook de geologische activiteit neemt toe. Het grootste deel van de warmte van de aarde komt voort uit radioactief verval van mineralen in de aardkorst en mantel.[8] Meer aarde leidt tot meer warmte. Aangezien het volume sneller uitzet dan het oppervlaktegebied, doet zich een toename voor in de algehele warmte die per m^2 wordt uitgestraald.

Overigens is dit niet genoeg om de planeet aanzienlijk op te warmen – de oppervlaktetemperatuur van de aarde wordt gedomineerd door de dampkring en de zon – maar het leidt wel tot meer vulkanen, meer aardbevingen en een snellere tektonische verschuiving. Dat lijkt op de situatie op aarde miljarden jaren geleden, toen we meer radioactief materiaal en een hetere mantel hadden.

Een actievere tektoniek kan juist goed voor het leven zijn. De tektoniek speelt een cruciale rol in de stabilisering van het klimaat op aarde, en planeten die kleiner zijn dan de aarde (zoals Mars) hebben niet genoeg inwendige warmte om een langdurige geologische activiteit gaande te houden. Een grotere planeet maakt meer geologische activiteit mogelijk. Daarom denken sommige wetenschappers dat een exoplaneet die iets groter is dan de aarde ('superaarde') levensvriendelijker is dan een planeet ter grootte van de aarde.

---

7 Door de jaren heen neemt de zwaartekracht iets sneller toe dan je zou verwachten, doordat de materie in de aarde wordt samengeperst onder zijn eigen gewicht. De druk binnen planeten is ruwweg evenredig met het kwadraat van hun oppervlaktegebied. Daardoor wordt de kern van de aarde sterk samengeperst. Zie www.cseligman.com/text/planets/internalpressure.htm.

8 Hoewel sommige radioactieve elementen, zoals uranium, zwaar zijn, worden ze uit de lagere regionen omhoog geperst doordat hun atomen niet goed combineren met de gesteenten op die diepte. Voor meer hierover zie het hoofdstuk www.igppweb.ucsd.edu/~guy/sio103/chap3.pdf en het artikel www.world-nuclear.org/info/Nuclear-Fuel-Cycle/Uranium-Resources/The-Cosmic-Origins-of-Uranium/#.UlxuGmRDJf4.

t = 100 jaar

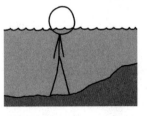

Na 100 jaar hebben te maken met 6 G aan zwaartekracht. We kunnen ons niet meer voortbewegen om voedsel te zoeken. Bovendien is ons hart niet in staat het bloed naar onze hersenen te pompen. Alleen kleine insecten (en zeedieren) zijn lichamelijk in staat zich te bewegen. Misschien kunnen mensen overleven in speciaal gebouwde koepels met een gecontroleerde luchtdruk, terwijl we ons voortbewegen door ons lichaam grotendeels onder water te houden.

Ademhalen is lastig in deze situatie. Het is moeilijk om lucht in te zuigen tegen het gewicht van het water in; daarom werken snorkels alleen als je longen dicht bij het oppervlak zijn.

Buiten onze lagedrukkoepels is de lucht niet meer in te ademen om een andere reden. Ergens rond de 6 atmosfeer wordt zelfs gewone lucht giftig. Ook al weten we alle andere problemen te overwinnen, na 100 jaar gaan we dood aan zuurstofvergiftiging. Afgezien van de giftigheid, is het inademen van dichte lucht al een hele opgave doordat de lucht zwaar is.

Zwart gat?

Wanneer wordt de aarde uiteindelijk een zwart gat?

Dat is moeilijk te zeggen, omdat het uitgangspunt van de vraag is dat de straal gestaag groter wordt, terwijl de dichtheid gelijk blijft – in een zwart gat neemt de dichtheid daarentegen toe.

De dynamiek van heel grote rotsige planeten is niet veel bestudeerd, omdat er geen duidelijke manier bekend is waarop ze zich kunnen vormen. Alles wat zo enorm groot is, heeft zo veel zwaartekracht dat er tijdens het ontstaan van de planeet genoeg waterstof en helium worden verzameld om een gasreus te worden.

Op een bepaald moment bereikt onze uitdijende aarde het punt waarop de toevoeging van massa leidt tot samentrekking in plaats van uitzetting. Hierna ploft de aarde ineen tot zoiets als een rondspuwende witte dwerg of een neutronenster, en dan – als de massa blijft toenemen – uiteindelijk een zwart gat.

Maar voordat het zover is...

t = 300 jaar

Jammer dat de mensen niet zo lang in leven blijven, want op dit punt gebeurt er echt iets moois.

Terwijl de aarde groeit, wordt de maan net als onze satellieten geleidelijk naar de aarde gezogen. Na een paar eeuwen staat de maan zo dicht bij de opgezwollen aarde dat de getijkrachten tussen de aarde en de maan sterker zijn dan de zwaartekracht die de maan bijeenhoudt.

Wanneer de maan deze grens passeert – ook wel de Roche-limiet genoemd – valt ze geleidelijk uiteen.[9] De aarde wordt dan een poosje omgeven door ringen.

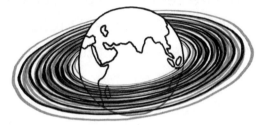

Als je dit leuk had gevonden, had je een massa binnen de Roche-limiet moeten schuiven.

---

9   Sorry, maan!

GEWICHTLOZE PIJL

V. Als we uitgaan van een omgeving met 0 zwaartekracht en een atmosfeer gelijk aan die van de aarde, hoelang duurt het dan tot de luchtweerstand een met een boog afgeschoten pijl tot stoppen brengt? Komt de pijl stil in de lucht te hangen?

– **Mark Estano**

A. HET IS ONS ALLEMAAL weleens overkomen. Je zit in een groot ruimtestation en je probeert iemand neer te schieten met pijl en boog.

Vergeleken met een normaal natuurkundig probleem is dit een achterwaarts scenario. Gewoonlijk kijk je naar de zwaartekracht en negeer je de luchtweerstand, niet andersom.[1]

Zoals te verwachten vertraagt de luchtweerstand de pijl, en brengt die uiteindelijk tot stilstand... nadat hij heel ver is gevlogen. Gelukkig is de pijl voor het grootste deel van die afstand niet meer gevaarlijk voor iemand.

We kijken wat gedetailleerder naar wat er gebeurt.

Zeg dat je de pijl afvuurt met een snelheid van 85 meter per seconde. Dat is

---

1 Ook schiet je meestal geen astronauten neer met pijl en boog, tenminste niet voor een universitair diploma.

ongeveer tweemaal zo snel als een snelle bal in de Amerikaanse honkbalcompetitie, en iets minder snel dan de 100 meter per seconde van een samengestelde boog.

De pijl verliest al gauw snelheid. De luchtweerstand is evenredig met de snelheid in het kwadraat; dat betekent dat de pijl bij een grote snelheid veel luchtweerstand ondervindt.

Na 10 seconden heeft de pijl 400 meter afgelegd, en is de snelheid teruggevallen van 85 meter naar 25 meter per seconde. Die snelheid van 25 meter per seconde is ongeveer hoe snel iemand normaal een pijl gooit.

Bij die snelheid is de pijl heel wat minder gevaarlijk.

We weten van jagers dat een klein verschil in pijlsnelheid veel verschil maakt in de grootte van het dier dat de pijl kan doden. Een pijl van 25 gram met een snelheid van 100 meter per seconde kan worden gebruikt voor de jacht op elanden en zwarte beren. Met een snelheid van 70 meter per seconde is hij te traag om een rendier te doden. Of in ons geval een ruimterendier.

Zodra de pijl niet meer zo'n soort snelheid heeft, is hij niet echt gevaarlijk meer... maar hij valt nog lang niet stil.

Na 5 minuten heeft de pijl ongeveer 1,5 kilometer gevlogen en is de vaart teruggevallen tot ruwweg loopsnelheid. Bij die snelheid ondergaat de pijl nog maar weinig luchtweerstand; hij gaat gewoon rustig door, met een heel geleidelijke verdere vertraging.

Op dit punt is de pijl verdergegaan dan mogelijk is voor elke pijl op aarde. Bogen van hoge kwaliteit kunnen een pijl boven vlak terrein een paar honderd meter wegschieten; het wereldrecord voor een pijl die is afgeschoten met een handboog is net iets meer dan een kilometer.

Dit record werd in 1987 gehaald door de boogschutter Don Brown. Brown vestigde zijn record door dunne metalen staven af te schieten met een angstwekkend toestel dat slechts vagelijk deed denken aan een traditionele boog.

Terwijl de minuten overgaan in uren en de pijl steeds trager gaat, verandert de luchtstroom.

Lucht heeft een zeer lage viscositeit. Dat wil zeggen, het is niet stroperig. Het betekent dat dingen die door de lucht vliegen, weerstand ondervinden door het momentum van de lucht die ze aan de kant schuiven – niet door een cohesie van de luchtmoleculen. Het is meer alsof je met je hand door een badkuip met water gaat dan door een badkuip met honing.

Na een paar uur gaat de pijl zo langzaam dat de voortgang nauwelijks zichtbaar is. Op dit punt begint de lucht, als we ervan uitgaan dat er nauwelijks wind staat, meer te fungeren als honing dan als water. De pijl komt heel geleidelijk tot stilstand.

De precieze afstand hangt sterk af van het ontwerp van de pijl. Kleine verschillen in de vorm van een pijl kunnen flinke gevolgen hebben voor de luchtstroom die er bij lage snelheid overheen gaat. Maar de pijl vliegt minimaal waarschijnlijk enkele kilometers en kan mogelijk wel 5 of 10 kilometer halen.

Daarmee stuiten we op een probleem: momenteel is de enige omgeving met 0 G voor langere tijd in een atmosfeer die op die van de aarde lijkt, te vinden in het International Space Station. En de grootste iss-module, Kibo, is slechts 10 meter lang.

Dat betekent dat als je dit experiment daadwerkelijk wilt uitvoeren, de pijl niet meer dan 10 meter vliegt. Dan komt hij tot stilstand... of hij verpest iemands dag wel heel grondig.

ZONLOZE AARDE

V. Wat gebeurt er met de aarde als de zon opeens wordt uitgezet?

– Heel veel lezers

A. Dit is waarschijnlijk veruit de populairste vraag op mijn website.

Voor een deel heb ik hier niet op gereageerd omdat de vraag al is beantwoord. Bij een Google-zoekronde met de vraag 'wat als de zon?' komen tal van uitstekende artikelen beschikbaar waarin de situatie grondig wordt geanalyseerd.

Maar het aantal vragen rijst de pan uit, en daarom heb ik besloten mijn best te doen er antwoord op te geven.

Als de zon uitgaat...

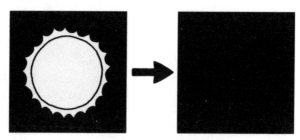

Figuur 1. De zon gaat uit :(

We houden ons niet bezig met de vraag hoe dat gebeurt. We nemen gewoon aan dat we een manier hebben gevonden om de zon versneld zijn evolutie te laten doorlopen, waardoor hij een koude, inerte bol wordt. Wat zijn de gevolgen voor ons op aarde?

Enkele gevolgen...

Verminderd gevaar van zonnevlammen: in 1859 werd de aarde getroffen door een grote zonnevlam en een geomagnetische storm. Magnetische stormen wekken elektrische stroom in draden op. Helaas voor ons hadden we in 1859 net de aarde omwikkeld met telegraafdraden. De storm veroorzaakte een sterke stroom in die draden, waardoor de communicatie uitviel en in sommige gevallen de telegraaftoestellen in brand vlogen.

Na 1859 zijn er op aarde nog veel meer draden bijgekomen. Als de storm van 1859 ons nu treft, lijden de Verenigde Staten volgens een schatting van het ministerie van Binnenlandse Veiligheid een economische schade van enkele biljoenen dollars – meer dan alle orkanen die de Verenigde Staten ooit hebben getroffen bij elkaar. Als de zon uitgaat, valt deze dreiging weg.

Verbeterde satellietwerking: wanneer een communicatiesatelliet voor de zon langsgaat, kan de zon het radiosignaal van de satelliet wegdrukken, waardoor zich een onderbreking in de werking voordoet. Een deactivatie van de zon verhelpt dit probleem.

Betere astronomie: zonder de zon kunnen observatieposten op aarde 24 uur per dag functioneren. De koelere lucht veroorzaakt minder atmosferische ruis, waardoor minder gevraagd wordt van adaptieve optische systemen en er scherpere beelden mogelijk zijn.

Stabiel stof: zonder zonlicht is er geen Poynting-Robertson-weerstand. Dat betekent dat we eindelijk het stof in een stabiele baan rond de zon kunnen parkeren zonder dat die banen aan verval onderhevig zijn. Ik weet niet of iemand dat wil doen, maar je weet maar nooit.

Lagere kosten voor de infrastructuur: volgens een schatting van het ministerie van Transport kost het in de komende twintig jaar per jaar 20 miljard dollar om alle Amerikaanse bruggen te repareren en te onderhouden. De meeste Amerikaanse bruggen liggen boven water. Zonder de zon kunnen we geld besparen door gewoon over een strook asfalt te rijden die over het ijs is gelegd.

Goedkopere handel: tijdzones maken de handel duurder. Het is moeilijker zaken te doen met iemand die andere kantooruren heeft. Als de zon uitgaat, is er geen behoefte aan tijdzones meer, waardoor iedereen kan overschakelen op de universele tijd van een atoomklok (UTC) en de wereldeconomie een flinke steun in de rug krijgt.

Meer veiligheid voor onze kinderen: volgens het ministerie van Gezondheid van de Amerikaanse staat North Dakota moeten kinderen die jonger dan zes maanden zijn, uit rechtstreeks zonlicht worden gehouden. Zonder zonlicht zijn onze kinderen veiliger.

Meer veiligheid voor gevechtspiloten: veel mensen moeten niezen als ze worden blootgesteld aan helder zonlicht. De oorzaak van deze reflex is onbekend, maar kan een gevaar betekenen voor gevechtspiloten tijdens hun vlucht. Als de zon donker wordt, is dit gevaar voor onze piloten een stuk kleiner.

Meer veiligheid tegen de pastinaak: de wilde pastinaak is een verrassend nare plant. De bladeren bevatten stoffen die we furocoumarines noemen en die door de menselijke huid kunnen worden opgenomen zonder nare gevolgen... in eerste instantie. Wanneer de huid echter wordt blootgesteld aan zonlicht (dat kan nog dagen of weken later zijn), veroorzaken de furocoumarines een akelige chemische huidverbranding. Dit heet phytophotodermatitis. Een donkere zon bevrijdt ons van deze pastinaakdreiging.

TIP VOOR WANDELAARS:
WAT TE DOEN ALS JE EEN WILDE PASTINAAK TEGENKOMT.

Kortom, als de zon uitgaat, kunnen we tal van voordelen in ons leven tegemoetzien.

Zijn er nadelen aan dit scenario?

We vriezen allemaal dood.

UPDATE VAN WIKIPEDIA OP PAPIER

V. Als je een gedrukte versie hebt van de hele (bijvoorbeeld Engelse) Wikipedia, hoeveel printers zijn er dan nodig om de veranderingen in de liveversie bij te houden?

– Marein Könings

. . . .

A. ZOVEEL.

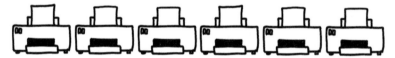

Als een date je mee naar huis neemt, en je ziet een rij printers in actie in zijn of haar woonkamer, wat denk je dan?

Dat zijn verrassend weinig printers! Maar ga niet meteen aan de slag met een papieren Wikipedia met live-update. We kijken eerst wat die printers precies doen... en hoeveel ze kosten.

Een print van Wikipedia

Mensen hebben eerder wel overwogen om Wikipedia af te drukken. De student Rob Matthews drukte elk prominent artikel van Wikipedia af en kreeg een boekwerk van een meter dik.

En dat is natuurlijk nog maar een klein deel van het beste van Wikipedia; de hele encyclopedie zou veel dikker zijn. De Wikipedia-gebruiker Tompw heeft een tool gecreëerd waarmee je de huidige omvang van de hele Engelse Wikipedia in gedrukte delen kunt berekenen. Dan kom je uit op enkele boekplanken.

De edities bijhouden is moeilijk.

Actuele versie

De Engelse Wikipedia krijgt momenteel ongeveer 125.000 tot 150.000 bewerkingen per dag, ofwel 90 tot 100 per minuut.

We kunnen proberen een manier te bepalen om de 'woordtelling' van de gemiddelde bewerking te meten, maar dat is moeilijk, zo niet onmogelijk. Gelukkig is dat niet nodig – we kunnen gewoon schatten dat we voor elke verandering ergens een bladzijde opnieuw moeten afdrukken. Bij veel bewerkingen worden eigenlijk enkele bladzijden vervangen, maar veel andere zijn een terugkeer naar een eerdere versie, waardoor we bladzijden terug kunnen plaatsen die eerder al geprint zijn.[1] Een bladzijde per bewerking lijkt een redelijke middenweg.

Voor een mix van foto's, tabellen en tekst zoals die veel voorkomt in de Wikipedia kan een goede inkjetprinter 15 bladzijden per minuut produceren. Dat betekent dat je hooguit zo'n zes printers tegelijk in bedrijf hoeft te hebben om de bewerkingen bij te houden.

Het papier stapelt zich wel snel op. Met het boek van Rob Matthews als uitgangspunt heb ik een schatting achter op een bierviltje gemaakt voor de omvang van de huidige Engelse Wikipedia. Op basis van de gemiddelde lengte van de prominente artikelen tegenover alle artikelen kwam ik uit op een schatting van 300 m³ voor een print van het hele ding in gewone tekstvorm.

En als je probeert de bewerkingen bij te houden, druk je elke maand 300 m³ af.

500.000 dollar per maand

Met zes printers heb je het niet over een groot aantal, maar ze draaien continu. En dat wordt duur.

De benodigde elektriciteit valt nog mee – een paar dollar per dag.

Het papier kost ongeveer 1 cent per vel, wat betekent dat je per dag ongeveer 1000 dollar aan papier kwijt bent. Je moet ook mensen aantrekken om de printers 24 uur per dag en 7 dagen in de week te beheren, maar dat kan minder kosten dan het papier.

Zelfs de printers zelf zijn niet al te duur, ook al moeten ze al vreselijk snel weer vervangen worden.

Maar de inktcartridges zijn een verschrikking.

---

1 Het benodigde archiveringssysteem is duizelingwekkend. Ik vecht tegen de aandrang om een eerste aanzet te geven.

Inkt

Uit een onderzoek van QualityLogic blijkt dat bij een gewone inkjetprinter de reële kosten 5 cent voor een zwart-witbladzijde zijn en ongeveer 30 cent voor een bladzijde met foto's. Dat betekent dat je per dág een bedrag met 3 tot 4 nullen voor de inktcartridges kwijt bent.

Dan wil je vast en zeker investeren in een laserprinter. Anders kan dit project je in een maand of twee een half miljoen dollar kosten.

Maar dat is nog niet het ergste.

Op 18 januari 2012 maakte Wikipedia alle bladzijden zwart uit protest tegen wetsvoorstellen die de vrijheid op internet zouden inperken. Als Wikipedia op een dag weer besluit op zwart te gaan, en je mee wilt doen aan het protest...

...moet je een kist markers bestellen en elke bladzijde zelf zwart maken.

Ik zou het beslist bij digitaal houden.

FACEBOOK VAN DE DODEN

V. Wanneer, zo ooit, heeft Facebook
meer profielen van dode mensen dan
van levende?

– Emily Dunham

'Zet je koptelefoon op!' 'Kan niet. Mijn oren zijn eraf gevallen.'

A. OFWEL ROND 2060, ofwel rond 2130.

Er komen niet veel doden voor op Facebook.[1] De belangrijkste reden is dat Facebook – net als de gebruikers – jong is. De gemiddelde Facebooker is in de laatste paar jaar wel iets ouder geworden, maar de site wordt nog steeds veel intensiever gebruikt door jongeren dan ouderen.

Het verleden

We kunnen kijken naar het groeipercentage van de site en de leeftijdanalyse van de gebruikers in de loop der tijd.[2] Er zijn op basis daarvan waarschijnlijk 10 tot 20 miljoen mensen die een Facebook-profiel hebben aangemaakt en sindsdien zijn overleden.

---

1 Tenminste in de tijd dat ik dit schreef, wat nog vóór die klere-robotrevolutie was.
2 Je kunt gebruikersstatistieken krijgen voor elke leeftijdsgroep via de create-an-ad-tool van Facebook, ook al moet je er eigenlijk wel rekening mee houden dat sommigen vanwege de leeftijdsbeperkingen van Facebook liegen over hun leeftijd.

Een oudere Cory Doctorow cosplaying door kleding te dragen waarvan de toekomst denkt dat hij zou hebben gedragen in het verleden.

Deze mensen zijn momenteel vrij evenwichtig verspreid over het leeftijdsspectrum. Jonge mensen hebben een lager sterftecijfer dan mensen van boven de zestig of zeventig, maar vormen een flink deel van de doden op Facebook omdat er zoveel jongeren zijn die het gebruiken.

De toekomst

In 2013 zijn waarschijnlijk ongeveer 290.000 Amerikaanse Facebookers overleden. Het mondiale cijfer voor 2013 komt waarschijnlijk uit op een paar miljoen.[3] In slechts 7 jaar verdubbelt dit sterftecijfer, en in nog eens 7 jaar verdubbelt het nogmaals.

Zelfs als de inschrijving voor Facebook morgen stopt, zal het aantal doden per jaar nog vele tientallen jaren stijgen, naarmate de generatie die tussen 2000 en 2020 op school zat, ouder wordt.

De cruciale factor voor de vraag wanneer de doden meer in aantal zijn dan de levenden, is afhankelijk van het feit of Facebook snel genoeg nieuwe levende gebruikers – idealiter jongeren – toevoegt om deze toestroom van doden voor een tijdje op te vangen.

---

3 NB: bij sommige projecties heb ik Amerikaanse gegevens over leeftijd en gebruik geëxtrapoleerd naar alle gebruikers van Facebook, omdat het gemakkelijker is statistische getallen te verzamelen voor de Verenigde Staten dan ze land voor land bijeen te zoeken voor de hele wereld van Facebook-gebruikers. De Verenigde Staten zijn geen perfect model voor de wereld, maar de basisdynamiek – de acceptatie onder jongeren van Facebook bepaalt of de site slaagt of mislukt, terwijl de bevolkingsgroei nog enige tijd doorgaat en dan afvlakt – zal waarschijnlijk bij benadering algemeen geldig zijn. Als we uitgaan van een snelle Facebook-verzadiging in de opkomende landen, die momenteel een sneller groeiende en jongere bevolking hebben, verschuiven veel markeerpunten een paar jaar, maar dat verandert niet zoveel aan het algehele plaatje als je misschien zou denken.

Facebook 2100

Zo komen we bij de toekomst van Facebook.

We hebben niet genoeg ervaring met sociale netwerken om met enige zekerheid te zeggen hoelang Facebook blijft bestaan. De meeste websites hebben een snelle opkomst beleefd en hebben daarna een geleidelijke terugval in populariteit meegemaakt, en het is redelijk te veronderstellen dat Facebook dat patroon volgt.[4]

Volgens dat scenario, waarbij Facebook over een paar jaar marktaandeel begint te verliezen en zich daar niet van herstelt, zal de cruciale datum van Facebook – waarop de doden meer in aantal zijn dan de levenden – omstreeks 2065 vallen.

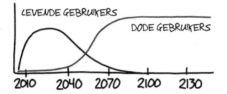

Maar misschien gebeurt dat niet. Misschien krijgt Facebook een rol die te vergelijken is met het TCP-protocol, waarbij het een stukje infrastructuur wordt waarop andere dingen worden gebouwd en het een onveranderlijke status krijgt waar iedereen op vertrouwt.

Als Facebook nog generaties lang bij ons blijft, dan valt de cruciale datum pas ergens halverwege de tweeëntwintigste eeuw.

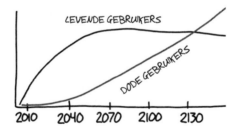

---

4 In deze gevallen ga ik ervan uit dat er nooit gegevens worden gewist. Tot dusver is dat een redelijke aanname geweest. Als je een profiel op Facebook hebt aangemaakt, bestaan die gegevens waarschijnlijk nog steeds. De meeste mensen die stoppen met het gebruik van een bepaalde dienst, doen geen moeite hun profiel te wissen. Als dat gedrag verandert, of als Facebook een grote schoonmaak in het archief houdt, kunnen de verhoudingen snel en op onvoorspelbare wijze veranderen.

Dat lijkt onwaarschijnlijk. Niets blijft voorgoed, en snelle veranderingen zijn steeds de norm geweest voor alles wat is gebouwd op computertechnologie. De bodem ligt bezaaid met de resten van websites en technologieën die tien jaar geleden permanente instituten leken.

Het is mogelijk dat de realiteit ergens in het midden ligt.[5] We zullen gewoon moeten afwachten wat er gebeurt.

Het lot van onze accounts

Facebook kan het zich veroorloven al onze pagina's en gegevens voor onbepaalde tijd te bewaren. Levende gebruikers zullen echter altijd meer gegevens produceren dan dode.[6] Bovendien zullen de accounts voor actieve gebruikers gemakkelijk toegankelijk moeten zijn. Ook al vormen de accounts voor de dode (inactieve) gebruikers de meerderheid, dan nog zullen ze waarschijnlijk nooit een groot deel van het algehele budget voor de infrastructuur in beslag nemen.

Belangrijker zijn onze beslissingen. Wat willen we dat er met die pagina's gebeurt? Tenzij we eisen dat Facebook ze wist, bewaren ze vermoedelijk standaard voorgoed kopieën van alles. Zelfs als ze dat niet doen, dan doen andere organisaties die gegevens verzamelen dat wel.

Op dit moment kan een familielid van een overledene het profiel op Facebook veranderen in een herdenkingspagina. Maar er zijn vragen omtrent wachtwoorden en toegang tot persoonlijke gegevens waarvoor we nog geen sociale normen hebben ontwikkeld. Moeten de accounts toegankelijk blijven? Wat moet privé worden gemaakt? Moet een familielid het recht van toegang tot e-mail hebben? Moeten herdenkingspagina's commentaren bevatten? Wat doen we met trollen of vandalisme? Moeten mensen interactie kunnen hebben met het account van een dode gebruiker? Op welke vriendenlijsten moeten ze blijven staan?

Dat zijn kwesties waarvoor we momenteel met vallen en opstaan oplossingen proberen te vinden. De dood is altijd al een groot, moeilijk en emotioneel beladen onderwerp geweest, en elke samenleving zoekt verschillende manieren om ermee om te gaan.

De basisonderdelen van het menselijk leven veranderen niet. Het leven heeft altijd bestaan uit eten, leren, opgroeien, verliefd worden, vechten en sterven. In alle omgevingen, culturen en technologische landschappen ontwikkelen we een verschillende set gedragsregels rond dezelfde activiteiten.

---

5 Uiteraard kan zich een snelle toename in het sterftecijfer onder Facebookers voordoen – mogelijk een die mensen in het algemeen omvat – en dan kan die cruciale datum morgen al zijn.
6 Hoop ik.

Net als elke groep die vóór ons kwam, leren we hoe we diezelfde spelletjes moeten spelen op ons speciale speelveld. We ontwikkelen, soms met een rommelig gedoe van vallen en opstaan, een nieuwe set van sociale normen voor daten, discussiëren, leren en opgroeien op het internet. Vroeg of laat vinden we een manier om te rouwen.

DE ZON BOVEN HET BRITSE RIJK

V. Wanneer, zo ooit, ging de zon definitief onder voor het Britse Rijk?

– Kurt Amundson

....

A. DAT IS NIET GEBEURD. Nog niet. Maar alleen omdat er een groepje mensen bij elkaar leeft in een gebied dat kleiner is dan Disney World.

Het grootste rijk ter wereld

Het Britse Rijk omspande de wereldbol. Daarom zei men wel dat de zon nooit onderging boven het Britse Rijk, want het was altijd wel ergens dag.

Het is moeilijk te zeggen wanneer dit lange daglicht precies begon. Het hele proces van het claimen van een kolonie (op land dat al wordt bewoond door een ander volk) is sowieso ontzettend arbitrair. De Britten bouwden in principe hun rijk door rond te varen en her en der op stranden een vlag neer te poten. Dat maakt het moeilijk te bepalen wanneer een bepaalde plek in een land 'officieel' tot het rijk was toegevoegd.

'Hoe zit het met die plek in de schaduw daar?' 'Dat is Frankrijk. Dat krijgen we ook nog wel.'

De dag waarop de zon niet meer onderging boven het Britse Rijk was waarschijnlijk ergens aan het eind van de achttiende eeuw of het begin van de negentiende eeuw, toen de eerste Australische gebieden werden toegevoegd.

Het Britse Rijk viel grotendeels uiteen in de eerste helft van de twintigste eeuw, maar verrassend genoeg gaat de zon er officieel nog steeds niet onder.

Veertien gebiedsdelen

Groot-Brittannië heeft 14 overzeese gebiedsdelen, die nog restanten zijn van het
Britse Rijk.

HET BRITSE RIJK BESTRIJKT HET HELE LANDGEBIED VAN DE WERELD:

Veel onafhankelijk geworden Britse koloniën werden lid van de Commonwealth
of Nations. Sommige, zoals Canada en Australië, erkennen nog steeds de Britse
koningin Elizabeth als hun staatshoofd. Het zijn overigens volkomen onafhanke-
lijke staten die toevallig dezelfde koningin hebben; ze maken geen deel uit van
enig rijk.[1]

De zon gaat nooit onder boven alle 14 Britse gebiedsdelen tegelijk (of zelfs 13,
als je het Brits Antarctisch Territorium niet meetelt). Maar als Groot-Brittannië
één klein gebiedsdeel verliest, ervaart het de eerste zonsondergang boven het hele
rijk in meer dan twee eeuwen.

Elke nacht, omstreeks middernacht Greenwich Mean Time, gaat de zon onder boven de Kaaimaneilanden en komt pas weer op boven het Brits Indische
Oceaanterritorium na 1 uur (GMT). In dat uur zijn de kleine Pitcairneilanden in de
zuidelijke Grote Oceaan het enige Britse gebiedsdeel in de zon.

De Pitcairneilanden tellen enkele tientallen inwoners, afstammelingen van de
muiters van de HMS Bounty. De eilanden werden berucht in 2004, toen een derde
van de mannelijke bevolking, met inbegrip van de burgemeester, werd veroor-
deeld wegens kindermisbruik.

Hoe gruwelijk de eilanden ook zijn, ze blijven deel van het Britse Rijk. Zolang

---

1 Voor zover ze weten.

de eilanden er niet uit worden gegooid, blijft het twee eeuwen oude Britse daglicht voortbestaan.

Zal het eeuwig voortduren?

Nou, misschien.

In april 2432 maakt het eiland de eerste totale zonsverduistering mee sinds de komst van de muiters.

Gelukkig voor het Britse Rijk doet deze zonsverduistering zich voor als de zon boven de Kaaimaneilanden in het Caraïbisch gebied staat. Die gebieden maken geen volledige zonsverduistering mee; de zon schijnt dan zelfs in Londen.

In de volgende duizend jaar doet zich trouwens geen volledige zonsverduistering boven de Pitcairneilanden voor op het juiste moment van de dag om de serie te onderbreken. Als Groot-Brittannië de huidige gebiedsdelen en grenzen behoudt, kan men het daglicht nog een heel lange tijd aanhouden.

Maar niet eeuwig. Uiteindelijk – vele millennia verder in de toekomst – zal er een zonsverduistering boven de eilanden komen en zal de zon eindelijk een keer ondergaan in het Britse Rijk.

THEEROERSELEN

V. Ik zat afwezig in een kop warme thee te roeren, toen ik opeens dacht: vul ik deze kop eigenlijk met kinetische energie? Ik weet dat je met roeren de thee doet afkoelen, maar wat als ik sneller roer? Kan ik een kop water aan de kook brengen door te roeren?

– Will Evans

A. NEE.

Het uitgangspunt is een zinnige gedachtegang. Temperatuur is gewoon kinetische energie. Wanneer je in de thee roert, voeg je daar kinetische energie aan toe, en die energie gaat ergens heen. Aangezien de thee geen vreemde dingen doet zoals in de lucht opstijgen of licht uitstralen, moet de energie overgaan in warmte.

Doe ik iets verkeerd bij het theezetten?

Je merkt die warmte niet op doordat je niet erg veel toevoegt. Er is veel energie nodig om water te verwarmen; in volume heeft het een grotere warmtecapaciteit dan elke andere veelvoorkomende substantie.[1]

Als je water in twee minuten wilt opwarmen van kamertemperatuur naar dicht bij het kookpunt, heb je veel vermogen nodig.[2]

$$1 \text{ kop} \times \text{warmtecapaciteit van water} \times \frac{100°C - 20°C}{2 \text{ minuten}} = 700 \text{ watt}$$

Volgens deze formule hebben we, als we in twee minuten een kop heet water wensen, een energiebron van 700 watt nodig. Een gangbare magnetron gebruikt 700 tot 1100 watt, en heeft ongeveer twee minuten nodig om een mok water te verwarmen voor thee. Het is altijd aardig als dingen kloppen.[3]

Een kop water twee minuten met 700 watt verwarmen in een magnetron brengt heel veel energie op het water over. Wanneer het water van de top van de Niagarawatervallen omlaagstort, krijgt het kinetische energie, die onderaan wordt omgezet in warmte. Maar zelfs na een val over zo'n grote afstand wordt het water slechts een fractie van een graad warmer.[4] Om een kop water met een val aan de kook te brengen, moet je die van hoger dan de bovenkant van de dampkring laten vallen.

(De Britse Felix Baumgartner)]

---

1 Waterstof en helium hebben een hogere warmtecapaciteit in massa, maar het zijn vluchtige gassen. De enige andere gewone substantie met een hogere warmtecapaciteit in massa is ammoniak. Deze drie verliezen het van water als je meet naar volume.

2 NB: bijna kokend water verder verwarmen totdat het kookt, kost veel extra energie boven op de energie die nodig is tot aan het kookpunt – dit noemen we de enthalpie van verdamping.

3 Als het niet klopt, wijten we het gewoon aan 'inefficiëntie' of 'wervelingen'.

4 Hoogte van Niagarawatervallen $\times \dfrac{\text{acceleratie van zwaartekracht}}{\text{specifieke warmte van water}} = 0,12°C$

Hoe verhoudt het roeren zich tot de magnetron?

Op basis van cijfers uit industriële fabricagerapporten van mixers maak ik op dat het krachtig roeren in een kop thee warmte toevoegt in de orde van ongeveer een tien-miljoenste watt. Dat is volkomen verwaarloosbaar.

Het natuurkundige effect van roeren is eigenlijk een beetje ingewikkeld.[5] De meeste warmte wordt weggevoerd van de theekop door de convectie van lucht erboven, waardoor de thee van bovenaf afkoelt. Het roeren brengt vers warm water vanuit de diepte omhoog, waardoor dit proces wordt ondersteund. Maar er zijn nog andere dingen gaande – het roeren verstoort de lucht, en het verwarmt de wand van de mok. Zonder concrete gegevens is het moeilijk te zeggen wat er precies gebeurt.

Gelukkig hebben we internet. De Stack Exchange-gebruiker drhodes mat de snelheid van de afkoeling van de theekop wat betreft roeren tegenover niet-roeren tegenover herhaaldelijk een lepel erin dopen tegenover de kop optillen. En drhodes was zo behulpzaam om beide hogeresolutiegrafieken en de pure gegevens zelf te posten, wat meer is dan je van veel krantenartikelen kunt zeggen.

De conclusie: het maakt niet veel uit of je roert, doopt of niets doet; de thee koelt ongeveer met dezelfde snelheid af (ook al koelde de thee lichtelijk sneller af door de leper erin te dopen en eruit te halen).

Daarmee komen we terug bij de beginvraag: kun je thee aan de kook brengen door hard genoeg te roeren?

Nee.

Het eerste probleem is het vermogen. De vereiste hoeveelheid vermogen, 700 watt, is ongeveer 1 pk. Dus als je de thee in twee minuten aan de kook wilt hebben, heb je minstens een paard nodig om hard genoeg te roeren.

---

5 In sommige situaties kan het mengen van vloeistoffen helpen ze warm te houden. Warm water stijgt op, en wanneer een hoeveelheid water groot en rustig genoeg is (zoals de oceaan), vormt zich een warme laag aan de oppervlakte. Deze warme laag geeft de warmte veel sneller af dan een koude laag. Als je deze warme laag verstoort door het water te mengen, neemt het tempo van warmteverlies af.

Daarom verliezen orkanen vaak aan kracht als ze niet meer voorwaarts gaan – hun golven doen het koude water uit de diepte omhoog kolken, waardoor ze het contact verliezen met de dunne laag warm oppervlaktewater die hun grootste energiebron was.

Het is mogelijk het vereiste vermogen te verlagen door de thee gedurende langere tijd te verwarmen, maar als je het te veel vermindert, zal de thee net zo snel afkoelen als hij opwarmt.

Zelfs al kun je de lepel snel genoeg ronddraaien – tienduizenden draaiingen per seconde – dan nog vormt de vloeistofdynamiek een obstakel. Bij die snelheid vormt de thee een holte; er ontstaat een vacuüm langs het pad van de lepel, en roeren wordt ineffectief.[6]

En als je zo hard roert dat je thee een holte vormt, neemt het oppervlaktedeel pijlsnel toe, en zal in enkele seconden afkoelen tot kamertemperatuur.

Hoe hard je ook in je thee roert, hij wordt niet warmer.

---

6   Sommige afsluitbare blenders kunnen hun inhoud op deze manier verwarmen. Maar wie wil er nou theezetten in een blender?

ALLE BLIKSEMS

V. Als alle bliksems die zich op een dag in de wereld voordoen, tegelijk op dezelfde plaats inslaan, wat gebeurt daar dan?

– Trevor Jones

. . . .

A. ZE ZEGGEN DAT DE BLIKSEM nooit tweemaal op dezelfde plaats inslaat.

'Ze' hebben het bij het verkeerde eind. Vanuit een evolutionair gezichtspunt is het enigszins verrassend dat dit gezegde nog steeds voortleeft. Je zou denken dat de mensen die dit geloofden, inmiddels uit de overlevende populatie zijn weggefilterd.

Zo werkt de evolutie toch zeker?

Mensen vragen zich vaak af of we uit de bliksem elektrisch vermogen kunnen 'oogsten'. Oppervlakkig bezien lijkt het een zinnig idee. Bliksem is per slot van rekening elektriciteit.[1] En een bliksemflits bevat inderdaad een aanzienlijke hoeveelheid vermogen. Het probleem is dat het moeilijk is de bliksem te laten inslaan waar je wilt.[2]

---

1 Bewijs: de presentatie die ik gaf voor mijn klas van 8-jarigen aan de basisschool van Assawompset terwijl ik een Benjamin Franklin-kostuum droeg.
2 Ik heb ook gehoord dat de bliksem nooit tweemaal op dezelfde plaats inslaat.

Een gangbare bliksemflits levert genoeg energie om een woonhuis twee dagen van elektriciteit te voorzien. Dat betekent dat zelfs het Empire State Building, dat ongeveer 100 keer per jaar door bliksem wordt getroffen, niet in staat is een huis op bliksemenergie alleen te laten draaien.

Zelfs in delen van de wereld met veel bliksem, zo-als Florida en het oosten van Congo, is het vermogen dat door zonlicht aan de grond wordt geleverd meer dan een miljoen keer zo groot als het vermogen dat de bliksem levert. Energie opwekken uit bliksem is net zoiets als een windmolenpark bouwen met bladen die worden aangezwengeld door een tornado: ~~indruk-wekkend~~ onpraktisch.[3]

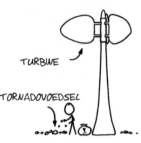

TURBINE

TORNADOVOEDSEL

Trevors bliksem

In het scenario van Trevor slaan alle bliksems in de wereld op één plaats in. Dat maakt energie-opwekking een stuk interessanter!

Bij dat 'op één plaats inslaan' gaan we ervan uit dat de bliksemschichten alle-maal dicht opeen en parallel aan elkaar omlaagkomen. Het hoofdkanaal van de bliksemsflits – het deel dat de stroom vervoert – heeft ongeveer een doorsnede van een centimeter. Onze bundel bevat ongeveer een miljoen afzonderlijke schichten, wat betekent dat hij een doorsnede van ongeveer 6 meter zal hebben.

Schrijvers over de natuurwetenschappen vergelijken alles met de atoombom die op Hiroshima werd gegooid.[4] Laten we dat daarom meteen maar doen, dan hebben we dat ook weer gehad: de bliksemschicht brengt ongeveer net zoveel energie over op de lucht en de grond als twee atoombommen. Vanuit een prakti-scher standpunt: dit is genoeg elektriciteit om een gameconsole en een plasma-tv miljoenen jaren gaande te houden. Of anders gezegd, het kan het elektriciteitsver-

---

3 Voor nieuwsgierigen: ja, ik heb wat cijfers nagelopen over het gebruik van passerende torna-do's, en het is nog minder praktisch dan het benutten van de energie van bliksems. Over de gemiddelde locatie in het hart van Tornado Alley passeert hooguit elke 4000 jaar een torna-do. Zelfs al lukt het om alle verzamelde energie van zo'n wervelwind op te nemen, dan re-sulteert dat op de lange termijn in minder dan 1 watt gemiddelde vermogensoutput. Geloof het of niet, iets dergelijks is ook werkelijk geprobeerd. De onderneming AVEtec stelde voor een 'wervelingenmachine' te bouwen die kunstmatige tornado's zou produceren en gebruiken om energie te winnen.

4 De Niagarawatervallen hebben een output van vermogen dat gelijkstaat aan een Hiroshima-bom die elke 8 uur ontploft! De atoombom op Nagasaki had een explosieve kracht die gelijk-stond aan 1,3 Hiroshima-bommen. Ter vergelijking: de zachte bries die over een prairie waait, heeft óók ruwweg de kinetische energie van een Hiroshima-bom.

bruik van de Verenigde Staten onderhouden voor de duur van... 5 minuten.

De bliksemschicht zelf is niet veel breder dan de middencirkel van een basketbalveld, maar hij laat een krater achter ter grootte van het hele veld.

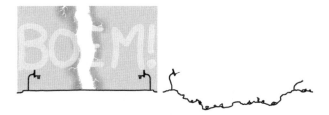

Binnen de bliksem gaat de lucht over in energierijk plasma. Het licht en de hitte van de bliksem doen kilometers in de omtrek spontaan branden ontstaan. De schokgolf werpt bomen om en verwoest gebouwen. Al met al komt de vergelijking met Hiroshima in de buurt.

Kunnen we ons hiertegen beschermen?

Bliksemafleiders

Het mechanisme waarmee bliksemafleiders werken, is aan kritiek onderhevig. Sommigen beweren dat ze eigenlijk de blikseminslag afweren door lading vanuit de grond aan de lucht af te staan, waardoor het voltagepotentieel van wolk naar grond lager wordt en de kans op een inslag vermindert. De National Fire Protection Association (NFPA) steunt dit idee niet.

Ik weet niet zeker wat de NFPA zou zeggen over de gigantische bliksemflits van Trevor, maar een bliksemafleider biedt dan weinig soelaas. Een koperen kabel met een doorsnede van 1 meter kan in theorie de korte stroomstoot van de bliksem geleiden zonder te smelten. Maar wanneer de bliksem de onderkant van deze bliksemafleider bereikt, geleidt de grond de stroom helaas niet zo goed, en verwoest de explosie van gesmolten gesteente je huis evengoed nog.[5]

WAT ALS WE HET PROBEREN
MET MINDER VERMOGEN?

---

5 Het huis staat trouwens toch al in brand door de thermale straling van het plasma in de lucht.

Catatumbo-bliksem

Het verzamelen van alle bliksems in de wereld op één plaats is duidelijk onmogelijk. Wat als we alle bliksems van slechts één regio verzamelen?

Geen enkele plek op aarde heeft voortdurend bliksem, maar er is een gebied in Venezuela dat erbij in de buurt komt. Nabij de zuidwestrand van het Maracaibomeer, bij de monding van de rivier de Catatumbo, doet zich een vreemd verschijnsel voor: aanhoudend nachtelijk onweer. Er zijn twee locaties, een boven het meer en een boven het land ten westen ervan, waar het vrijwel elke nacht onweert. Hier kan elke twee seconden een bliksemflits losbarsten, waarmee het Maracaibomeer de bliksemhoofdstad van de wereld is.

Als je alle Catatumbo-bliksems van een enkele nacht naar een enkele bliksemafleider weet te leiden en gebruikt om een grote condensator op te laden, heb je genoeg energie om een gameconsole en een plasma-tv ongeveer een eeuw gaande te houden.[6]

Als dit gebeurt, moet het oude gezegde uiteraard nog verder worden herzien.

---

6   Aan de zuidwestoever van het Maracaibomeer hebben mobiele telefoons geen bereik. Je zult een beroep moeten doen op de diensten van een satellietprovider, wat doorgaans betekent dat je een vertraging van enkele honderden milliseconden hebt.

DE EENZAAMSTE MENS

V. Wat is de grootste afstand die iemand
ooit van een ander levend persoon
verwijderd is geweest? Waren ze eenzaam?

– Bryan J. McCarter

A. HET IS MOEILIJK om dat met zekerheid te zeggen.

Wie hier het meest voor in aanmerking komen, zijn de zes piloten in het bemanningscompartiment van de Apollo die in een baan om de maan bleven cirkelen tijdens een maanlanding: Mike Collins, Dick Gordon, Stu Roosa, Al Worden, Ken Mattingly en Ron Evans.

Deze astronauten bleven stuk voor stuk alleen in het bemanningscompartiment, terwijl de twee andere astronauten op de maan landden. Op het hoogste punt van hun omloop waren ze ongeveer 3585 kilometer van hun collega's verwijderd.

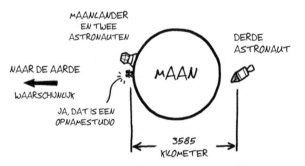

Vanuit een ander gezichtspunt bekeken, dit was het verst dat de rest van de mensheid ooit van die klojo-astronauten heeft weten te komen.

Je zou denken dat astronauten de onbetwiste kampioenen in deze categorie zijn, maar het ligt niet helemaal vast. Er zijn een paar andere kandidaten die dicht in de buurt komen.

Polynesiërs

Het is moeilijk om 3585 kilometer van een permanent bewoonde plaats te komen.[1] De Polynesiërs, die zich als eerste mensen verspreidden over de Grote Oceaan, hadden erin kunnen slagen, maar dan had een enkele zeevaarder verschrikkelijk ver voor de anderen uit moeten varen. Het kan zijn gebeurd – misschien per ongeluk, wanneer iemand door een storm werd meegevoerd – maar we zullen het waarschijnlijk nooit zeker weten.

Toen de eilanden in de Grote Oceaan eenmaal werden bewoond, was het veel moeilijker nog een regio op het aardoppervlak te vinden waar iemand 3585 kilometer van alle anderen vandaan was. Nu het zuidpoolgebied een permanente bewonersgroep van onderzoekers heeft, is het vrijwel zeker onmogelijk.

Zuidpoolonderzoekers

In de tijd van de ontdekkingstochten naar de Zuidpool hebben enkele mensen bijna de astronauten kunnen verslaan, en mogelijk is een van hen ook werkelijk de houder van het record. Iemand die heel dichtbij kwam, was Robert Scott.

Robert Falcon Scott was een Britse ontdekkingsreiziger die op tragische wijze aan zijn einde kwam. Scotts expeditie bereikte de Zuidpool in 1911, waar hij ontdekte dat de Noorse ontdekkingsreiziger Roald Amundsen hem net een paar maanden voor was geweest. De teleurgestelde Scott en zijn metgezellen begonnen aan de terugtocht naar de kust, maar ze vonden allemaal de dood tijdens de oversteek van het Ross-ijsplateau.

Het laatste nog in leven zijnde lid van de expeditie kan korte tijd een van de meest geïsoleerde mensen zijn geweest.[2] Maar hij (wie het ook was) bevond zich nog steeds binnen 3585 kilometer van enkele andere mensen, zoals een paar buitenposten van andere ontdekkingsreizigers in het zuidpoolgebied en de Maori in Rakiura, ofwel het bij Nieuw-Zeeland behorende Stewarteiland.

Er zijn nog volop andere kandidaten. De Franse zeevaarder Pierre François Péron zei dat hij werd achtergelaten op het eiland Amsterdam in de zuidelijke Indische Oceaan. Als dat zo was, kwam hij een heel eind om de astronauten te verslaan, maar hij was niet ver genoeg van Mauritius, het zuidwesten van Australië of de rand van Madagaskar.

We weten het waarschijnlijk nooit helemaal zeker. Het kan zijn dat een schipbreukeling in de achttiende eeuw in een reddingsbootje afdwaalde over de Zuide-

---

1 Vanwege de ronding van de aarde moet je over het oppervlak eigenlijk een afstand van 3619 kilometer hebben om in aanmerking te komen.
2 De expeditie van Amundsen had inmiddels het zuidpoolgebied al verlaten.

lijke IJszee en dus recht heeft op de titel van meest geïsoleerde mens. Maar zolang er geen duidelijk historisch bewijsmateriaal opduikt, staan de zes Apollo-astronauten vrij sterk.

Daarmee komen we bij het tweede deel van Bryans vraag: waren ze eenzaam?

Eenzaamheid

Na zijn terugkeer op aarde zei Mike Collins, de piloot van het bemanningscompartiment van Apollo 11, dat hij zich totaal niet eenzaam voelde. Hij schreef over deze ervaring in zijn boek *Carrying the Fire: An Astronaut's Journeys.*

> *In plaats van me eenzaam of verlaten te voelen, ervaar ik juist een grote betrokkenheid bij wat er op de maan gebeurt. [...] Ik wil niet ontkennen dat er een gevoel van eenzaamheid is. Dat is er wel, en het wordt nog versterkt door het feit dat het radiocontact met de aarde abrupt wordt afgebroken zodra ik achter de maan verdwijn.*
>
> *Ik ben nu alleen, echt alleen, en volkomen geïsoleerd van elke bekende vorm van leven. Dit ben ik. Als er een telling wordt gehouden, is het resultaat 3 miljard plus 2 aan de andere kant van de maan, en 1 plus God mag weten wat aan deze kant.*

Al Worden, de piloot van het bemanningscompartiment van Apollo 15, genoot zelfs van de ervaring.

> *Je hebt alleen zijn en je hebt eenzaam zijn, en het zijn twee heel verschillende dingen. Ik was alleen, maar ik was niet eenzaam. Ik ben eerder gevechtspiloot bij de luchtmacht geweest, daarna testpiloot – en dat was overwegend in gevechtsvliegtuigen – dus ik was wel gewend op mezelf te zijn. Ik heb er erg van genoten. Ik hoefde niet meer met Dave en Jim te praten. [...] Aan de achterkant van de maan hoefde ik zelfs niet meer met Houston te praten, en dat was het beste deel van de vlucht.*

Introverten begrijpen dit wel; de eenzaamste mens in de geschiedenis was gewoon blij even een paar minuten rust en vrede te hebben.

V. Wat als iedereen in Groot-Brittannië naar de kust gaat en begint te peddelen? Kunnen ze het eiland in beweging brengen?

– Ellen Eubanks

V. Zijn vuurtornado's mogelijk?

– Seth Wishman

REGENDRUPPEL

V. Wat als een regenbui al het water in één
enkele grote druppel zou laten vallen?

– **Michael McNeill**

A. HET IS HARTJE ZOMER in Kansas. De lucht is broeierig heet. Twee oudjes zitten in schommelstoelen op de veranda.

In het zuidwesten verschijnen dreigende wolken aan de horizon. Ze worden
steeds hoger naarmate ze dichterbij komen, de bovenkant spreidt zich uit in de
vorm van een aambeeld.

Ze horen het tinkelen van de windklokken terwijl er een licht briesje opsteekt.
De hemel wordt donkerder.

Vocht

Lucht bevat water. Als je een zuil van lucht afgrenst, van de grond omhoog tot de
bovenkant van de dampkring, en dan de lucht in de zuil laat afkoelen, scheidt het
vocht in de lucht zich door condensatie af als regen. Als je de regen op de bodem
van de zuil verzamelt, vult het een laagje met een diepte van ergens tussen nul en
enkele tientallen centimeters. Die diepte noemen we de volledige atmosferische
diepte, aangeduid met TPW (*Total Precipitable Water*).

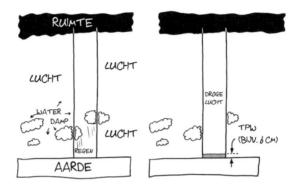

Normaal is de TPW 1 of 2 centimeter.

Satellieten meten deze inhoud aan waterdamp op elk punt van de wereldbol, en kunnen zo prachtige kaarten produceren.

We stellen ons voor dat de regenbui een omtrek heeft van 100 kilometer en een hoge TPW-inhoud van 6 centimeter. Dat betekent dat het water in onze regenbui een volume heeft van:

$$100 \text{ km} \times 100 \text{ km} \times 6 \text{ cm} = 0,6 \text{ km}^3$$

Die hoeveelheid water weegt 600 miljoen ton (wat toevallig net zo zwaar is als het huidige gewicht van de mensheid). In een normale situatie valt slechts een deel van dit water, uitgespreid als regen – hooguit 6 centimeter hiervan.

In deze regenbui condenseert al dat water tot één reusachtige regendruppel, een bol water met een doorsnede van een kilometer. We gaan ervan uit dat hij zich een paar kilometer boven het aardoppervlak vormt, want daar condenseert de meeste regen.

De druppel begint te vallen.

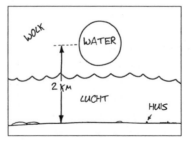

Er is 5 of 6 seconden lang niets te zien. Dan begint de onderkant van de wolk uit te zakken. Het lijkt even alsof er een trechterwolk ontstaat. Maar dan puilt de wolk over een breder gedeelte uit, en bij de 10e seconde duikt de bodem van de druppel uit de wolk tevoorschijn.

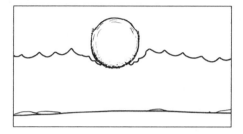

De druppel valt nu met een snelheid van 90 meter per seconde (zo'n 320 kilometer per uur). De woeste wind veegt het oppervlak van het water weg in een nevel. De voorste rand van de druppel gaat over in schuim doordat er lucht in het vocht wordt geperst. Als de druppel lang genoeg valt, spreiden deze krachten de hele druppel geleidelijk uit tot regen.

Maar voordat dat kan gebeuren, zo'n 20 seconden na het begin van de vorming, raakt de rand van de druppel de grond. Het water heeft nu een snelheid van meer dan 200 meter per seconde (720 kilometer per uur). Recht onder het punt van de inslag kan de lucht zich niet snel genoeg uit de voeten maken, en de samenpersing leidt tot zo'n snelle opwarming dat het gras in brand zou vliegen als het de tijd had.

Gelukkig voor het gras duurt deze opwarming slechts een paar milliseconden, doordat deze wordt geblust dankzij de komst van een heleboel koud water. Helaas voor het gras komt dat koude water met ruim de helft van de snelheid van het geluid.

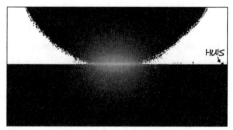

Als je in deze periode in het midden van deze bol zou zweven, zou je tot dit moment weinig ongebruikelijks hebben gevoeld. Het is vrij donker daar in het midden, maar als je genoeg tijd (en longcapaciteit) had om een paar honderd meter naar de rand te zwemmen, zou je de schemerende gloed van het daglicht kunnen ontwaren.

Terwijl de regendruppel de grond nadert, leidt de groeiende luchtweerstand tot een toename in druk, die pijn doet aan je oren. Maar enkele seconden later, wanneer het water in contact met de grond komt, word je doodgedrukt – de schokgolf creëert korte tijd een druk die hoger is dan op de bodem van de Marianentrog.

Het water boort zich in de grond, maar het gesteente geeft niet mee. De druk dwingt het water opzij, waardoor er een supersonische, in alle richtingen uitwaaierende straal ontstaat die alles op zijn pad verwoest.

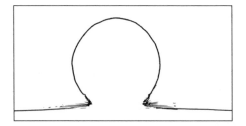

De muur van water spreidt zich kilometer na kilometer uit, en sleurt onderweg bomen, huizen en de bovenste grondlaag mee. Het huis, de veranda en de oudjes zijn in een ogenblik weggevaagd. Alles binnen een paar kilometer wordt volledig weggeslagen, met achterlating van een modderpoel op rotsgesteente. Het water verspreidt zich verder en verwoest alle gebouwen tot op een afstand van 20 of 30 kilometer. Op die afstand zijn gebieden achter bergen en heuvelkammen veilig. Het water gaat over in een stroom door natuurlijke valleien en rivieren.

Het gebied in de wijdere omgeving is grotendeels veilig voor de effecten van de regenbui, ook al hebben gebieden honderden kilometers stroomafwaarts in de uren na de inslag te kampen met overstromingen.

Het nieuws over de onverklaarbare ramp raakt bekend in de rest van de wereld. Overal reageert men geschokt en verbijsterd, en enige tijd leidt elke nieuwe wolk aan de horizon tot massale paniek. De angst regeert terwijl de wereld op zijn hoede is voor extreme regenval, maar de jaren verstrijken zonder tekenen van een herhaling van deze ramp.

Meteorologen proberen jarenlang te achterhalen wat er precies is gebeurd, maar er wordt geen aanvaardbare uitleg gevonden. Uiteindelijk geven ze het op, en blijft het meteorologische verschijnsel onverklaard.

GOKKEN BIJ EEN SCHOOLTEST

V. Wat als iedereen bij een schooltest
gewoon gokt bij elke multiplechoicevraag?
Hoeveel perfecte scores zijn er dan?

– **Rob Balder**

A. GEEN.

In de Verenigde Staten hanteert men voor toelating tot veel universiteiten een zogeheten SAT-test. Bij deze gestandaardiseerde test kan raden onder bepaalde omstandigheden bij een vraag een goede strategie zijn. Maar wat als je bij alle vragen raadt?

Niet de hele test is multiple choice, maar we richten ons op de multiplechoicevragen om het eenvoudig te houden. We gaan ervan uit dat iedereen de open vragen goed beantwoordt.

In de versie van de SAT in 2014 zaten 44 multiplechoicevragen in de afdeling Wiskunde (kwantitatief), 67 in de afdeling Begrijpend Lezen (kwalitatief), en 47 in de nieuwerwetse afdeling Schrijven.[1] Elke vraag heeft 5 keuzemogelijkheden, dus bij een willekeurige gok heb je een kans van 20 procent dat je het goed hebt.

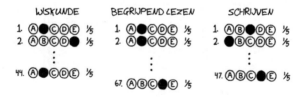

---

1   Ik heb de SAT lang geleden gedaan, oké?

De kans dat je alle 158 vragen goed hebt, is:

$$\frac{1}{5^{44}} \times \frac{1}{5^{67}} \times \frac{1}{5^{47}} \approx \frac{1}{2.7 \times 10^{110}}$$

Dat is 1 op 27 quinquatrigintiljoen

Als alle vier miljoen 17-jarigen de test afleggen en ze allemaal willekeurig gokken, is het vrijwel zeker dat er geen perfecte scores in een van de drie afdelingen voorkomen.

Hoe zeker is dat? Nou, als ze ieder een computer gebruiken om de test een miljoen keer per dag af te leggen en daarmee vijf miljard jaar elke dag doorgaan – totdat de zon uitzet tot een rode reus en de aarde tot as verkoolt – is de kans dat een van hen ooit een perfecte score haalt op alleen de afdeling wiskunde ongeveer 0,0001 procent.

Hoe onwaarschijnlijk is dat? Elk jaar worden ongeveer 500 Amerikanen door de bliksem getroffen (gebaseerd op een gemiddelde van 45 doden door bliksem en een sterftecijfer van 9 à 10 procent). De kans dat een willekeurige Amerikaan in een bepaald jaar getroffen wordt, is dan ongeveer 1 op 700.000.[2]

Dat betekent dat de kans om een 10 voor de SAT te krijgen door te raden lager is dan de kans dat iedere nog in leven zijnde ex-president van de Verenigde Staten en alle vaste spelers in de tv-serie *Firefly* allemaal afzonderlijk worden getroffen door de bliksem... op dezelfde dag.

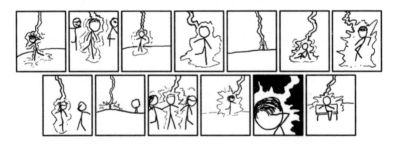

Iedereen die dit jaar een schooltest aflegt, veel geluk gewenst... maar dat is niet genoeg.

---

2 Zie *xkcd*, 'Conditional Risk,' www.xkcd.com/795.

NEUTRONENKOGEL

V. Als een kogel met de dichtheid van een
neutronenster wordt afgevuurd met een
pistool (afgezien van hoe dat gaat) naar de
aardbodem, wordt de aarde dan vernietigd?

– Charlotte Ainsworth

A. EEN KOGEL MET de dichtheid van een neutronenster weegt ongeveer net zoveel als het Empire State Building.

Of de kogel nu wordt afgevuurd met een pistool of niet, hij valt recht door de
bodem en stoot door de aardkorst alsof het gesteente een natte tissue is.

We kijken naar twee verschillende vragen:
– Welk effect heeft de passage van de kogel op de aarde?
– Als we de kogel op het aardoppervlak houden, welk effect heeft hij dan op de
  omgeving? Kunnen we de kogel aanraken?

Eerst enige achtergrond.

Wat zijn neutronensterren?

Een neutronenster is wat er overblijft nadat een reuzenster is ingestort door zijn
eigen zwaartekracht.

Het bestaan van een ster is een balanceeract. De enorme zwaartekracht probeert hem steeds inwaarts ineen te laten storten, maar die persing zet verschillende andere krachten in gang die hem uitwaarts duwen.

De factor die de zon weerhoudt van een instorting is de hitte uit kernfusie. Als
bij een ster de brandstof voor die fusie opraakt, trekt hij samen (in een gecompliceerd proces met diverse explosies) totdat de instorting tot staan wordt gebracht
door de kwantumwetten die een overlap tussen materie tegenhouden.[1]

---

1 Volgens het uitsluitingsprincipe van Pauli mogen elektronen niet te dicht bij elkaar in de
  buurt komen. Onder meer dankzij dit principe valt je laptop niet gewoon door je schoot heen.

Als de ster zwaar genoeg is, overwint hij de kwantumdruk en stort verder in (met nog een andere, veel grotere explosie), waarna een neutronenster resteert. Als het restant nog veel zwaarder is, wordt het een zwart gat.[2]

Neutronensterren behoren tot de zwaarste objecten die te vinden zijn (buiten de oneindige dichtheid van een zwart gat). Ze zijn geplet door hun eigen immense zwaartekracht tot een compacte kwantummechanische soep die in bepaalde opzichten veel weg heeft van een atoomkern ter grootte van een berg.

Is onze kogel gemaakt van een neutronenster?

Nee. Charlotte stelde een vraag over een kogel met de dichtheid van een neutronenster, niet over een kogel van het eigenlijke materiaal van een neutronenster. Dat komt goed uit, want je kunt geen kogel van dat spul maken. Als je materiaal van een neutronenster weghaalt van zijn verpletterende zwaartekrachtbron, waar het normaal te vinden is, zal het weer uitzetten tot superhete gewone materie met een uitbarsting van energie die waarschijnlijk sterker is dan elk atoomwapen.

Daarom stelde Charlotte waarschijnlijk voor om onze kogel te maken van een of ander magisch, stabiel materiaal met dezelfde dichtheid als een neutronenster.

Welk effect heeft de kogel op de aarde?

Het is voorstelbaar dat je hem afvuurt met een pistool.[3] Maar het is misschien interessanter om de kogel gewoon te laten vallen. In beide gevallen accelereert de kogel neerwaarts, stoot in de grond en graaft verder naar het midden van de aarde.

Dat heeft geen verwoestende uitwerking op de aarde, maar het is tamelijk vreemd.

Als de kogel binnen een meter boven de grond komt, rukt zijn zwaartekracht al een grote klomp aarde omhoog, die wild rond de vallende kogel golft en losse deeltjes rondslingert. Als de kogel de grond in gaat, voel je de bodem schudden. Er blijft een grillige krater met breuklijnen over, zonder dat er nog een gat te zien is waar de kogel naar binnen is gegaan.

De kogel valt recht door de aardkorst. Aan de oppervlakte sterven de trillingen al snel uit. Maar diep beneden verplettert en verdampt de kogel de mantel tijdens zijn val. Hij blaast de materie weg met krachtige schokgolven, en laat een spoor

---

2 Mogelijk bestaat er een categorie met objecten die zwaarder zijn dan een neutronenster – maar niet zo zwaar dat ze in een zwart gat overgaan – die we 'vreemde sterren' noemen.

3 Een magisch, onbreekbaar pistool dat je kunt vasthouden zonder dat je arm wordt afgerukt. Geen zorg, dat deel komt later!

van superheet plasma in zijn spoor achter. Zoiets is nooit eerder voorgekomen in de geschiedenis van het heelal: een ondergrondse vallende ster.

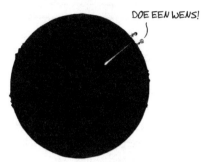

Uiteindelijk komt de kogel tot rust, in de kern van ijzer-nikkel in het midden van de aarde. De energie die op de aarde wordt overgebracht is gigantisch voor menselijke begrippen, maar de planeet merkt er nauwelijks iets van. De zwaartekracht van de kogel heeft alleen invloed op het gesteente binnen een paar meter afstand. Hij is zwaar genoeg om door de aardkorst te vallen, maar de zwaartekracht alleen is niet zo sterk dat hij het gesteente fors ineenperst.

Het gat dicht zich, waarna de kogel voorgoed buiten ieders bereik is.[4] Uiteindelijk wordt de aarde verteerd door de ouder wordende, opgezwollen zon, waarna de kogel zijn laatste rustplaats vindt in de kern van de zon.

De zon zelf is niet dicht genoeg om een neutronenster te worden. Nadat hij de aarde heeft opgeslokt, doorloopt de zon enkele fasen van uitzetting en inkrimping, en komt uiteindelijk tot rust. Er resteert dan een kleine witte dwergster, met in het midden nog steeds de kogel. Eens, ver in de toekomst – wanneer het heelal duizenden keren zo oud is als nu – koelt de witte dwerg af en vervaagt tot zwart.

Dit beantwoordt de vraag wat er gebeurt als de kogel in de bodem van de aarde wordt geschoten. Maar wat als we de kogel aan de oppervlakte kunnen houden?

Zet de kogel op een stevig voetstuk

Eerst hebben we een magisch, oneindig sterk voetstuk nodig om de kogel op te leggen. Dat voetstuk moet rusten op een even sterk platform dat groot genoeg is om het gewicht te spreiden. Anders zakt de hele constructie de grond in.

---

4   ... tenzij Kyp Durron de Kracht gebruikt om de kogel eruit te trekken.

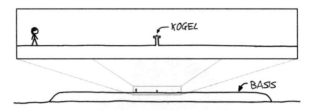

Een basis met de omvang van een huizenblok moet wel sterk genoeg zijn om de constructie in elk geval een paar dagen boven de grond te houden, waarschijnlijk wel langer. Per slot van rekening rust het Empire State Building, dat net zoveel weegt als onze kogel, op een vergelijkbaar platform. Dat is ook al meer dan een paar dagen oud en is niet in de grond verdwenen.

De kogel zuigt niet de dampkring op. Hij veroorzaakt wel een samenpersing van de lucht in zijn omgeving en warmt die iets op, maar dat is allemaal verrassend genoeg nauwelijks merkbaar.

Kan ik hem aanraken?

Wat kan er gebeuren als je het probeert.

De zwaartekracht van dit ding is sterk, maar ook weer niet héél sterk.

Stel dat je er 10 meter vandaan staat. Op deze afstand voel je je licht naar het voetstuk getrokken worden. Je hersenen – die niet gewend zijn aan een niet-uniforme zwaartekracht – denken dat je op een glooiende helling staat.

Doe geen rolschaatsen onder.

Deze waargenomen helling wordt steiler naarmate je dichter op het voetstuk toe loopt, alsof de grond naar voren valt.

Als je binnen een paar meter komt, zal het je moeilijk vallen om niet voorwaarts te glijden. Maar als je iets hebt waaraan je je kunt vasthouden – een deurhendel of een lantaarnpaal – kun je er vrij dicht bij komen.

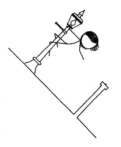

Natuurkundigen van Los Alamos noemen dit misschien wel 'het kietelen van de staart van een draak'.

Maar ik wil hem aanraken!

Om er zo dichtbij te komen dat je hem kunt aanraken, moet je je wel héél goed ergens aan vast kunnen houden. Je moet dit eigenlijk doen in een draagharnas dat je hele lichaam ondersteunt, of op z'n minst met een neksteun. Als je binnen bereik komt, heeft je hoofd het gewicht van een peuter en weet je bloed niet meer waar het heen moet stromen. Maar als je een gevechtspiloot bent die gewend is aan hoge G-krachten, red je het misschien wel.

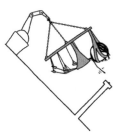

Onder deze hoek stroomt het bloed naar je hoofd, maar je bent nog wel in staat te ademen.

Als je je arm uitsteekt, wordt er veel sterker aan getrokken; 20 centimeter is het punt waarop geen terugkeer mogelijk is – als je vingertoppen die grens oversteken, wordt je arm te zwaar om terug te trekken. (Als je veel pull-ups aan één hand doet, kun je misschien iets dichterbij gaan.)

Zodra je binnen een paar centimeter komt, is de kracht op je vingers overweldigend; ze worden met een ruk vooruit getrokken – met jou of zonder jou – en je vingertoppen raken echt de kogel (waarbij je vingers en schouder waarschijnlijk ontwricht raken).

Als je vingertop daadwerkelijk in contact met de kogel komt, wordt de druk in je vingertoppen te sterk en breekt het bloed door de huid heen naar buiten.

In *Firefly* sprak River Tam de gedenkwaardige woorden: 'Het menselijk lichaam kan met een adequaat afzuigsysteem in 8,6 seconden van bloed worden ontdaan.'

Door de kogel aan te raken heb je net een adequaat afzuigsysteem gecreëerd.

Je lichaam wordt tegengehouden door het draagharnas, en je arm blijft vastzitten aan je lichaam – vlees is verrassend sterk – maar het bloed stroomt veel sneller uit je vingertop dan normaal mogelijk is. Die 8,6 seconden van River is misschien een trage schatting.

Dan wordt het vreemd.

Het bloed wikkelt zich rond de kogel en vormt een donkerrode bol waarvan de oppervlakte zoemt en trilt met golven die te snel voor het menselijk oog zijn.

Maar wacht

Er is een feit dat nu belangrijk wordt: op bloed blijf je drijven.

Terwijl de bloedbol groeit, wordt de kracht die aan je schouder trekt zwakker... doordat de delen van je vingertoppen onder het oppervlak van het bloed drijven! Bloed heeft een hoger soortelijk gewicht dan vlees, en de helft van het gewicht aan je arm was afkomstig van de laatste twee kootjes van je vingers. Wanneer het bloed een laag van enkele centimeters vormt, wordt het gewicht aanmerkelijk minder.

Als je kunt wachten tot de bloedbol een laag van 20 centimeter heeft – en als je schouder nog intact is – kun je misschien zelfs je arm terugtrekken.

Probleem: daarvoor is vijf keer zo veel bloed nodig als je in je lichaam hebt.

Het ziet ernaar uit dat je het niet haalt.

We spoelen even terug.

Hoe een neutronenkogel aan te raken: zout, water en wodka

Je kunt de kogel aanraken en het overleven... maar dan moet je hem met water omringen.

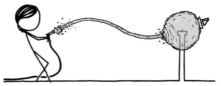

Probeer dit eens thuis, en stuur me de video.

Als je echt slim wilt zijn, laat je het eind van de slang in het water bungelen en laat je de zwaartekracht van de kogel het overhevelen voor je doen.

Om de kogel te kunnen aanraken, laat je eerst water naar het voetstuk stromen totdat je aan de kant van de kogel een poel van een meter of twee diep hebt. Deze neemt een van de volgende vormen aan:

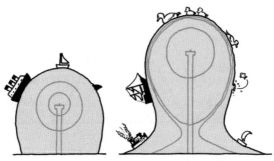

Als die bootjes zinken, probeer je ze niet te redden.

Dompel nu je hoofd en arm erin.

Dankzij het water kun je zonder problemen met je hand rond de kogel zwaaien! De kogel trekt je naar zich toe, maar hij trekt net zo hard aan het water. Water is (net als vlees) bijna niet samen te persen, zelfs niet onder zo'n druk, waardoor er geen vitale delen worden geplet.[5]

Maar het kan zijn dat je de kogel niet helemaal echt kunt aanraken. Wanneer je

---

5 Wanneer je je arm eruit trekt, let dan op symptomen van caissonziekte als gevolg van stikstof-
   bubbels in de bloedvaten van je hand.

vingers op een afstand van een paar millimeter zijn, betekent de sterke zwaarte-kracht dat de drijfkracht een cruciale rol speelt. Als je hand een iets lager soortelijk gewicht heeft dan het water, kan hij niet door die laatste millimeter heen. Als de hand een iets hoger soortelijk gewicht heeft, wordt hij vastgezogen.

Op dit punt komen de wodka en het zout van pas. Als je merkt dat de kogel aan je vingertoppen trekt wanneer je je hand in het water steekt, houdt dat in dat je vingers niet genoeg drijfkracht hebben. Meng wat zout door het water om het een hoger soortelijk gewicht te geven. Als je merkt dat je vingers over een onzichtbare oppervlakte bij de rand van de kogel glijden, verlaag je het soortelijk gewicht van het water door wat wodka toe te voegen.

Als je de juiste verhouding weet te vinden, kun je de kogel aanraken en het na-vertellen.

Misschien.

Alternatief plan

Een tikkeltje te riskant? Geen probleem. Dit hele plan – de kogel, het water, het zout, de wodka – kan tevens dienen als richtlijn voor het mixen van de moeilijkste cocktail in de geschiedenis van drankjes: de Neutron Star.

Dus pak een rietje en neem een slok...

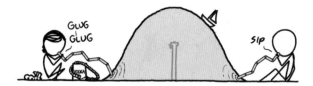

... en vergeet niet: als iemand een kers in je Neutron Star laat vallen en hij naar de bodem zakt, probeer hem er niet uit te vissen. Hij is weg.

V. Wat als ik een teek inslik die de ziekte van Lyme heeft? Doodt mijn maagzuur de teek en de borreliabacterie, of krijg ik de ziekte van Lyme van binnenuit?

– Christopher Vogel

V. Als we uitgaan van een tamelijk uniforme resonantiefrequentie in een passagiersvliegtuig, hoeveel katten die miauwen op een bepaalde resonantiefrequentie in dat vliegtuig zijn er dan nodig om het 'neer te halen'?

– Brittany

V. Wat als een aardbeving met een kracht van 15 op de schaal van Richter Amerika treft in bijvoorbeeld New York? En wat met Richter 20? 25?

– Alec Farid

A. DE SCHAAL VAN RICHTER, die voor technisch gebruik is vervangen door een 'momentmagnitude'-schaal, meet de energie die vrijkomt bij een aardbeving.[1] Het is een schaal met een open einde. Doordat we gewoonlijk horen over aardbevingen met scores van 3 tot 9, denken veel mensen waarschijnlijk dat het een schaal van 1 tot 10 is.

De 10 is dus helemaal niet de top van de schaal, ook al kan dat in de praktijk best wel zo zijn. Een aardbeving met een kracht, ofwel magnitude, van 9 veroorzaakt al een verandering in de omwentelingssnelheid van de aarde. De twee aardbevingen in de twintigste eeuw met een magnitude van 9+ veranderden de lengte van de dag met een fractie van een seconde.

Bij een aardbeving van een magnitude 15 komt er bijna 10^{32} joule aan energie vrij, wat zo ongeveer gelijkstaat aan de samenbindende energie van de zwaartekracht van de aarde. Om het anders te formuleren, de Death Star veroorzaakte een aardbeving van magnitude 15 op Alderaan.

---

1 Op vergelijkbare wijze is de F-schaal (schaal van Fujita) vervangen door de EF-schaal (Enhanced Fujita-schaal). Soms wordt een maateenheid afgeschaft omdat deze vreselijk is om mee te werken, zoals 'kip' (1000 pounds, ca. 453 kilo), 'kcf' (1000 cubic feet per seconde, ca. 28 m³) en 'graden Rankine' (graden Fahrenheit boven het absolute nulpunt). (Ik heb ooit technische artikelen moeten lezen waarin die eenheden werden gebruikt.) Soms krijg je het gevoel dat het wetenschappers alleen gaat om iets te hebben waarop ze mensen kunnen corrigeren.

HET GEOLOGISCH ONDERZOEK NAAR ALDERAAN HEEFT
BEVESTIGD DAT EEN AARDBEVING VAN MAGNITUDE 15 ALLE
SEISMOMETERS TER PLEKKE IN DAMP HEEFT VERANDERD.

In theorie kun je op aarde een sterkere aardbeving hebben, maar in de praktijk betekent het alleen maar dat de uitdijende wolk van puin heter is.

De zon kan met zijn hogere samenbindende energie van de zwaartekracht een beving van magnitude 20 hebben (ook al leidt die waarschijnlijk tot een soort catastrofale nova). De krachtigste bevingen in het ons bekende universum, die zich voordoen in de materie van een superzware neutronenster, hebben ongeveer die magnitude. Het is zo'n beetje de energie die vrijkomt als je het hele volume van de aarde vult met waterstofbommen en die allemaal tegelijk tot ontploffing brengt.

WAT ALS WE HET PROBEREN
MET EEN LAGERE STERKTE?

We hebben veel tijd besteed aan praten over dingen die groot en hevig zijn. Maar hoe zit het met de onderkant van de schaal? Bestaat er zoiets als een aardbeving met een magnitude 0?

Ja! De schaal gaat zelfs verder omlaag tot voorbij nul. We kijken nu eens naar een paar 'aardbevingen' met een lage magnitude, met daarbij een beschrijving van wat er gebeurt als zoiets je huis treft.

Magnitude 0

De spelers van het American footballteam Dallas Cowboys rennen op volle kracht tegen de zijmuur van je buurmans garage.

Magnitude -1

Een enkele American footballspeler rent tegen een boom in je tuin.

Magnitude -2

Een kat valt van een ladekast.

Magnitude -3

Een kat mept je mobieltje van het nachtkastje.

Magnitude -4

Een munt van 5 cent valt van een hond.

Magnitude -5

Een toets op een IBM-model M-toetsenbord wordt ingedrukt.

Magnitude -6

Een toets op een lichtgewicht toetsenbord wordt ingedrukt.

Magnitude -7

Een enkele veer dwarrelt naar de grond.

Magnitude -8

Een korrel fijn zand valt op de hoop onder in een kleine zandloper.

... en dan gaan we meteen helemaal door naar onder.

Magnitude -15

Een rondzwevend stofje komt tot rust op een tafel.

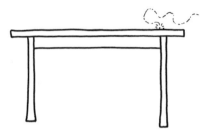

Soms is het ook wel leuk om de aarde eens heel te laten.

DANKBETUIGING

Een heel stel mensen heeft me geholpen het boek te maken dat je nu voor je hebt.

Dank aan mijn uitgever Courtney Young; zij was vanaf het begin een *xkcd*-lezer en heeft dit boek tot het eind begeleid. Ik dank de diverse geweldige mensen van HMH die ervoor zorgden dat alles op rolletjes liep. Ik dank Seth Fishman en de mensen van Gernert voor hun geduld en onvermoeibaarheid.

Dank aan Christina Gleason, die dit boek eruit liet zien als een boek, ook al moest ze daarvoor om drie uur's nachts mijn neergekrabbelde aantekeningen over planetoïden ontcijferen. Ik dank de diverse deskundigen die me hebben bijgestaan bij de beantwoording van de vragen, onder wie Reuven Lazarus en Ellen McManis (straling), Alice Kaanta (genen), Derek Lowe (chemische stoffen), Nicole Gugliucci (telescopen), Ian Mackay (virussen) en Sarah Gillespie (kogels). Ook dank ik davean, die dit allemaal mogelijk maakte, maar een hekel aan aandacht heeft en waarschijnlijk gaat klagen omdat hij hier wordt genoemd.

Dank aan de mensen van IRC voor hun opmerkingen en correcties, en aan Finn, Ellen, Ada en Ricky, die de stroom aan ingediende vragen hebben gezift en die over Goku eruit hebben gehaald. Ik dank Goku omdat hij kennelijk een bezield figuur met een oneindige kracht is en daarom honderden wat als-vragen heeft losgemaakt, ook al ben ik niet naar *Dragon Ball Z* gaan kijken om die vragen te kunnen beantwoorden.

Dank aan mijn familie, die me heeft geleerd absurde vragen te beantwoorden door zoveel jaar geduldig die van mij te beantwoorden. Ik dank mijn vader voor wat hij me heeft geleerd over metingen en mijn moeder voor wat ze me heeft geleerd over patronen. En ik dank mijn vrouw, omdat ze me heeft geleerd sterk te zijn, me heeft geleerd moedig te zijn, en me heeft geleerd over de vogels.

ACHTERGRONDEN

Wereldwijde storm

Merlis, Timothy M. en Tapio Schneider, 'Atmospheric dynamics of Earthlike tidally locked aquaplanets,' in: *Journal of Advances in Modeling Earth Systems*, 2, december 2010; doi:10.3894/james.2010.2.13.

'What Happens Underwater During a Hurricane?' www.rsmas.miami.edu/blog/2012/10/22 what-happens-underwater-during-a-hurricane.

Bassin voor kernafval

'Behavior of spent nuclear fuel in water pool storage,' www.osti.gov/energycitations/servlets/purl/7284014-xaMii9/7284014.pdf.

'Unplanned Exposure During Diving in the Spent Fuel Pool,' www.isoe-network.net/index.php/publications-mainmenu-88/isoe-news/doc_download/1756-ritter2011ppt.html.

Laseraanwijzer

GOOD, 'Mapping the World's Population by Latitude, Longitude,' www.good.is/posts/mapping-the-world-s-population-by-latitude-longitude, www.wickedlasers.com/arctic.

Periodieke muur van elementen

Tabel op bladzijde 15 in www.epa.gov/opptintr/aegl/pubs/arsenictrioxide_p01_tsddelete.pdf.

Allemaal springen!

Dot Physics, 'What if everyone jumped?' www.scienceblogs.com/dotphysics/2010/08/26/what-if-everyone-jumped.

Straight Dope, 'If everyone in China jumped off chairs at once, would the earth be thrown out of its orbit?' www.straightdope.com/columns/read/142/if-all-chinese-jumped-at-once-would-cataclysm-result.

Een mol mollen
Discover, 'How many habitable planets are there in the galaxy?' http://blogs.
discovermagazine.com/badastronomy/2010/10/29/how-many-habitable-planets-
are-there-in-the-galaxy.

Haardroger
'Determination of Skin Burn Temperature Limits for Insulative Coatings Used for
Personnel Protection,' www.mascoat.com/assets/files/Insulative_Coating_
Evaluation_nace.pdf.
'The Nuclear Potato Cannon Part 2,' www.nfttu.blogspot.com/2006/01/nuclear-potato-
cannon-part-2.html.

Het laatste licht van de mens
'Wind Turbine Lubrication and Maintenance: Protecting Investments in Renewable
Energy,' www.renewableenergyworld.com/rea/news/article/2013/05/wind-turbine-
lubrication-and-maintenance-protecting-investments-in-renewable-energy.
McComas, D.J., J.P. Carrico, B. Hautamaki, M. Intelisano, R. Lebois, M. Loucks, L.
Policastri, M. Reno, J. Scherrer, N.A. Schwadron, M. Tapley en R. Tyler, 'A new class
of long-term stable lunar resonance orbits: Space weather applications and the
Interstellar Boundary Explorer,' in: *Space Weather*, 9, S11002, doi:
10.1029/2011SW000704, 2011.
Swift, G.M., et al., 'In-flight annealing of displacement damage in GaAs leds: a Galileo
story,' in: *IEEE Transactions on Nuclear Science*, deel 50, nr. 6, 2003.
'Geothermal Binary Plant Operation And Maintenance Systems With Svartsengi
Power Plant As A Case Study,' www.os.is/gogn/unu-gtp-report/unu-gtp-2002-15.
pdf.

Machinegeweer-jetpack
'Lecture L14 – Variable Mass Systems: The Rocket Equation,' http://ocw.mit.edu/
courses/aeronautics-and-astronautics/16-07-dynamics-fall-2009/lecture-notes/
mit16_07F09_Lec14.pdf.
'[2.4] Attack Flogger in Service,' www.airvectors.net/avmig23_2.html#m4.

Langzaam steeds hoger
Otis: 'About Elevators,' www.otisworldwide.com/pdf/AboutElevators.pdf.
National Weather Service: 'Wind Chill Temperature Index,' www.nws.noaa.gov/om/
windchill/images/wind-chill-brochure.pdf.
'Prediction of Survival Time in Cold Air'. Zie bladzijde 24 voor de tabellen, http://
cradpdf.drdc-rddc.gc.ca/pdfs/zba6/p144967.pdf.
Pendleton, Linda D., 'When Humans Fly High: What Pilots Should Know About
High-Altitude Physiology, Hypoxia, and Rapid Decompression.' www.avweb.com/
news/aeromed/181893-1.html.

Afdeling korte antwoorden

'Currency in Circulation: Volume,' www.federalreserve.gov/paymentsystems/coin_
currcircvolume.htm.

NOAA, 'Subject: C5c, Why don't we try to destroy tropical cyclones by nuking them?'
www.aoml.noaa.gov/hrd/tcfaq/C5c.html.

NASA, 'Stagnation Temperature,' www.grc.nasa.gov/www/bgh/stagtmp.html.

Bliksem

'Lightning Captured @ 7,207 Fps,' www.youtube.com/watch?v=BxQt8ivUGWQ.
nova, 'Lightning: Expert Q&A,' www.pbs.org/wgbh/nova/earth/dwyer-lightning.html.
jgr, 'Computation of the diameter of a lightning return stroke,' http://onlinelibrary.wiley.
com/doi/10.1029/JB073i006p01889/abstract.

Menselijke computer

'Moore's Law at 40,' www.ece.ucsb.edu/~strukov/ece15bSpring2011/others/
MooresLawat40.pdf.

Kleine planeet

Zie voor een andere benadering van De kleine prins het laatste deel van dit geweldige
stuk van Mallory Ortberg, http://the-toast.net/2013/08/02/texts-from-peter-pan-
et-al.

Rugescu, Radu D. en Daniele Mortari, 'Ultra Long Orbital Tethers Behave Highly
Non-Keplerian and Unstable,' in: WSEAS Transactions on Mathematics, deel 7, nr. 3,
maart 2008, p. 87-94, www.academia.edu/3453325/Ultra_Long_Orbital_Tethers_
Behave_Highly_Non-Keplerian_and_Unstable.

Steakdropping

'Falling Faster than the Speed of Sound,' http://blog.wolfram.com/2012/10/24/falling-
faster-than-the-speed-of-sound.

'Stagnation Temperature: Real Gas Effects,' www.grc.nasa.gov/www/bgh/stagtmp.html.

'Predictions of Aerodynamic Heating on Tactical Missile Domes,' www.dtic.mil/cgi-
bin/GetTRDoc?AD=ADA073217.

'Calculation Of Reentry-Vehicle Temperature History,' www.dtic.mil/dtic/tr/fulltext/
u2/a231552.pdf.

'Back in the Saddle,' www.ejectionsite.com/insaddle/insaddle.htm.

'How to Cook Pittsburgh-Style Steaks,' www.livestrong.com/article/436635-how-to-
cook-pittsburgh-style-steaks.

IJshockeypuck

'khl's Alexander Ryazantsev sets new "world record" for hardest shot at 114 mph,' http://
sports.yahoo.com/blogs/nhl-puck-daddy/khl-alexander -ryazantsev-sets-world-
record-hardest-shot-174131642.html.

Superconducting Magnets for Maglifter Launch Assist Sleds,' www.psfc.mit.
edu/~radovinsky/papers/32.pdf.

'Two-Stage Light Gas Guns,' www.nasa.gov/centers/wstf/laboratories/hypervelocity/
gasguns.html.
'Hockey Video: Goalies, Hits, Goals, and Fights,' www.youtube.com/watch?v=fWj6–
Cf9QA.

Verkoudheid
Stride, P., 'The St Kilda boat cough under the microscope,' in: *The Journal – Royal
College of Physicians of Edinburgh*, nr. 38, 2008, p. 272-279.
Kaiser, L., J.D. Aubert, et. al., 'Chronic Rhinoviral Infection in Lung Transplant
Recipients,' in: *American Journal of Respiratory and Critical Care Medicine*, deel 174,
2006, p. 1392-1399, doi:10.1164/rccm.200604-489OC.
Oliver, B.G.G., S. Lim, P. Wark, V. Laza-Stanca, N. King, J.L. Black, J.K. Burgess, M.
Roth en S.L. Johnston, 'Rhinovirus Exposure Impairs Immune Responses To
Bacterial Products In Human Alveolar Macrophages,' in: *Thorax*, 63, nr. 6, 2008,
p. 519-525.

Halfleeg glas
'Shatter beer bottles: Bare-handed bottle smash,' www.youtube.com/
watch?v=77gWkl0ZUC8.

Buitenaardse sterrenkundigen
The Hitchhiker's Guide to the Galaxy, www.goodreads.com/book/show/11.The_
Hitchhiker_s_Guide_to_the_Galaxy.
'A Failure of Serendipity: the Square Kilometre Array will struggle to eavesdrop on
Human-like eti,' http://arxiv.org/PS_cache/arxiv/pdf/1007/1007.0850v1.pdf.
'Eavesdropping on Radio Broadcasts from Galactic Civilizations with Upcoming
Observatories for Redshifted 21cm Radiation,' http://arxiv.org/pdf/astro-
ph/0610377v2.pdf.
'The Earth as a Distant Planet A Rosetta Stone for the Search of Earth-Like Worlds,'
www.worldcat.org/title/earth-as-a-distant-planet-a-rosetta -stone-for-the-search-
of-earth-like-worlds/oclc/643269627.
'SETI on the SKA,' www.astrobio.net/exclusive/4847/seti-on-the-ska.
Gemini Planet Imager, http://planetimager.org.

Geen DNA meer
Enjalbert, Françoise, Sylvie Rapior, Janine Nouguier-Soulé, Sophie Guillon, Noël
Amouroux en Claudine Cabot. 'Treatment Of Amatoxin Poisoning: 20-Year
Retrospective Analysis,' in: *Clinical Toxicology*, 40, nr. 6, 2002, p. 715-757; http://
toxicology.ws/LLSAArticles/Treatment%20of20Amatoxin%20Poisoning-20%20
year%20retrospective%20analysis%20(J%20Toxicol%20Clin%20Toxicol%202002).
pdf.
Eshelman, Richard, 'I nearly died after eating wild mushrooms,' in: *The Guardian*, 2010,
www.theguardian.com/lifeandstyle/2010/nov/13/nearly-died-eating-wild-
mushrooms.

'Amatoxin: A review,' www.omicsgroup.org/journals/2165-7548/2165-7548-2-110.
php?aid=5258.

Interplanetaire Cessna
'The Martian Chronicles,' www.x-plane.com/adventures/mars.html.
'Aerial Regional-scale Environmental Survey of Mars,' http://marsairplane.larc.nasa.gov.
'Panoramic Views and Landscape Mosaics of Titan stitched from Huygens Raw
    Images,' www.beugungsbild.de/huygens/huygens.html.
'New images from Titan,' www.esa.int/Our_Activities/Space_Science/Cassini-
    Huygens/New_images_from_Titan.

Yoda
Saturday Morning Breakfast Cereal, www.smbc-comics.com/index.
    php?db=comics&id=2305#comic.
Youtube, "Beethoven Virus" – Musical Tesla Coils,' www.youtube.com/watch?v=uNJjnz-
    GdlE.
'Beast' The 15Kw 7' tall dr (drsstc 5), www.goodchildengineering.com/tesla-coils/drsstc-
    5-10kw-monster.

Een val met helium
De Haven, H. 'Mechanical analysis of survival in falls from heights of fifty to one
    hundred and fifty feet,' in: *Injury Prevention*, 6, nr. 1, p. 62-68. http://
    injuryprevention.bmj.com/content/6/1/62.3.long.
'Armchair Airman Says Flight Fulfilled His Lifelong Dream,' in: *The New York Times*, 4
    juli 1982; www.nytimes.com/1982/07/04/us/armchair-airman-says-flight-fulfilled-
    his-lifelong-dream.html?pagewanted=all.
Martinez, Jason, 'Falling Faster than the Speed of Sound,' Wolfram Blog, 24 oktober
    2012; http://blog.wolfram.com/2012/10/24/falling-faster-than-the-speed-of-
    sound.

Iedereen weg
George Dyson, *Project Orion: The True Story of the Atomic Spaceship* (New York: Henry
    Holt and Company, 2002).

Zelfbevruchting
'Sperm Cells Created From Human Bone Marrow,' www.sciencedaily.com/
    releases/2007/04/070412211409.htm.
Nayernia, Karim, Tom Strachan, Majlinda Lako, Jae Ho Lee, Xin Zhang, Alison
    Murdoch, John Parrington, Miodrag Stojkovic, David Elliott, Wolfgang Engel,
    Manyu Li, Mary Herbert en Lyle Armstrong, 'RETRACTION – In Vitro Derivation Of
    Human Sperm From Embryonic Stem Cells,' in: *Stem Cells and Development*, 2009,
    0908w75909069.
'Can sperm really be created in a laboratory?' www.theguardian.com/lifeandstyle/2009/
    jul/09/sperm-laboratory-men. Dit wordt uitgebreider besproken in F.M. Lancaster,

Genetic and Quantitative Aspects of Genealogy op www.genetic-genealogy.co.uk/
Toc115570144.html.

Hoge worp
'A Prehistory of Throwing Things,' www.ecodevoevo.blogspot.com/2009/10/prehistory-
of-throwing-things.html.
'Chapter 9. Stone tools and the evolution of hominin and human cognition,' www.
academia.edu/235788/Chapter_9._Stone_tools_and_the_evolution_of_hominin_
and_human_cognition.
'The unitary hypothesis: A common neural circuitry for novel manipulations, language,
plan-ahead, and throwing?' www.williamcalvin.com/1990s/1993Unitary.htm.
'Evolution of the human hand: the role of throwing and clubbing,' www.ncbi.nlm.nih.
gov/pmc/articles/pmc1571064.
'Errors in the control of joint rotations associated with inaccuracies in overarm throws,'
http://jn.physiology.org/content/75/3/1013.abstract.
'Speed of Nerve Impulses,' http://hypertextbook.com/facts/2002/DavidParizh.shtml.
'Farthest Distance To Throw A Golf Ball,' http://recordsetter.com/world-record/world-
record-for-throwing-golf-ball/7349#contentsection.

Dodelijke neutrino's
Karam, P. Andrew, 'Gamma And Neutrino Radiation Dose From Gamma Ray Bursts
And Nearby Supernovae,' in: *Health Physics*, 82, nr. 4, 2002, p. 491-499.

Verkeersdrempel
'Speed bump-induced spinal column injury,' http://akademikpersonel.duzce.edu.tr/
hayatikandis/sci/hayatikandis12.01.2012_08.54.59sci.pdf.
'Speed bump spine fractures: injury mechanism and case series,' www.ncbi.nlm.nih.gov/
pubmed/21150664.
'The 2nd American Conference on Human Vibration,' www.cdc.gov/niosh/mining/
UserFiles/works/pdfs/2009-145.pdf.
'Speed bump in Dubai + flying Gallardo,' www.youtube.com/watch?v=Vg79_
mM2CNY.
Parker, Barry R., 'Aerodynamic Design,' in: *The Isaac Newton School of Driving: Physics
and your car*. Baltimore, Maryland, Johns Hopkins University Press, 2003, p. 155.
The Myth of the 200-mph 'Lift-Off Speed,' www.buildingspeed.org/blog/2012/06/the-
myth-of-the-200-mph-lift-off-speed.
'Mercedes clr-gtr Le Mans Flip,' www.youtube.com/watch?v=rQbgSe9S54I.
National Highway Transportation NHTSA, overzicht van de snelheidslimieten per staat in
de vs, 2007.

FedEx-bandbreedte
'FedEx still faster than the Internet,' http://royal.pingdom.com/2007/04/11/fedex-still-
faster-than-the-internet.

'Cisco Visual Networking Index: Forecast and Methodology, 2012-2017,' www.cisco.
   com/en/US/solutions/collateral/ns341/ns525/ns537/ns705/ns827/white_paper_
   c11-481360_ns827_Networking_Solutions_White_Paper.html.
'Intel® Solid-State Drive 520 Series,' http://download.intel.com/newsroom/kits/ssd/
   pdfs/intel_ssd_520_product_spec_325968.pdf.
'Trinity test press releases (May 1945),' http://blog.nuclearsecrecy.com/2011/11/10/
   weekly-document-01.
'NEC and Corning achieve petabit optical transmission,' http://optics.org/news/4/1/29.

Vrije val

'Super Mario Bros. – Speedrun level 1 – 1 [370],' www.youtube.com/
   watch?v=DGQGvAwqpbE.
'Sprint ring cycle,' http://www1.sprintpcs.com/support/HelpCenter.
   jsp?folder%3C%3Efolder_id=1531979#4.
'Glide data,' www.dropzone.com/cgi-bin/forum/gforum.cgi?post=577711#577711.
'Jump. Fly. Land.,' in: *Air & Space*, www.airspacemag.com/flight-today/Jump-Fly-Land.
   html.
Prof. dr. Herrligkoffer, 'The East Pillar of Nanga Parbat,' in: *The Alpine Journal*, 1984.
The Guestroom, 'Dr. Glenn Singleman and Heather Swan,' www.abc.net.au/local/
   audio/2010/08/24/2991588.htm.
'Highest base jump: Valery Rozov breaks Guinness world record,' www.
   worldrecordacademy.com/sports/highest_BASE_jump_Valery_Rozov_breaks_
   Guinness_world_record_213415.html.
Potter, Dean, 'Above It All,' www.tonywingsuits.com/deanpotter.html.

Sparta

Volgens een willekeurige vreemde op internet, Andy Lubienski, 'The Longbow,' www.
   pomian.demon.co.uk/longbow.htm.

Leeglopende oceanen

Afgeleid uit de maximale druk die de scheepsrompplaten van ijsbrekers kunnen
   verduren: www.iacs.org.uk/document/public/Publications/Unified_requirements/
   PDF/UR_I_pdf410.pdf.
'An experimental study of critical submergence to avoid free-surface vortices at vertical
   intakes,' www.leg.state.mn.us/docs/pre2003/other/840235.pdf.

Leeglopende oceanen, deel II

Rapp, Donald, 'Accessible Water on Mars,' in: JPL D-31343-Rev.7, http://spaceclimate.
   net/Mars.Water.7.06R.pdf.
Santiago, D.L., et. al., 'Mars climate and outflow events,' http://spacescience.arc.nasa.
   gov.
Santiago, D.L., et. al., 'Cloud formation and water transport on mars after major outflow
   events,' 43rd Planetary Science Conference, 2012.
Fox, Maggie, 'Mars May Not Have Been Warm Or Wet,' http://rense.com/general32/
   marsmaynothave.htm.

Twitter
The Story of Mankind, http://books.google.com/books?id=Rskhaaaaiaaj&pg=PA1#v=on epage&q&f=false.
'Counting Characters,' https://dev.twitter.com/docs/counting-characters.
'A Mathematical Theory of Communication,' http://cm.bell-labs.com/cm/ms/what/shannonday/shannon1948.pdf.

Legobrug
'How tall can a Lego tower get?' www.bbc.co.uk/news/magazine-20578627.
'Investigation Into the Strength of Lego Technic Beams and Pin Connections,' http://eprints.usq.edu.au/20528/1/Lostroh_LegoTesting_2012.pdf.
'Total value of property in London soars to £1.35trn,' www.standard.co.uk/business/business-news/total-value-of-property-in-london-soars-to-135trn-8779991.html.

Willekeurig niesbelletje
Nierenberg, Cari, 'The Perils of Sneezing, ABC News,' 22 december 2008, http://abcnews.go.com/Health/ColdandFluNews/story?id=6479792&page=1.
Bischoff, Werner E., Michelle L. Wallis, Brian K. Tucker, Beth A. Reboussin, Michael A. Pfaller, Frederick G. Hayden en Robert J. Sherertz, '"Gesundheit!" Sneezing, Common Colds, Allergies, and Staphylococcus aureus Dispersion,' in: *Journal of Infectious Diseases*, 194, nr. 8, 2006, p. 1119-1126, doi:10.1086/507908.
'Annual Rates Of Lightning Fatalities By Country,' www.vaisala.com/Vaisala%20Documents/Scientific%20papers/Annual_rates_of_lightning_fatalities_by_country.pdf.

Uitdijende aarde
'In conclusion, no statistically significant present expansion rate is detected by our study within the current measurement uncertainty of 0.2 mm yr-1,' Wu, X., X. Collilieux, Z. Altamimi, B.L.A. Vermeersen, R.S. Gross en I. Fukumori, 'Accuracy of the International Terrestrial Reference Frame origin and Earth expansion, in: *Geophysical Research Letters*, 38, 2011, L13304, doi:10.1029/2011GL047450, http://repository.tudelft.nl/view/ir/uuid%3A72ed93c0-d13e-427c-8c5f-f013b737750e.
Grybosky, Lawrence, 'Thermal Expansion and Contraction,' www.engr.psu.edu/ce/courses/ce584/concrete/library/cracking/thermalexpansioncontraction/thermalexpcontr.htm.
Sasselov, Dimitar D., *The life of super-Earths: how the hunt for alien worlds and artificial cells will revolutionize life on our planet*, New York, Basic Books, 2012.
Franz, R.M. en P.C. Schutte, 'Barometric hazards within the context of deep-level mining,' in: *The Journal of The South African Institute of Mining and Metallurgy*.
Plummer, H. C., 'Note on the motion about an attracting centre of slowly increasing mass,' in: *Monthly Notices of the Royal Astronomical Society*, deel 66, p.83, http://adsabs.harvard.edu/full/1906MNRAS..66...83P.

Gewichtloze pijl

'Hunting Arrow Selection Guide: Chapter 5,' www.huntersfriend.com/carbon_arrows/hunting_arrows_selection_guide_chapter_5.htm.

'USA Archery Records, 2009,' www.usaarcheryrecords.org/FlightPages/2009/2009%20World%20Regular%20Flight%20Records.pdf.

'Air flow around the point of an arrow,' http://pip.sagepub.com/content/227/1/64.full.pdf.

sts-124: kibo, nasa, www.nasa.gov/pdf/228145main_sts124_presskit2.pdf.

Zonloze aarde

'The 1859 Solar-Terrestrial Disturbance And The Current Limits Of Extreme Space Weather Activity,' www.leif.org/research/1859%20Storm%20-%20Extreme%20Space%20Weather.pdf.

'The extreme magnetic storm of 1-2 September 1859,' http://trs-new.jpl.nasa.gov/dspace/bitstream/2014/8787/1/02-1310.pdf.

'Geomagnetic Storms,' www.oecd.org/governance/risk/46891645.pdf.

'Normalized Hurricane Damage in the United States: 1900-2005,' http://sciencepolicy.colorado.edu/admin/publication_files/resource-2476-2008.02.pdf.

'A Satellite System for Avoiding Serial Sun-Transit Outages and Eclipses,' http://www3.alcatel-lucent.com/bstj/vol49-1970/articles/bstj49-8-1943.pdf.

'Impacts of Federal-Aid Highway Investments Modeled by nbias,' www.fhwa.dot.gov/policy/2010cpr/chap7.htm#9.

'Time zones matter: The impact of distance and time zones on services trade,' http://eeecon.uibk.ac.at/wopec2/repec/inn/wpaper/2012-14.pdf.

'Baby Fact Sheet,' www.ndhealth.gov/familyhealth/mch/babyfacts/Sunburn.pdf.

'The photic sneeze reflex as a risk factor to combat pilots,' www.ncbi.nlm.nih.gov/pubmed/8108024.

'Burned by wild parsnip,' http://dnr.wi.gov/wnrmag/html/stories/1999/jun99/parsnip.htm.

Update van Wikipedia op papier

BrandNew: 'Wikipedia as a Printed Book,' www.brandnew.uk.com/wikipedia-as-a-printed-book.

ToolServer: Edit rate, http://toolserver.org/~emijrp/wmcharts/wmchart0001.php.

QualityLogic: Cost of Ink Per Page Analysis, juni 2012, www.qualitylogic.com/tuneup/uploads/docfiles/QualityLogic-Cost-of-Ink-Per-Page-Analysis_US_1-Jun-2012.pdf.

De zon boven het Britse Rijk

'Eddie Izzard – Do you have a flag?' www.youtube.com/watch?v=uEx5G-GOS1k.

'This Sceptred Isle: Empire. A 90 part history of the British Empire,' www.bbc.co.uk/radio4/history/empire/map.

'A Guide to the British Overseas Territories,' www.telegraph.co.uk/news/wikileaks-files/london-wikileaks/8305236/a-guide-to-the-british -overseas-territories.html.

'Trouble in Paradise,' www.vanityfair.com/culture/features/2008/01/pitcairn200801.
'Long History Of Child Abuse Haunts Island "Paradise",' www.npr.org/templates/
story/story.php?storyId=103569364.
'JavaScript Solar Eclipse Explorer,' http://eclipse.gsfc.nasa.gov/jsex/jsex-index.html.

Theeroerselen
'Brawn Mixer, Inc., Principles of Fluid Mixing (2003),' www.craneengineering.net/
products/mixers/documents/craneEngineeringPrinciplesOfFluidMixing.pdf.
'Cooling a cup of coffee with help of a spoon,' http://physics.stackexchange.com/
questions/5265/cooling-a-cup-of-coffee-with-help-of-a-spoon/5510#5510.

Alle bliksems
'Introduction to Lightning Safety,' National Weather Service, Wilmington, Ohio, www.
erh.noaa.gov/iln/lightning/2012/lightningsafetyweek.php.
Bürgesser, Rodrigo E., Maria G. Nicora en Eldo E. Ávila, 'Characterization of the
lightning activity of Relámpago del Catatumbo,' in: *Journal of Atmospheric and Solar-
Terrestrial Physics*, 2011, http://wwlln.net/publications/avila.Catatumbo2012.pdf.

De eenzaamste mens
BBC Future interview met Al Wolden, 2 april 2013, www.bbc.com/future/
story/20130401-the-loneliest-human-being/1.

Regendruppel
'ssmi/ssmis/tmi-derived Total Precipitable Water-North Atlantic,' http://tropic.ssec.
wisc.edu/real-time/mimic-tpw/natl/main.html.
'Structure of Florida Thunderstorms Using High-Altitude Aircraft Radiometer and
Radar Observations,' in: *Journal of Applied Meteorology*, http://rsd.gsfc.nasa.gov/912/
edop/misc/1736.pdf.

Gokken bij een schooltest
Cooper, Mary Ann, 'Disability, Not Death is the Main Problem with Lightning Injury,'
www.uic.edu/labs/lightninginjury/Disability.pdf.
National Oceanic and Atmospheric Administration (NOAA), '2008 Lightning Fatalities,'
www.nws.noaa.gov/om/hazstats/light08.pdf.

Neutronenkogel
'Influence of Small Arms Bullet Construction on Terminal Ballistics,' http://hsrlab.
gatech.edu/autodyn/papers/paper162.pdf.
Benjamin McCall, 'Q&A: Neutron Star Densities,'
University of Illinois,
http://van.physics.illinois.edu/qa/listing.php?id=16748.